图·解
朱延智 著

经济学重要概念

企业管理出版社

图书在版编目（CIP）数据

图解经济学重要概念 / 朱延智著. —北京：企业管理出版社，2018.6
ISBN 978-7-5164-1709-6

Ⅰ.①图… Ⅱ.①朱… Ⅲ.①经济学－图解 Ⅳ.①F0-64

中国版本图书馆CIP数据核字(2018)第089429号

本书经书泉出版社正式授权，同意由企业管理出版社出版中文简体字版本。非经书面同意，不得以任何形式任意重制、转载。

北京市版权局著作权合同登记号：01-2017-5872

书　　　名	图解经济学重要概念
作　　　者	朱延智
责任编辑	于湘怡
书　　　号	ISBN 978-7-5164-1709-6
出版发行	企业管理出版社
地　　　址	北京市海淀区紫竹院南路 17 号　　邮编：100048
网　　　址	http://www.emph.cn
电　　　话	编辑部 (010) 68701661　　发行部 (010) 68701816
电子信箱	1502219688@qq.com
印　　　刷	北京宝昌彩色印刷有限公司
经　　　销	新华书店
规　　　格	700 毫米 × 1000 毫米　16 开本　13.25 印张　200 千字
版　　　次	2018 年 6 月第 1 版　2018 年 6 月第 1 次印刷
定　　　价	45.80 元

版权所有　翻印必究·印装有误　负责调换

序·言

经济学是一门标准的选择科学，比如，一家企业资源是有限的，那么生产什么产品与劳务，就是一个选择；一个社会既要实现效率，又要实现公平，这还是一个选择。

你也可能常听人说"天下没白吃的午餐"，人们的行为，是随诱因的大小而舞动的。所以像结婚、生育、教育、时间分配、歧视、公共决策和环境污染等生活中的问题，都可以通过经济学的理论找到有效的选择，这种选择我们通常称为"经济学的理性选择"！

第二种选择是随着情绪（如贪婪、悲伤），或当天的心情，或朋友的推荐等所进行的选择，通常称为"随机的选择"。但这并不是特殊价值的选择。2017年的诺贝尔经济学奖得主，美国经济学家理查德·塞勒主张应把人性的弱点纳入考虑。塞勒认为过去百年来的经济学理论大多建立在人类会做出理性决定的基础上，但事实上，人类很多时候会做出非理性的决定。最典型的例子就是，房价或股价已经涨得很离谱，投资人明知不合理，但还是会追价去买！

第三种选择是意义的选择和价值的选择，但这种抉择的选项，可能与第一种选择几乎背道而驰！举例才容易明白，19世纪下半叶，加拿大籍牧师马偕博士不远千里来到中国台湾。1872年9月3日抵达台湾时，迎接他的是不方便（语言、水土不服）、不友善！然而，他将一生都贡献给了台湾，在教育方面，他创办学堂，传授西方科学，包括天文地理、物理化学、动植矿物、医学解剖、地质等，带给学生思想和创造力的启蒙；在公共卫生方面，他致力于消灭猖獗的虐疾，贡献甚为卓著；同时他也开设女子学堂，免费提供膳宿、衣服，并代付路费，解除女子在教育上所受到不平等的束缚。马偕博士为台湾所做的一切，都不是以营利为目的，他将其一生奉献给了台湾！这是不是严重违反经济学的理性选择？！然而，这正是意义的选择，价值的选择，以及永恒选择的核心真谛！

英国经济学大师马歇尔强调："经济学是日常生活中对人的研究。"深望我们学习经济学，不仅能增进个人的生活质量、推动社会的经济发展，更希望我们能学会看见别人的需要，进而贡献自己的能力、生命与才华，这样的人生才有意义！

这本讲述经济学基本概念的图书，采用了图文结合的特别形式，一个单元讲述一个概念，左页以文字描述，右页则以图形形式择重点再做强化，希望读者可以借此快速吸收知识。

作者

2017年岁末

目·录

序 言

第 1 章　经济学概述

1-1	不要怕经济学	2
1-2	经济学的分类	4
1-3	经济学的分析与研究	6
1-4	经济学研究的发展	8
1-5	商品与市场	10
1-6	经济体系循环	12
1-7	经济道德与经济目标	14

第 2 章　供给与需求

2-1	需求	18
2-2	影响需求的关键	20
2-3	需求法则	22
2-4	供给	24
2-5	影响供给量的关键	26
2-6	均衡	28
2-7	市场动态均衡	30
2-8	市场机能与价格弹性	32
2-9	弹性决定因素	34

第3章　消费者与生产者

3-1	总效用与边际效用	38
3-2	消费	40
3-3	生产（一）	42
3-4	生产（二）	44
3-5	生产成本	46
3-6	生产要素成本	48
3-7	生产可能性曲线	50
3-8	机会成本	52
3-9	利润	54
3-10	消费者剩余和生产者剩余	56
3-11	外部效应	58
3-12	规模报酬	60

第4章　市场结构

4-1	市场	64
4-2	经济效率	66
4-3	完全竞争市场	68
4-4	垄断性竞争	70
4-5	寡头垄断市场	72
4-6	独占市场	74

第 5 章　经济制度与政府

5-1	总体经济学	78
5-2	经济制度	80
5-3	市场失灵	82
5-4	政府的经济角色	84
5-5	政府失灵	86

第 6 章　国民收入

6-1	什么是国民收入	90
6-2	绿色国民收入	92
6-3	国民生产总值	94
6-4	国内生产总值	96
6-5	国内生产总值的类型	98
6-6	国内生产总值支出分析	100
6-7	计算国内生产总值	102
6-8	经济增长率	104
6-9	经济发展	106
6-10	经济福利	108
6-11	个人收入	110
6-12	收入分配	112

第 7 章　物价

7-1	居民消费价格指数	116
7-2	通货膨胀	118
7-3	通货膨胀的解决	120
7-4	停滞性通货膨胀	122
7-5	通货紧缩	124
7-6	失业	126

第 8 章　经济波动与政府功能

8-1	经济周期的意义与原因	130
8-2	经济周期分类	132
8-3	经济衰退	134
8-4	经济预测	136
8-5	政府支出	138
8-6	政府财政政策	140
8-7	政府财政收入	142
8-8	中央银行货币政策	144
8-9	货币	146
8-10	货币供需	148

第9章 总体消费

9-1	总体消费理论	152
9-2	简单凯恩斯模型	154
9-3	储蓄	156
9-4	投资	158
9-5	凯恩斯学派的危机处理	160
9-6	货币学派的危机处理	162
9-7	其他重要经济学派	164

第10章 国际收支与外汇

10-1	国际收支表	168
10-2	国际收支平衡	170
10-3	国际收支失衡	172
10-4	国际汇兑	174
10-5	汇率制度	176
10-6	汇率决定的理论	178
10-7	外汇市场	180

第11章 国际贸易

11-1	贸易理论与收益	184
11-2	古典贸易理论	186
11-3	生产要素禀赋理论	188
11-4	里昂惕夫反论	190
11-5	重叠需求理论	192
11-6	对外贸易依存度和贸易政策	194
11-7	贸易条件	196
11-8	关税	198
11-9	非关税贸易壁垒	200

第 1 章

经济学概述

1-1　不要怕经济学

英国大文豪萧伯纳说"经济学是一门使人生幸福的艺术",这样的说法很有道理,因为经济学(Economics)就是研究在有限资源下如何通过决策使资源最有效率配置,使人的欲望达到诸般限制下的最大满足的社会科学。有个笑话是这样说的,某护士对医生说:"医生,你有没有注意到,最近生双胞胎的特别多?"医生回答说:"可能是因为现在房价太贵,单独买不起,所以他们一起出来。"以上虽是笑话,但若真因买不起房子,而"选择"两个人出来,那就是一种经济行为。如何"选择",就是经济学的核心。

一、经济学的定义

经济学是主要分析人在资源有限的情况下如何"抉择"的科学。

狭义的经济学:研究经济行为的学科,主要是针对生产、分配及消费进行研究的社会科学。

广义的经济学:通过经济的工具分析人在资源有限的情况下如何选择的科学。其研究范围甚至包括对犯罪、家庭结构的探讨。

二、研究经济学的目的

以效率(Efficiency)为核心,研究经济学的目的包括:1. 追求人欲望的满足;2. 追求资源的有效配置。

三、经济学的功能

有助于正确的经济决策,用白话说,就是让你的选择不吃亏。为什么要选择?1. 资源有限:土地、资本、劳动力、技术、企业家职能;2. 欲望无穷:人类与生俱来便有欲望,而且欲望不断增加。在"资源有限"和"欲望无穷"冲突下,经济学发挥了它的功能。

四、经济学四大核心

1. 资源有限;2. 欲望无穷;3. 资源有多种用途;4. 如何选择。在这四大核心中,人的主动性是关键,这个关键就是"选择"。

五、经济学的基本假设

基本假设是最基础的根基,根基若有误,其上所建构的学问就会出现问题。主流经济学的基本假设有三项。

(一)理性:人(包括厂商)会考虑条件的限制,做出决策。

(二)自利:人会追求自己最大的经济利益。"自利行为"有三个特征:1. 自我中心的福利;2. 自我福利目标;3. 自我目标的选择。

(三)私利与公益调和:人按照自利心进行决策,结果却会得到社会最大福利。

六、基本假设的思考

完全理性假设认为人们会根据所有信息考虑所有复杂结果后,依据理性计算做出最佳决策,但信息不对称是市场结构普遍的现象。在信息不对称的情况下,人不是上帝,所以如何能够达到理性?

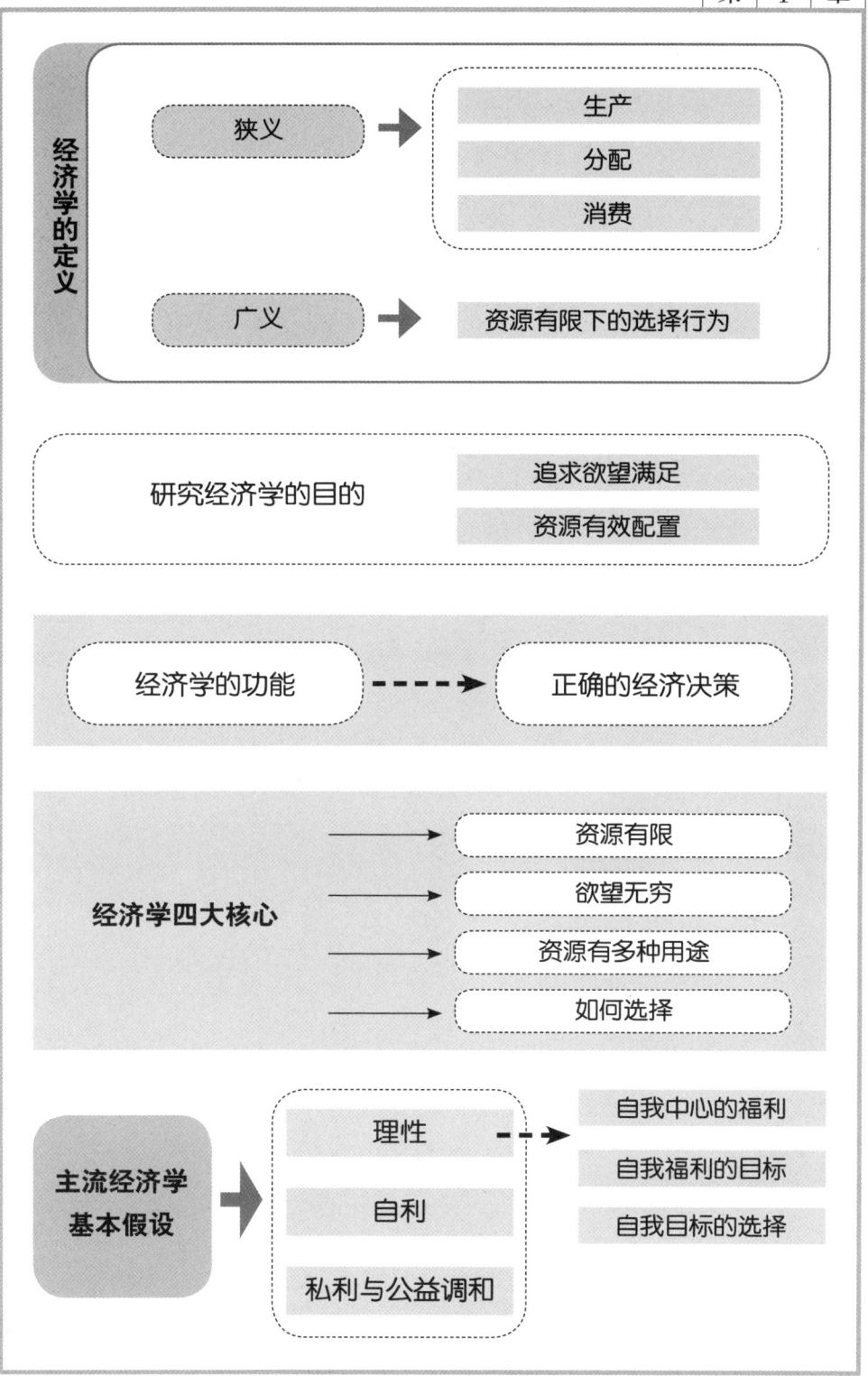

第 1 章

经济学的定义
- 狭义 → 生产 / 分配 / 消费
- 广义 → 资源有限下的选择行为

研究经济学的目的
- 追求欲望满足
- 资源有效配置

经济学的功能 ---→ 正确的经济决策

经济学四大核心
- 资源有限
- 欲望无穷
- 资源有多种用途
- 如何选择

主流经济学基本假设
- 理性 ---→ 自我中心的福利 / 自我福利的目标 / 自我目标的选择
- 自利
- 私利与公益调和

3

1-2 经济学的分类

经济学是从政治经济学独立出来的，逐渐成为一门有系统的学问。

根据研究的对象，经济学可以分为个体经济学和总体经济学。但是在个体经济学与总体经济学之间，缺乏了连接两者的桥梁，那就是产业经济学。

根据研究性质，也即是否有价值判断，经济学又可以分为实证经济学和规范经济学。

一、根据研究对象分类

1. 个体经济学：以个别厂商或消费者的经济行为为研究对象，探讨有关个人、家庭及个别厂商等各种问题的经济学，以价格为研究中心，故又称为价格理论或厂商理论。

2. 总体经济学：分析整个经济体系(家庭、厂商和政府)、资源效率(包括使用效率、产出效率等)极大化的决策科学。以收入、就业、物价、利率为研究中心，又称收入理论或就业理论。

※产业经济学：也称产业组织，主要讨论经济体系内各种产业结构、厂商行为及其经济绩效，也就是"产业结构—厂商行为—绩效"。比如，在太阳能厂商的产业结构下，厂商采取何种策略，会得到何种绩效。

二、根据研究性质分类

1. 实证经济学：不涉及主观价值判断，也不回答"好不好"或"应不应该"等问题。重点在于运用经济学理论，讨论经济世界的因果关系，回答究竟"是什么"。

2. 规范经济学：涉及伦理道德价值判断，所以主轴在于探讨"应该是什么"，或经济行为的是非善恶等议题。但其理论基础仍根基于实证相关的经济行为。

TIPS 经济学分类的角度很多

有人从研究范围将之分为宏观经济学、中观经济学和微观经济学。

从发展历史来看，又可分为家庭经济学、政治经济学、劳动经济学和军事经济学。

这些分类都是在告诉我们，以经济学为主体的学问，可以渗透到各个领域，发挥其作用。

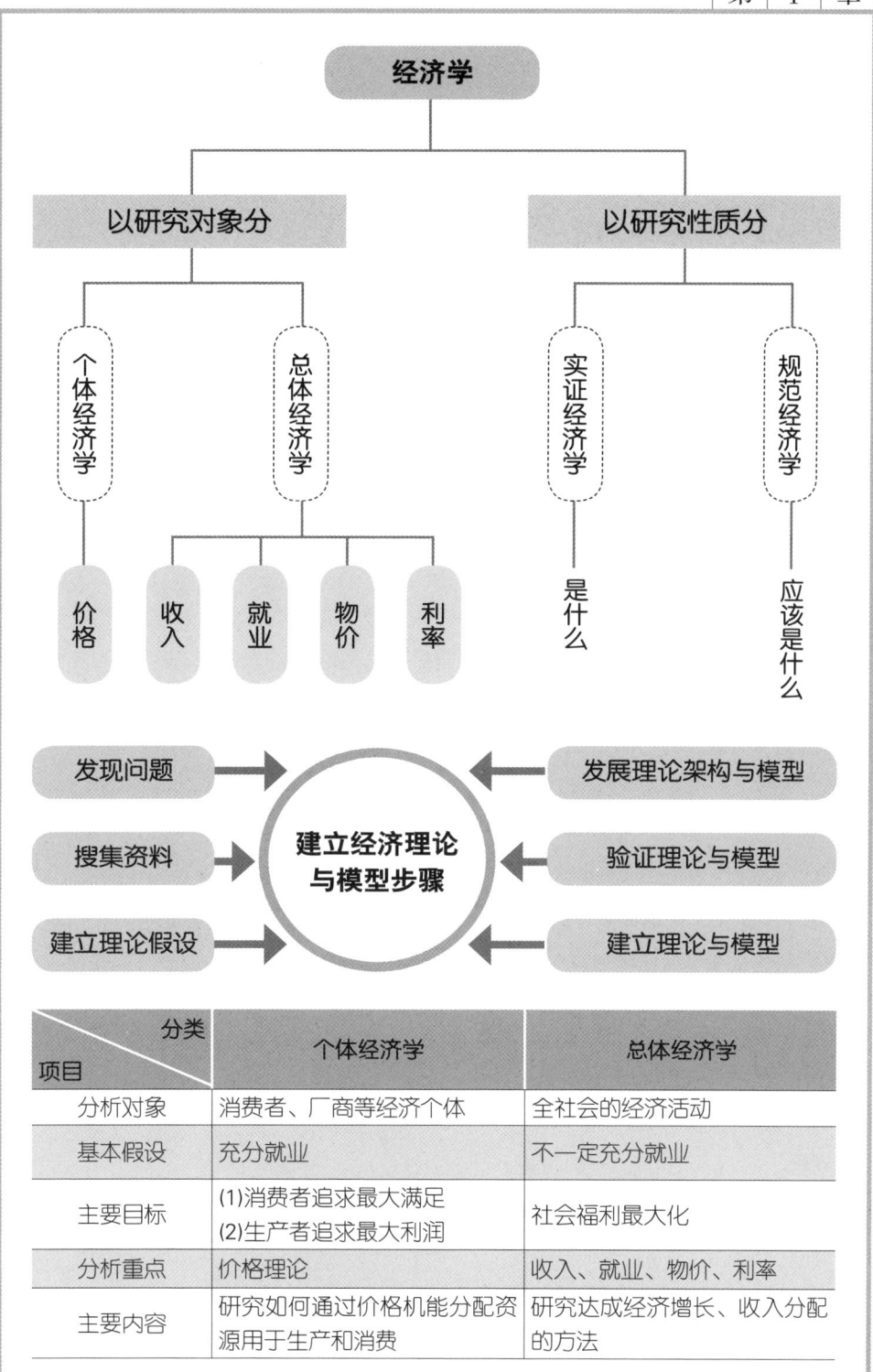

第 1 章

```
                        经济学
            ┌─────────────┴─────────────┐
       以研究对象分                  以研究性质分
        ┌────┴────┐                ┌────┴────┐
      个体        总体            实证        规范
     经济学      经济学          经济学      经济学
       │      ┌──┬─┴┬──┐           │           │
      价格   收入 就业 物价 利率    是什么    应该是什么
```

```
  发现问题  →  ┌─────────────┐  ←  发展理论架构与模型
              │  建立经济理论  │
  搜集资料  →  │   与模型步骤   │  ←  验证理论与模型
              └─────────────┘
  建立理论假设 →                ←  建立理论与模型
```

项目＼分类	个体经济学	总体经济学
分析对象	消费者、厂商等经济个体	全社会的经济活动
基本假设	充分就业	不一定充分就业
主要目标	(1)消费者追求最大满足 (2)生产者追求最大利润	社会福利最大化
分析重点	价格理论	收入、就业、物价、利率
主要内容	研究如何通过价格机能分配资源用于生产和消费	研究达成经济增长、收入分配的方法

1-3　经济学的分析与研究

很多现实的政治经济问题都可以从经济分析中获得相关结论。

一、研究经济学的方法

　　1. 演绎法；**2.** 归纳法；**3.** 数理法；**4.** 模型法。

二、经济学分析的核心概念

　　1. 利益极大化(趋利避害)；**2.** 均衡(稳定的状态)。

三、经济分析

　　(一)均衡：一种不会自发性改变的状态，在均衡状态下，经济主体得到最大满足。**1.** 部分均衡分析：针对单一市场、单一个体分析；**2.** 一般均衡分析：同时考虑所有的变量。

　　(二)状态分析：**1.** 静态分析(指稳定状态)；**2.** 比较静态分析(指两个均衡点分析)；**3.** 动态分析。

四、经济理论(模型)如何获得

　　对复杂的经济行为与现象，通过客观的观察、简化、分析和归纳可以获得一般性的原理原则与经济模型。经济学的各种理论，都涵盖各种关键的变量。基本上，它是建构在一系列假设之上，是系统化所串联的相关陈述，用来解释生活等特定方向，是了解实务、解释现象的有利途径。

五、经济理论(模型)的功能

　　1. 描述经济现象；**2.** 分析经济现象；**3.** 预测未来趋势。

六、经济变量

　　变量是影响事物发展的关键，在经济模型中，必然有变量。这些变量包括：个体经济学的商品价格、产量、销售量、成本；总体经济学的就业、物价、货币、汇率、利率等。

　　1. 内生变量：其性质与数量必须由模型予以决定，在模型中为已知数或常数。

　　2. 外生变量：其性质及数量不须由模型决定，属于未知数。

七、经济学常见的逻辑错误

　　经济学常见的逻辑错误主要有三种。

　　1. 合成错误：误以为部分是对的，最后的结果也是对的。比如，个人节俭是好事，但全国节俭则会造成整体需求萎缩，工作机会减少。

　　2. 分割错误：误认为对总体有利，对个体也一定有利，即以偏概全。

　　3. 因果错误：误以为两者具有前因后果的关系，或是把发生时间相近的事件，误以为有因果关联。

研究经济学的方法

- 演绎法
- 归纳法
- 数理法
- 模型法

经济变数

- 内生变量 → 已知
- 外生变量 → 未知

经济理论的功能

- 描述经济现象
- 分析经济现象
- 预测未来趋势

经济学常见的逻辑错误

合成错误 → 分割错误 → 因果错误

经济学分析的核心概念

- ----→ 利益极大化
- ----→ 均衡

1-4　经济学研究的发展

经济学是一种社会科学，它从政治经济学分离出来，借用科学方法对经济现象加以研究，从而得到经济理论、经济法则与经济模型。

主流经济学研究发展大致有五个阶段。

一、前古典经济学阶段

这个阶段主要以重商主义和重农主义为主。

1. 重商主义：强调一国金银存量的多寡将决定国力的强弱。

2. 重农主义：崇尚经济自由及重视生产。

二、古典经济学阶段

融合重商主义与重农主义两大学派的主张，并肯定私有经济的市场价格机能。

1. 英国的亚当·斯密，代表著作是其1776年出版的《国富论》(The Wealth of Nations)。从此，经济学脱离政治经济学，独立成为一门学科。亚当·斯密强调"价格机能""劳动价值说"。

2. 英国的大卫·李嘉图与其著作《政治经济学及赋税原理》。

3. 托马斯·马尔萨斯与其著作《人口论》。

三、新古典经济学阶段

新古典经济学继承古典经济学的经济自由，并以"边际效用价值论"代替了古典经济学的"劳动价值论"，以"需求为核心"代替"以供给为核心"的古典经济学。

四、凯恩斯经济学

英国的约翰·凯恩斯提出"有效需求理论""需求创造供给""流动性偏好""乘数原理""基本消费心理法则""节俭的矛盾"。

五、现代经济学派

1. 理性预期学派：没有被人民预期的政策，才会有政策效果。

2. 重货币学派：货币政策的效果大于财政政策，并提出"天下没有白吃的午餐"的警语。

3. 供给面学派：强调提高生产力是解决通货膨胀的方法，降低税率为提高生产力的方法，此学派又称为"里根经济学"。

另外，德国的卡尔·马克思，于1867年发展出"资本论"的体系，他提出"剩余价值说""唯物史观""阶级斗争论"。马克思认为经济自由为资本家剥削工人提供了大环境，而利润主要是血汗工厂剥削工人而来。

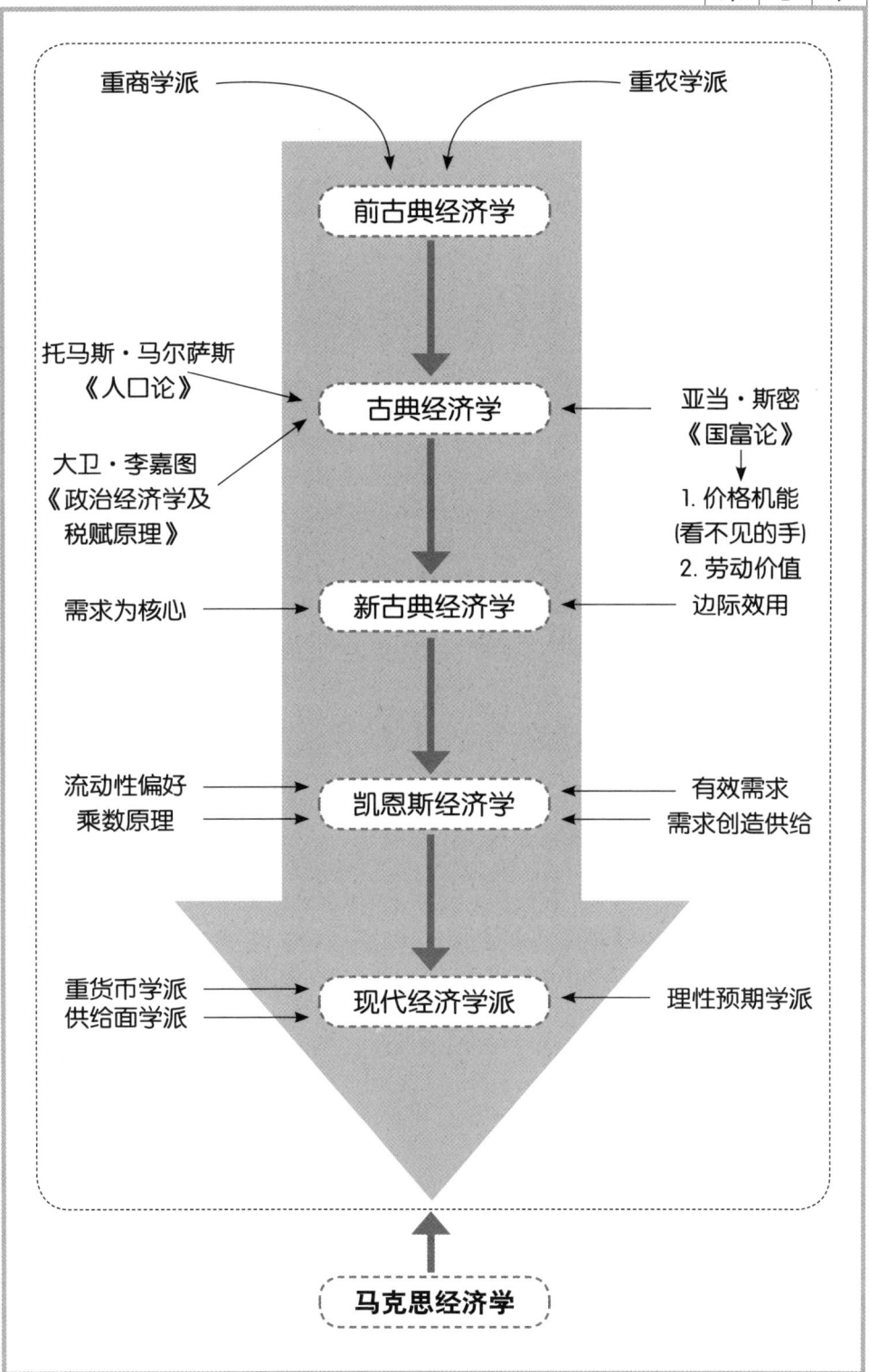

```
重商学派 ──┐                    ┌── 重农学派
           ↓                    ↓
        ┌─────────────┐
        │  前古典经济学  │
        └─────────────┘
               ↓
托马斯·马尔萨斯
《人口论》    ──→  ┌─────────────┐  ←──  亚当·斯密
                  │  古典经济学   │       《国富论》
大卫·李嘉图  ──→  └─────────────┘        ↓
《政治经济学及                          1. 价格机能
  税赋原理》                              (看不见的手)
                                       2. 劳动价值
                         ↓
需求为核心  ──→  ┌─────────────┐  ←──  边际效用
                │ 新古典经济学  │
                └─────────────┘
                       ↓
流动性偏好  ──→  ┌─────────────┐  ←──  有效需求
乘数原理    ──→  │  凯恩斯经济学 │  ←──  需求创造供给
                └─────────────┘
                       ↓
重货币学派  ──→  ┌─────────────┐  ←──  理性预期学派
供给面学派  ──→  │  现代经济学派 │
                └─────────────┘
                       ↑
                ┌─────────────┐
                │  马克思经济学 │
                └─────────────┘
```

1-5 商品与市场

一、基本经济问题
1. 生产什么？**2.** 如何生产？**3.** 为谁生产？

二、物品的分类
(一)以有偿、无偿分类

大致可分为"免费品"与"经济品"两大类。

1. 免费品：一般而言，江上的清风、山间的明月，或热门的太阳能，都是自然所赐，不必付出代价(不必放弃别的东西)就可以任意取用，这类的东西，我们都称为免费品。免费品虽不必付出代价，但常是人生活中不可或缺的必需品。

2. 经济品：供应量有限，必须支付代价才能取得的商品或劳务。比如智能型手机、汽车等。

免费品因时空环境改变，有可能会变成经济品。比如，空气都被污染后，清洁的空气就有可能变成经济品。

(二)以有无排他性分类

可分为"公共物品"与"私有物品"等两大类。

比如，私人泳池可拒绝他人使用，而政府修建的公园绿地就无法限制参观使用，也不会因为有人先使用，就降低后来者的使用效益，此称为"无敌对性"，比如博物馆，不会出现先使用的效益高，而后使用的效益低的现象。

三、商品的价值
在经济行为上，商品可以有三种不同的价值：**1.** 生产价值；**2.** 使用价值；**3.** 交换价值。

交换价值是指一种产品在进行交换时，能换取到其他产品的价值。例如，渔夫用1条鱼与农民换到了10斤小米，那么1条鱼的交换价值就是10斤小米，或者说，1条鱼值10斤小米，也可以说"1条鱼=10斤小米"。

四、价值悖论
水比钻石有用，但是价格却远不如钻石，这在经济学上称为"价值悖论"。

五、生产四要素
在生产过程中，必须投入的各项资源就是生产要素。传统的生产要素是指土地、劳动、资本和企业才能(企业家精神)。在新经济时代，知识经济与网络的运用则更显重要。

(一)土地：一切自然界所赋予的资源，包括矿产、农产、林木等。

(二)劳动力：劳心与劳力的工作都属于劳动力范畴。

(三)资本：一切人造资源。

(四)企业才能(企业家精神)：企业家的经营能力与冒险求利的创新精神。企业家精神可分为三类。**1.** 组合生产要素进行生产的组织能力；**2.** 创新能力；**3.** 承担风险的能力。

基本经济问题

生产什么？   如何生产？   为谁生产？

物品 —有偿/无偿→ 经济品 / 免费品

商品价值 ⇢ 生产价值 / 使用价值 / 交换价值

物品 —排他性/无排他性→ 私有物品 / 公共物品

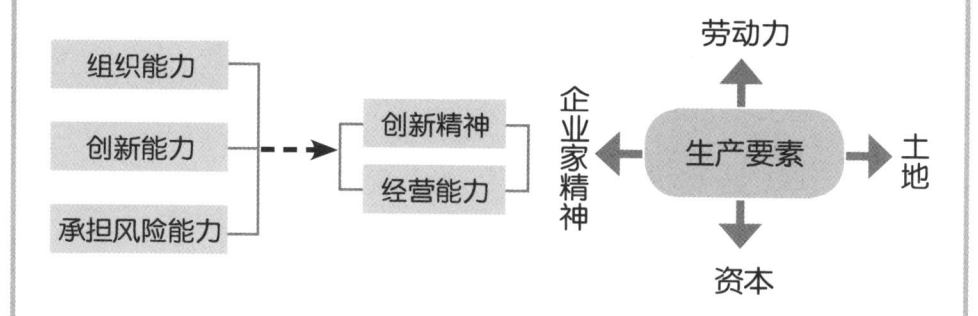

组织能力 / 创新能力 / 承担风险能力 ⇢ 创新精神 / 经营能力 → 企业家精神

生产要素 → 劳动力 / 土地 / 资本

私有物品与公共物品区分

排他 \ 敌对	敌对性	无敌对性
排他性	纯私有物品	准公共物品
无排他性	准私有物品	公共物品

1-6　经济体系循环

一、假设整个经济体系只由两个部门组成
1. 家庭；2. 厂商。

二、消费与供给
家庭(Household)属于消费部门，家庭必须将购买商品的金额给厂商；厂商把生产出来的商品或提供的劳务给家庭使用。家庭与厂商、消费与供给，都是相辅相成缺一不可的。

三、生产要素与工资
厂商(Firm)是关键的生产部门；家庭是生产要素的供给者(比如劳动者来源)，当家庭提供智慧与劳动力时，厂商必须给家庭工资回报。

四、主要市场
主要的市场包括"商品市场""生产要素市场"和"资本市场"。

1. 商品市场：
商品在两个部门间或之内的交易，均称为"商品市场"。

2. 生产要素市场：
在生产要素方面，厂商部门组合各种资源，比如劳动力、资金及机器设备等，来生产商品，其中劳动力是从"劳动市场"中取得的。

3. 资本市场：
企业部门取得资金以购买各类生产要素，属于"资本市场"。

五、商品的市场
1. 家庭或消费者：
家庭在商品市场是扮演需求者(亦即买方)的角色，其所面临的经济问题，是在既定的收入及市场价格限制下，到市场去购买商品，希望能获得最大满足的商品组合。

2. 厂商或生产者：
厂商在商品市场是扮演供给者(亦即卖方)的角色，其所面临的经济问题，是在市场需求限制下，如何获得最大利润。

六、生产要素的市场
1. 家庭：
家庭在生产要素市场的角色为供给者(卖方)，也就是个人必须贡献劳动力，厂商才会付出薪资，如此家庭才会有收入，也才能到商品市场去购买所需的商品或服务。

2. 厂商：
厂商在生产要素市场为需求者(买方)，也就是在既定产量的限制下，选择某种要素组合，使其成本最小，利润最大。

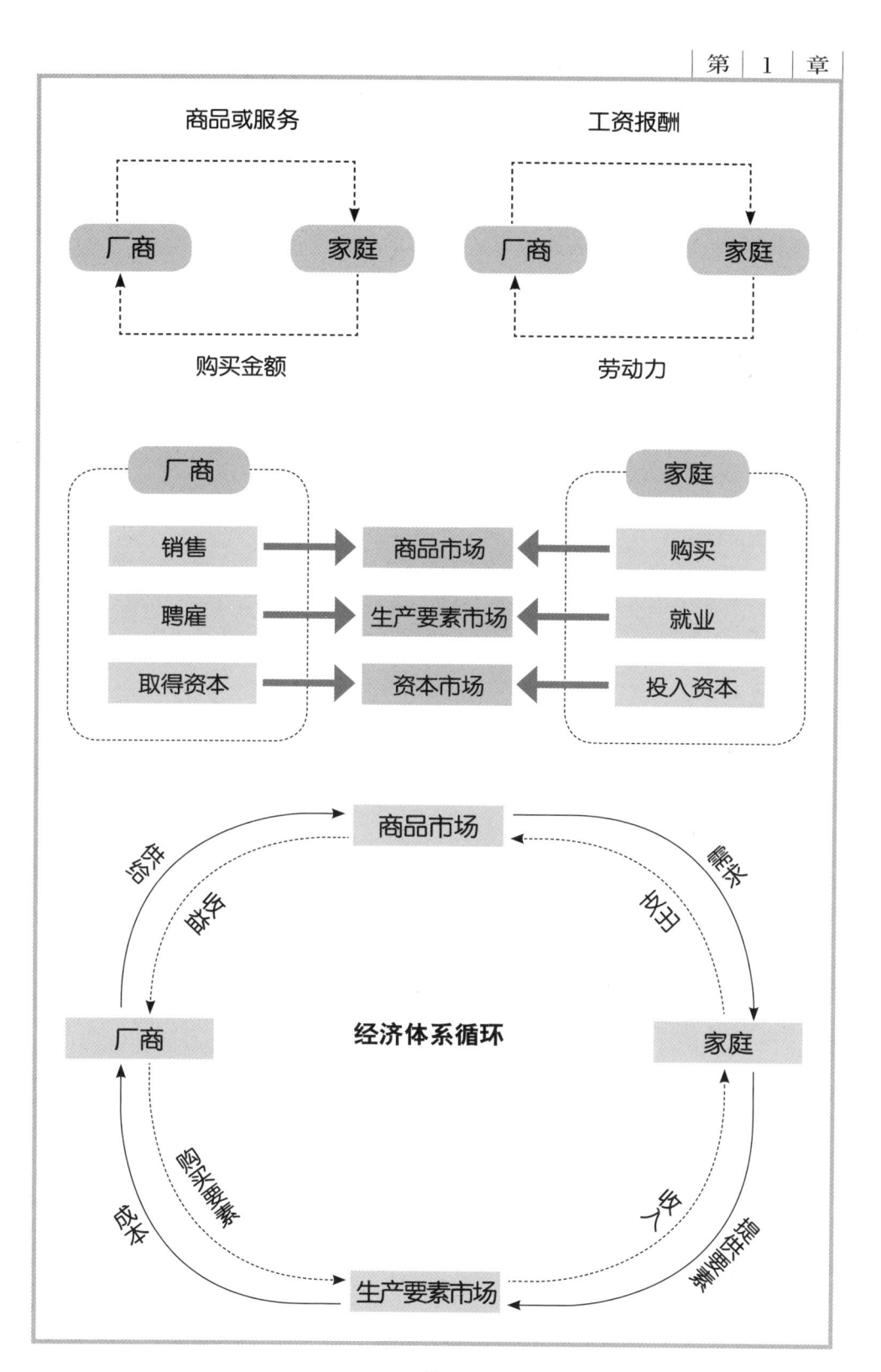

第 1 章

商品或服务　　　　　　　　工资报酬

厂商 → 家庭　　　　厂商 ← 家庭

购买金额　　　　　　　　　劳动力

厂商
- 销售 → 商品市场
- 聘雇 → 生产要素市场
- 取得资本 → 资本市场

家庭
- 购买 → 商品市场
- 就业 → 生产要素市场
- 投入资本 → 资本市场

经济体系循环

商品市场 — 厂商 — 生产要素市场 — 家庭

（给付、支出、成本、购买服务、收入、提供劳务）

13

1-7 经济道德与经济目标

一、经济道德

经济学对经济道德这个议题很少触碰！但只要有人开始批判经济学"缺德"，立刻就会有人抬出"现代经济学之父"亚当·斯密的巨著《道德情操论》，指出有三种力量可调整人的私欲，一是良心，二是法律，三是地狱的烈火。所以经济学不"缺德"！

有多少老师在上课的时候，真正强调这三大力量？又用了多少的时间，强调道德在市场经济中有多么重要！更多被强调的是《国富论》中的"利己"。所以整个个体经济学在说明价格与数量的关系时，强调消费者要追求一己最大的效用，也就是最大的满足；对厂商则强调以最低成本获取最大利润。但在缺乏经济道德的情况下，厂商强调以最低成本获得最大利润往往会导致社会唯利是图，令大家都受害。

二、经济目标

一般的经济学将经济目标大致分为"提高效率"和"实现公平"，但有哪一个国家不希望经济富强！其实"效率"表面是谈资源分配及个人效用，但最终希望的最高目标与期望还是国家富强。因此，本书将"经济实力"纳入，与"提高效率""实现公平"同列为经济目标。效率、公平分配、经济实力三者一样重要。

三、效率

经济效率是指经济活动中，投入与产出的对比关系。

对一个企业或社会来说，最高效率意味着资源处于最优配置状态，从而使特定范围内的需要得到最大满足，福利得到最大增进，或财富得到最大增加。

保罗·萨缪尔森曾指出，"效率"是指最有效地使用社会资源，以满足人类的愿望和需要。效率有四个维度。

1. 交易效率。
2. 生产效率。
3. 资源配置效率。
4. 制度效率。

四、公平

福利最大化的分配状态，即可称为"公平"分配，公平基本上包括以下几部分。

1. 起点公平。
2. 过程公平。
3. 结果公平。

五、经济实力

经济实力虽可以有经济个体、经济总体之分，但此处主要是指经济总体，其内涵是一国在经济上的实力与活力。

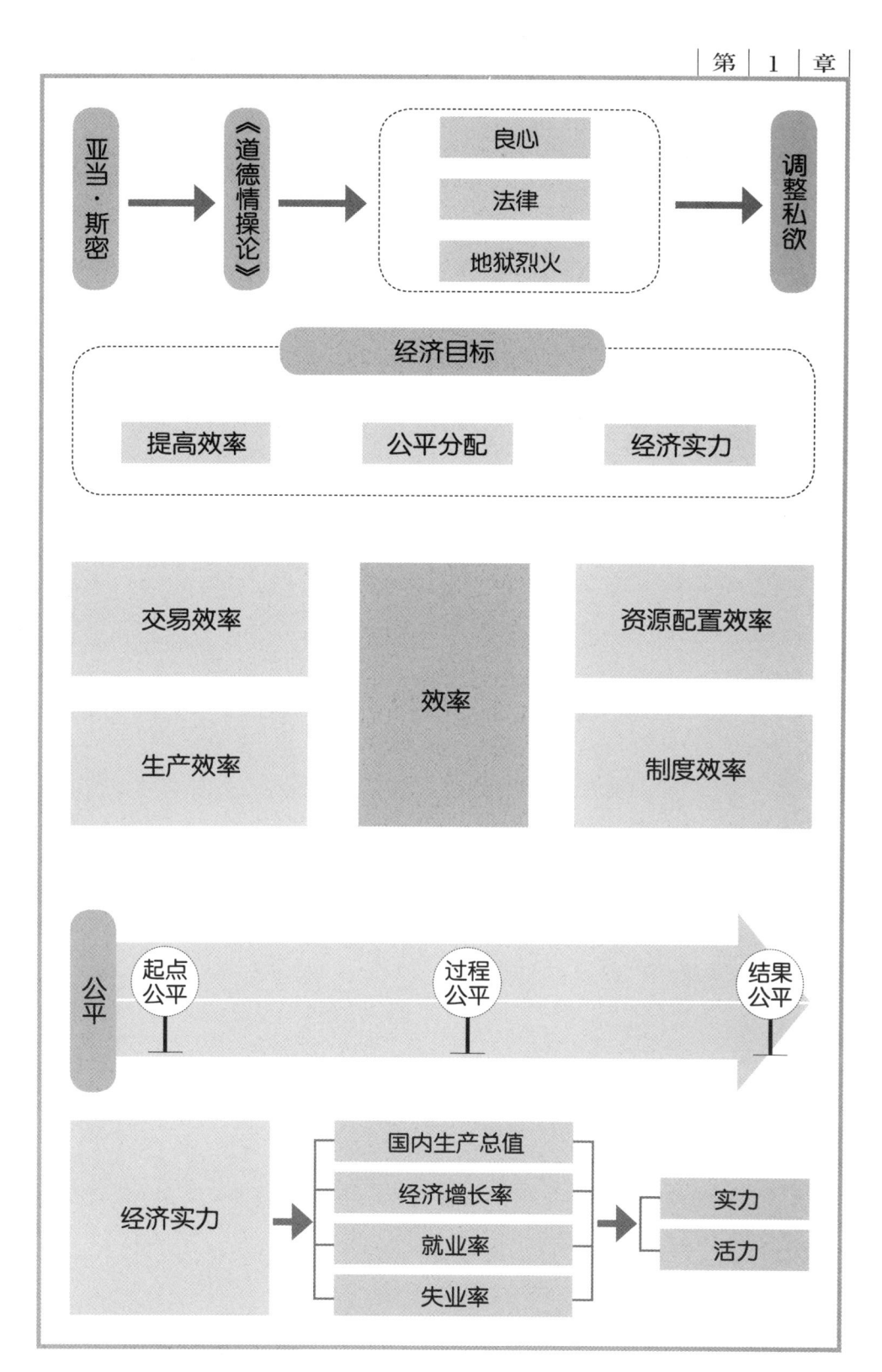

第 1 章

```
亚当·斯密 → 《道德情操论》 → [良心 / 法律 / 地狱烈火] → 调整私欲
```

经济目标
- 提高效率
- 公平分配
- 经济实力

效率：
- 交易效率
- 生产效率
- 资源配置效率
- 制度效率

公平：起点公平 → 过程公平 → 结果公平

经济实力 → {国内生产总值、经济增长率、就业率、失业率} → {实力、活力}

第 2 章

供给与需求

2-1 需求

一、需求的含义

经济学将需求定义为"需求量与价格的关系",这只说明需求的部分内涵。实际上,需求是一种人类真正的需要,比如人有衣、食、住、行、育、乐等需要。

马斯洛提出"人类需求"五层次理论。他把需求分成"生理需求""安全需求""归属与爱的需求""尊重需求"和"自我实现需求"五类,由较低层次到较高层次排列。

二、需求量的含义

当其他条件(收入、偏好、物价)未变,消费者对某一特定财货或劳务在一定期间内有意愿,且有能力购买的商品数量。

三、需求量的变化

专指商品或服务"价格变动",以及"价格以外的因素变动"引起的需求量的变化。

四、影响需求的核心关键——收入

在经济学领域,所得可分为"名义收入"(Nominal income)与"实际收入"(Real income)。

名义收入是指名义上或表面上的收入,但是这个收入的数字,与"货币的实质购买力"无关。如果要衡量收入的实际购买力,扣除物价上涨率之后才是真正的实际收入。

例如,两国的货币收入相同,但是物价水平并不相同,物价较高国家的实际收入其实会较低;反之,物价较低国家的实际收入较高。因此实际收入才能真实反映两国人民的生活水平。

> 名义收入 = 实际收入 + 通货膨胀

五、举例说明

当烤玉米每支卖5元时,小张每周的需求量是10支,小朱每周的需求量是20支。假设市场的需求量就是小张的需求量加上小朱的需求量,此时,每周市场的总需求量就是30支。

当玉米价格变成8元一支,小张不买了,小朱的需求量也减少为10支,所以此时市场需求总量为10支。

如果玉米价格变成10元,小朱的需求量也变成0,此时,每周市场的总需求量就是0。

第 2 章

马斯洛的人需求层次

- 自我实现需求
- 尊重需求
- 归属与爱的需求
- 安全需求
- 生理需求

经济学 → 需求 → 价格与量的关系

需求量：
- 其他条件不变（收入、偏好、物价）
- 一定时间内
- 有意愿购买
- 有能力购买

影响需求 → 收入 →
- 名义收入（表面数字）
- 实际收入（扣除物价上涨）

案例说明

A 小张的需求线：价格8，数量10

B 小朱的需求线：价格10，数量10 20

C 市场的需求：价格10，数量10 20 30

(1) 市场需求是个人需求的总和。
(2) 价格与数量呈反比。
(3) 价格达到8元以上，小张的需求为0，市场需求就是小朱的需求。

2-2　影响需求的关键

一、影响需求量变化的关键
1. 偏好；**2.** 收入；**3.** 相关商品价格；**4.** 预期通货膨胀及收入；**5.** 消费者人数。

二、需求增加的原因
1. 消费者偏好增强；**2.** 收入增加；**3.** 预期收入增加；**4.** 替代品价格上升；**5.** 互补品价格下跌；**6.** 预期通货膨胀；**7.** 消费者人数增加。

三、需求减少的原因
1. 消费者偏好减弱；**2.** 收入减少；**3.** 预期收入减少；**4.** 替代品价格下跌；**5.** 互补品价格上升；**6.** 预期价格下跌；**7.** 消费者人数减少。

四、解释影响需求量的变量

(一)偏好

偏好是指当消费者面对不同的消费组合时主观的意见与判断。愈偏好某种商品时，需求量就愈大。比如，在经济不稳时，消费者对黄金就抱有较大的偏好。

(二)收入

经济学者以多采购或少购买来判断究竟是"正常商品"还是"劣等商品"。

1. 正常商品：商品的需求量随着收入的变动而呈同向变动。正常商品又分两种。(1)必需品：收入增加时消费会增加，但消费的增加比例会小于收入增加的比例，例如大米和肉类。(2)奢侈品：收入增加时消费会增加，而且消费增加的比例会大于收入增加的比例，例如名牌箱包和钻石。

2. 劣等商品：当某甲收入提高到某一程度后，对某种商品的需求及采购明显减少，这种商品就称为劣等商品。

(三)相关商品价格

1. 替代品：甲商品的需求量增加，导致乙商品需求减少(目前价格)，这两样商品即互为替代品。例如3D动画技术成熟，对特技演员的需求就会减少。

2. 互补品：甲商品的需求量增加，导致乙商品在现行的价格下需求也增高，这两样商品即互为互补品。例如汽车与汽油；毛笔与墨水；订书机与订书钉等都是互补品的概念。

(四)预期通货膨胀及收入

当其他条件未变，而预期未来自己收入会增加，因此在现行的价格下，会立刻增加对该商品的需求；另外，当预期未来商品价格会上升，也会立刻增加现在对该商品的需求。

(五)消费者人数

消费者人数愈多，需求量愈大。

影响需求的关键

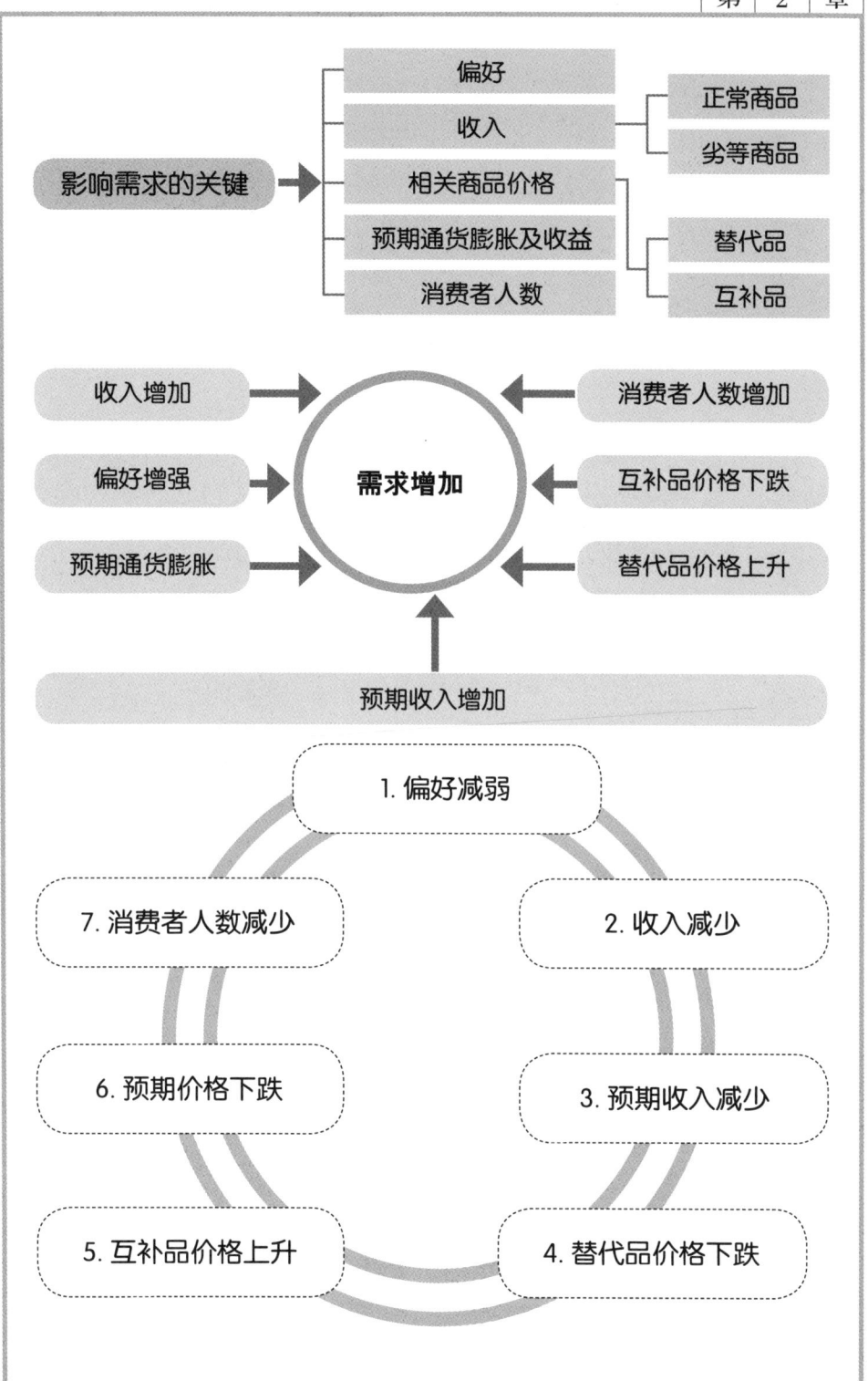

- 偏好
- 收入
  - 正常商品
  - 劣等商品
- 相关商品价格
  - 替代品
  - 互补品
- 预期通货膨胀及收益
- 消费者人数

需求增加

- 收入增加
- 偏好增强
- 预期通货膨胀
- 消费者人数增加
- 互补品价格下跌
- 替代品价格上升
- 预期收入增加

需求减少

1. 偏好减弱
2. 收入减少
3. 预期收入减少
4. 替代品价格下跌
5. 互补品价格上升
6. 预期价格下跌
7. 消费者人数减少

2-3　需求法则

一、需求法则

从马斯洛的需求理论得知，影响人需求的变量很多，而且不一定跟钱(价格)扯得上关系。

但在经济学领域，则只强调"需求"和"价格"两者之间的关系，并将需求法则定义为"在其他条件不变下，人的需求量与商品价格间会呈现反向的变动关系"。

在其他因素不变下，单考虑一物品本身的价格，则当价格愈高，消费者买得愈少，比如，房价飙涨，买房的年轻人就变少了。

二、需求法则涵盖两大逻辑

1. 收入效应：

当某种需求的商品价格下跌时，收入尽管不变，但因商品价格下跌，无形之中等于收入增加，购买的商品量增加。

当经济不景气时，这种现象最常见。

2. 替代效应：

当某种需求的商品价格飙涨时，收入尽管不变，但因商品价格飙涨，无形之中等于收入减少。

比如，高铁票涨价了，相对坐动车的人就变多了，则高铁与动车之间就产生了替代关系。

三、例外的需求法则

有法则，就会有例外！需求法则的例外指的是"吉芬商品"(Giffen goods)和"炫耀性商品"。

1. 吉芬商品：

这是英国统计学者罗伯特·吉芬观察到的怪异现象。因为一般商品的价格愈低，需求愈高，但是马铃薯价格上升时，穷人对马铃薯的需求反而上升。

明明这个东西在涨价，怎么大家买得更多？因为凡是"吉芬商品"，大多是生存必需用品，再不买，如果又涨价了，那还要活下去吗？

2. 炫耀性商品：

价格愈高，需求就愈大！这类商品主要是用以显示经济个体的社会地位或财富，因而出现价格与需求量同向变动的现象。例如，豪宅或钻石等。

```
需求法则 → 需求量 ⇅ 成反比 价格
```

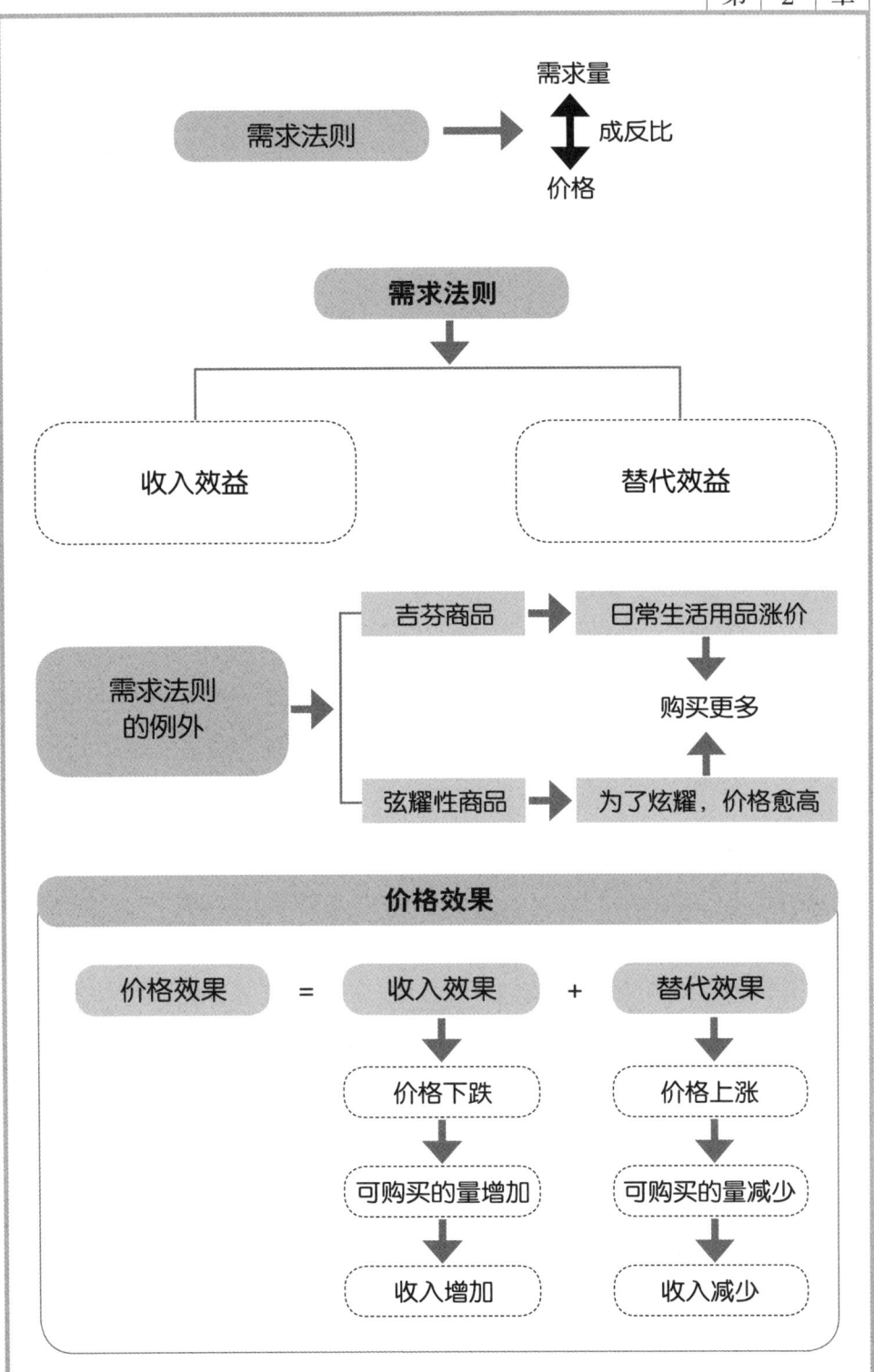

```
         需求法则
            ↓
    ┌───────┴───────┐
  收入效益         替代效益
```

```
                 ┌─ 吉芬商品 → 日常生活用品涨价
需求法则的例外 ─┤                    ↓
                 │                 购买更多
                 │                    ↑
                 └─ 炫耀性商品 → 为了炫耀，价格愈高
```

价格效果

价格效果 = 收入效果 + 替代效果

收入效果	替代效果
价格下跌	价格上涨
↓	↓
可购买的量增加	可购买的量减少
↓	↓
收入增加	收入减少

2-4 供给

一、供给定义
其他情况不变，某一段期间内，厂商对某一特定商品，在不同价格下，愿意且有能力提供市场销售的数量。

二、供给量定义
其他条件不变之下，某一个生产者于一定时间内，愿意且能够提供的产量。

三、市场供给
就某一商品，将所有厂商的供给加总起来，可得出在各种可能的市场价格下，全体厂商愿意生产的数量。

四、供给法则
价格与供给量之间，具有同向变动的关系。当价格上升时，供给量增加，反之则减少。这种同向变动的基本关系，普遍存在于一般商品的供给量与其价格之间，称为供给法则(Law of supply)。

五、供给的类型
1. 有效供给；
2. 无效供给；
3. 固定供给；
4. 变动供给；
5. 独立供给；
6. 联合供给；
7. 个别供给；
8. 市场供给。

六、供给案例说明
当每部智能手机卖1 000元时，因无利可图，厂商无生产意愿，所以市场供给量是0。

当每部智能手机卖6 000元时，厂商会尽最大能力生产，但因受限于生产设备及有经验的员工，每周的总供给量，就是20万部。

七、市场供给量案例
假设市场上智能手机的供给量，就是小张的量加上小朱的量。当每部智能手机卖1 000元时，因无利可图，小张加上小朱都无生产意愿，所以市场供给量是0。

小张只要价格10 000元，就开始生产；小朱在价格12 000元时才愿意开始生产。

小张因受限于生产设备及有经验的员工，在价格15 000元时，就无法再增加供给；小朱在价格20 000元时，就无法再增加供给。

TIPS

环境唯一不变的就是变，比如台风来袭，蔬果价格就会上涨；禽流感疫情扩散，鸡肉价格就会下跌。就像最近美国页岩油的技术逐渐成熟，已可供应自己相关的石油需求，因此原油进口开始大幅减少，预估到2020年还有可能出口。

供给类型

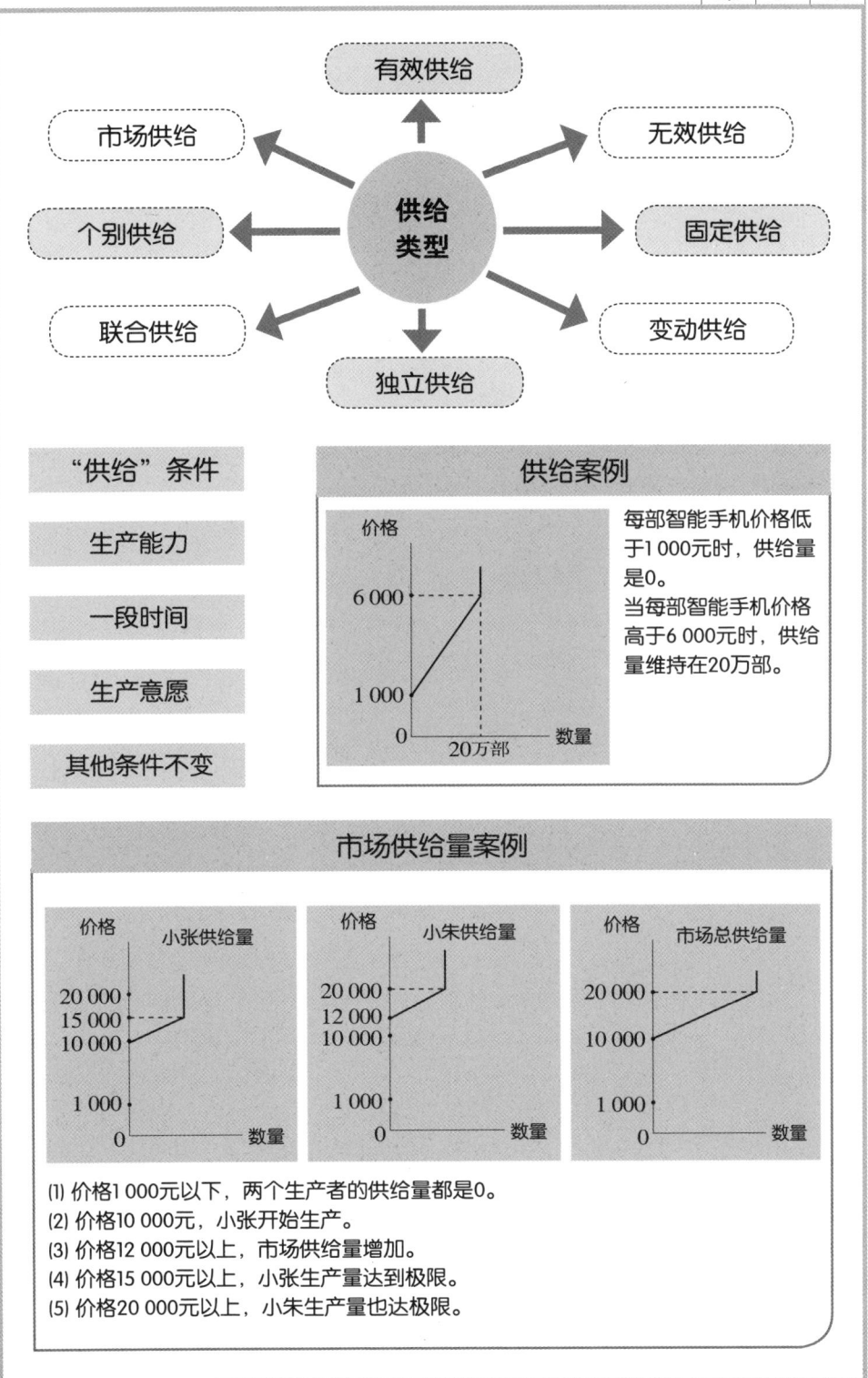

- 有效供给
- 无效供给
- 固定供给
- 变动供给
- 独立供给
- 联合供给
- 个别供给
- 市场供给

"供给"条件

- 生产能力
- 一段时间
- 生产意愿
- 其他条件不变

供给案例

每部智能手机价格低于1 000元时，供给量是0。
当每部智能手机价格高于6 000元时，供给量维持在20万部。

市场供给量案例

(1) 价格1 000元以下，两个生产者的供给量都是0。
(2) 价格10 000元，小张开始生产。
(3) 价格12 000元以上，市场供给量增加。
(4) 价格15 000元以上，小张生产量达到极限。
(5) 价格20 000元以上，小朱生产量也达极限。

2-5 影响供给量的关键

一、供给增减关键
1. 生产技术(提高或下降)； **2.** 要素价格(提高或下降)；
3. 替代品价格(提高或下降)； **4.** 互补品价格(提高或下降)；
5. 预期价格(提高或下降)； **6.** 生产者偏好(提高或下降)；
7. 生产者人数(增加或减少)； **8.** 政府政策；
9. 突发意外事件。

二、生产技术
当科技不断创新，自动化生产技术愈来愈进步时，供给量将会大幅提高。比如采用机器人生产就是生产技术的进步。

三、生产要素价格
当生产要素(劳动力、土地、资金)涨价时，生产成本提高，那么生产者必定要以较高的价格才愿意供应。比如，购地成本提高，房地产商为反应成本自然会提高价格出售。

四、相关生产商品的生产要素价格
1. 生产上的替代品：

如果同样的生产要素可以用来生产甲产品(稻米)或乙产品(茶叶)，则乙与甲两种产品可称为生产上的替代品。当甲商品(稻米)价格上升，生产要素就会往甲(稻米)移动，因为有利可图，也因此对生产乙(茶叶)相对不利，对乙(茶叶)生产要素的供给将会减少。

2. 生产上的互补品：

厂商生产的两种商品，属于同一生产流程时，若其中一种商品生产时，另一种商品亦被生产出来，则两种产品可称为生产上的互补品，又称合产品。比如，牛肉与牛皮，奶油与脱脂牛奶，都称得上生产上的互补品。

五、预期未来价格
若生产者预期未来价格会上升，则生产者会减少现在的供给量，囤积居奇，以图未来价格高涨时，能赚取更高额的利润。反之，预期未来价格下跌，则目前价格相对较贵，厂商会增加目前的供给，避免未来收入减少。

六、厂商数目
厂商数目愈多，则在现行的价格之下，市场的供应量愈多。

七、政府政策
1. 货币； **2.** 法规； **3.** 租税。

八、突发意外事件
战争、恐怖袭击事件、瘟疫、台风、旱灾、寒流、虫害或像日本311大地震后的核灾，都会影响当地生产及相关供给。

供给增减关键

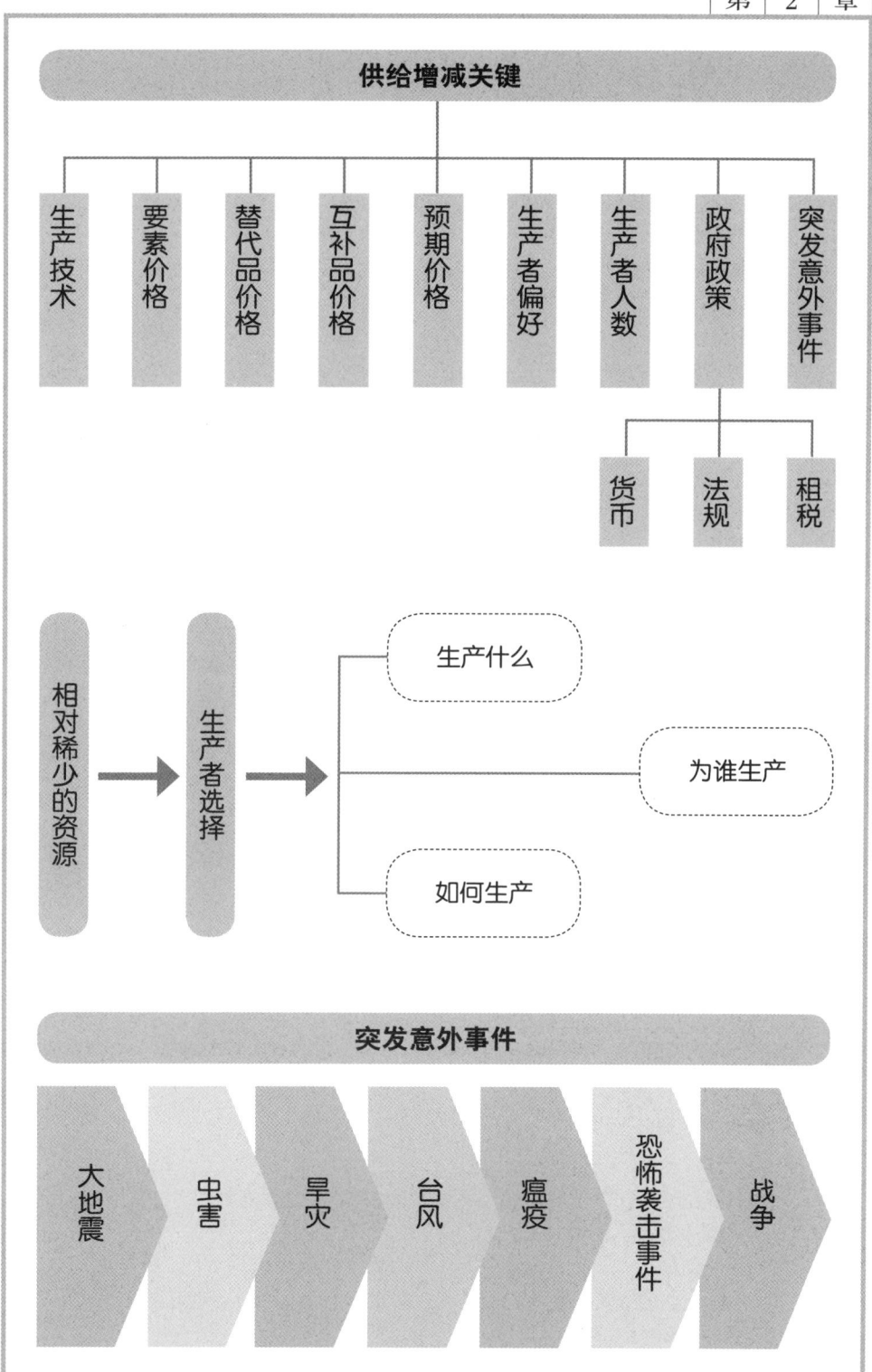

- 生产技术
- 要素价格
- 替代品价格
- 互补品价格
- 预期价格
- 生产者偏好
- 生产者人数
- 政府政策
  - 货币
  - 法规
  - 租税
- 突发意外事件

相对稀少的资源 → 生产者选择 →
- 生产什么
- 为谁生产
- 如何生产

突发意外事件

大地震 | 虫害 | 旱灾 | 台风 | 瘟疫 | 恐怖袭击事件 | 战争

2-6　均衡

一、什么是均衡
均衡指一种状态，在这种状态下，若没有其他影响供给与需求的因素介入，则所有相关的活动(或变量)都不会再发生变动。

二、均衡的特性
1. 均衡只是对事物状态的一种描述，并不含有价值判断。也就是说，均衡可以是好的均衡，也可以是不好的均衡。

2. 均衡隐含一种稳定、可预测的状态，而这种状态是由一些条件支持的。

3. 改变均衡不易，均衡是主、客观条件配合的结果，除非这些条件发生变化，否则很难撼动"静者恒静，动者恒动"的状态。

三、均衡概念的弱点
一般均衡理论不易说明如何从失衡状态走向均衡状态的动态过程。一方面这是指均衡不易改变，另一方面也说明必须有条件的配合，才能说明改变均衡的方向。

四、市场均衡
在特定的价格下，市场的需求量与供给量同时达到均衡，且不再改变的状态，即可称为市场均衡。比如，每年台湾地区高山茶的产量和消费高山茶的需求量刚好相同，则此时市场不会发生变化，高山茶的价格就会很稳定，此即高山茶市场的均衡。

五、市场均衡的关键
亚当·斯密认为，在完全竞争市场条件下，每一市场参与者均无决定性影响力，要完全依市场机能运行，没有人可以干预，而是借由市场价格的涨跌牵引需求者与供给者调整运用其有限资源至最佳效率，使供需双方自动达成最大福利，并维持稳定的均衡状态。

六、市场机能
经济学中所说的"一只看不见的手"，就是指"市场机能"或"价格机能"。因为市场供给与需求的各种信息，都会反映到价格上。由于价格变动，进而影响供给量与需求量的变动，直至市场恢复到均衡的状态才停止(直至供需相等为止)。通过价格，市场自然能够调和供需双方，决定生产与分配的问题，包括由何人生产、何人消费、生产多少及消费多少等问题。在自由经济体系中，价格机能扮演资源分配的重要角色。

七、重要名词解释
1. 帕累托效率：
是指资源及财货处于最佳效率的配置状态，此时再也没有任何方法能使福利更增加且又不减少其他人的福利。

2. 帕累托优化：
是指经济状态改变可以使某人的经济福利改善，而又不损及他人福利，其他人福利不变。

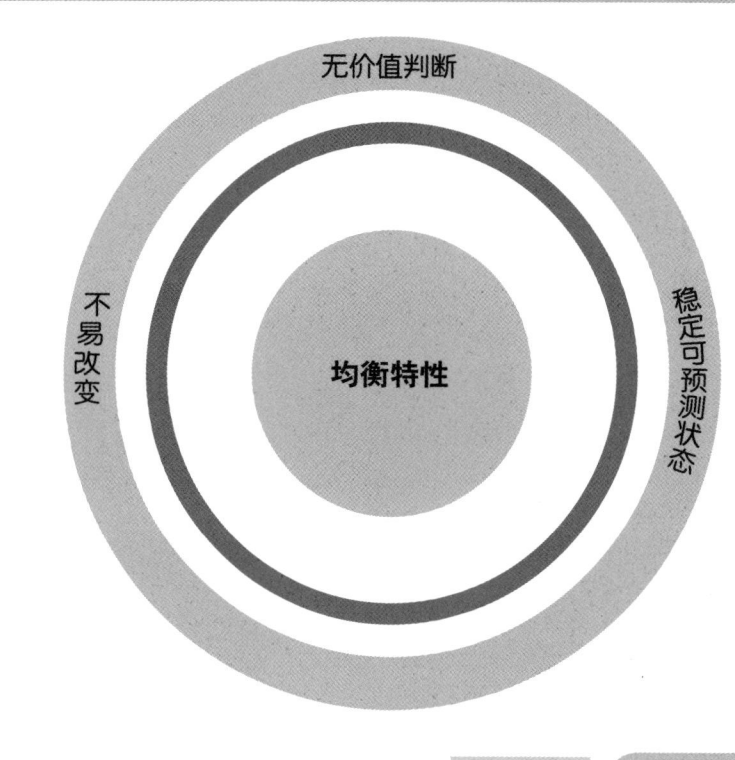

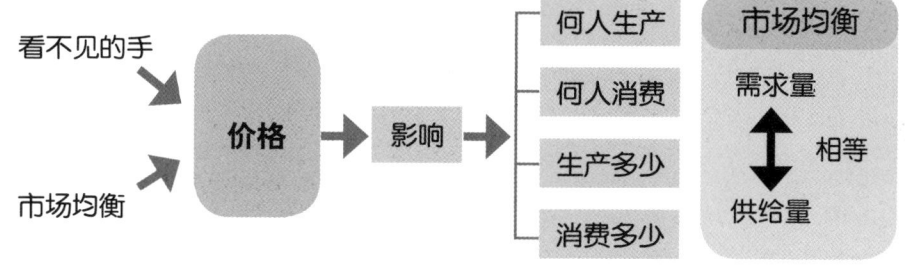

均衡特性

- 无价值判断
- 稳定可预测状态
- 不易改变

价格的作用

看不见的手 → 价格 → 影响 → 何人生产 / 何人消费 / 生产多少 / 消费多少

市场均衡 → 价格

市场均衡：需求量 ⇅ 相等 供给量

市场均衡案例

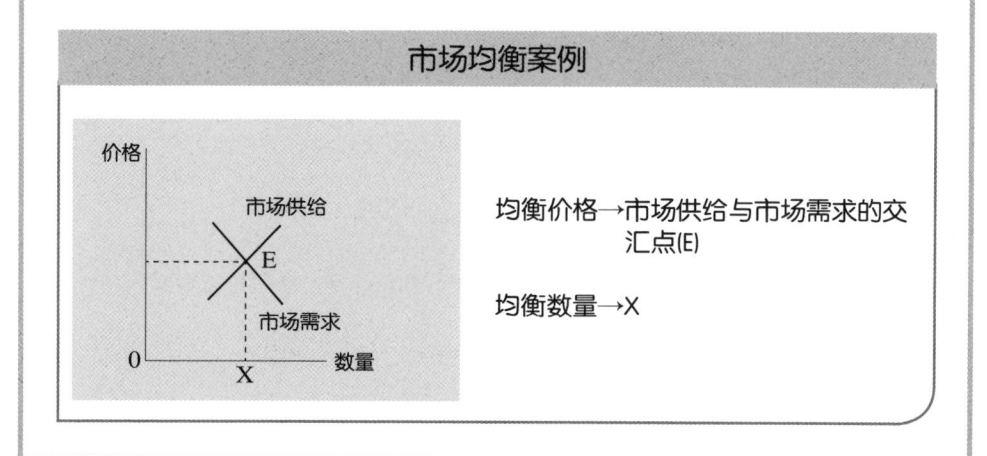

均衡价格 → 市场供给与市场需求的交汇点(E)

均衡数量 → X

2-7　市场动态均衡

生产者愿意供给的数量与消费者愿意购买的数量之间经常会出现落差，这个落差最常表现为"超额供给"(Excess supply)和"超额需求"(Excess demand)。动态的市场均衡，即是说明供给和需求之间会经过市场的价格机能逐渐达到均衡的过程。

一、超额供给

生产者愿意供给的数量超过消费者愿意购买(需要)的数量，表示市场存在超额供给，即所谓需求不足。

1. 案例说明：

市场要购买高级计算机的数量，当价格在6 000元时，想要买进的数量只有50台，而厂商想要卖出的数量为150台，此时就是超额供给。

2. 解决超额供给的方法：

为了拿回资金，厂商就必须降价求售(优惠打折，送纪念品甚至大甩卖)。价格下降后，供需数量就会起变化，有些厂商甚至退出市场，供给减少，供过于求的现象消失，价格又恢复稳定的均衡状态。

二、超额需求

在某价格水平下，消费者愿意购买(需要)的数量超过生产者愿意供给的数量，即所谓供不应求，而导致市场价格上升。需求增加会促进均衡价格上升，而供给增加则会促进均衡价格下降。

1. 案例说明：

市场要购买高计算机的数量，当价格在2 000元时，想要买进的数量达150台，而厂商供给的数量为50台，此时就是超额需求。

2. 解决超额需求的方法：

在超额需求的情况下，物品的短缺将造成抢购现象(物以稀为贵)而使价格上涨，但随着价格的上涨，供给量会逐渐增加，需求量会逐渐减少，超额需求亦将随之变小，直至均衡价格时供给量与需求量相等，超额需求消失，价格乃趋稳定。

三、影响供需的关键

1. "看得见的手"——政府。

2. "看不见的手"——价格。

3. "上帝的手"——特别的祝福(丰年)或警讯(天灾)。

四、政府干预

政府直接干预价格机能的方式有两种。

1. 数量的管制。

2. 价格的管制。

市场动态均衡

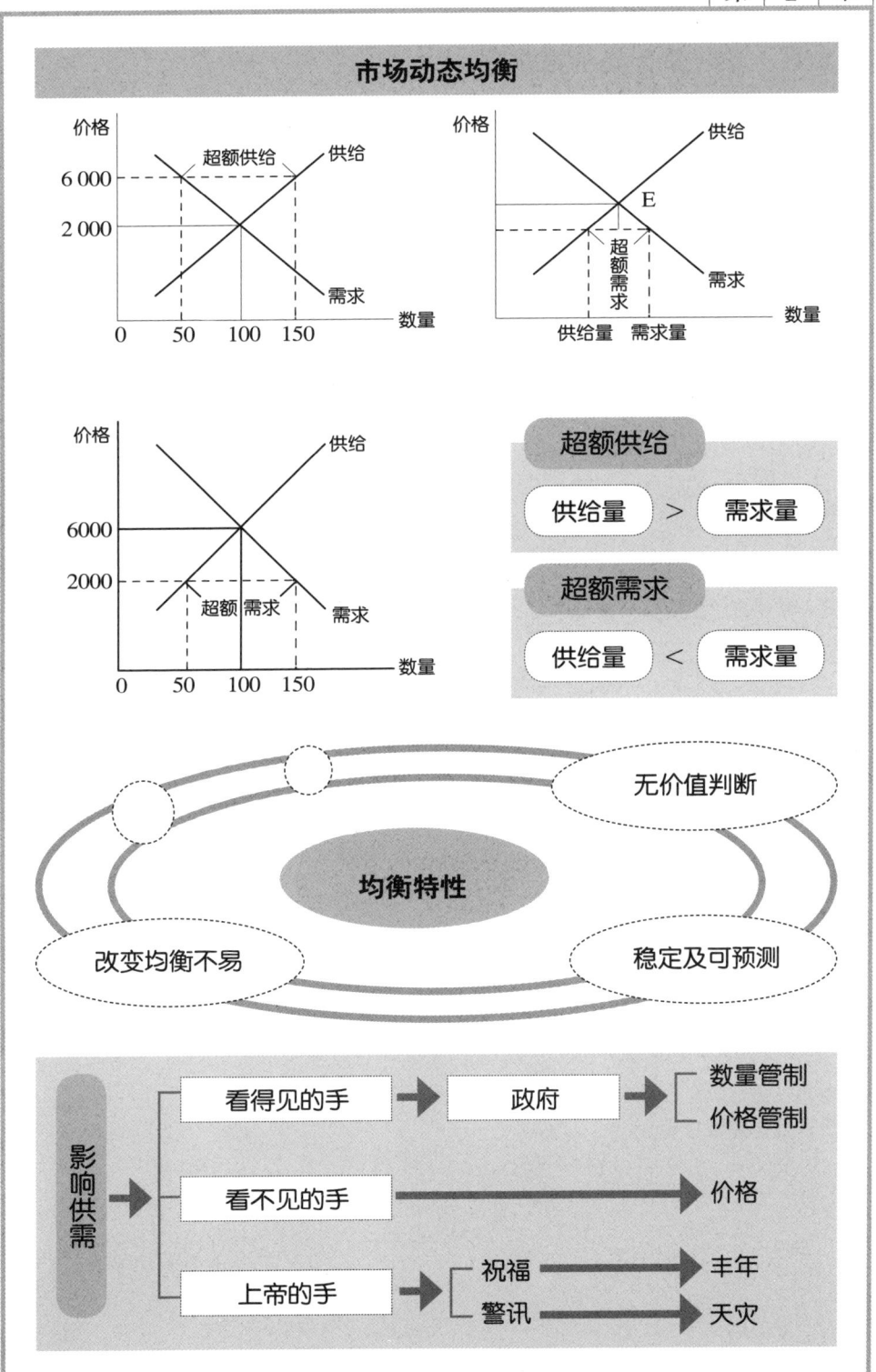

超额供给
供给量 > 需求量

超额需求
供给量 < 需求量

均衡特性
- 无价值判断
- 改变均衡不易
- 稳定及可预测

影响供需
- 看得见的手 → 政府 → 数量管制 / 价格管制
- 看不见的手 → 价格
- 上帝的手 → 祝福 → 丰年 / 警讯 → 天灾

2-8 市场机能与价格弹性

一、弹性的意义
弹性可以解释为反应程度。
当某商品价格上涨，不购买的反应程度很强，就称为高弹性；当某商品价格上涨，不购买的反应程度很低，就称为低弹性。

二、需求弹性的意义
需求的价格弹性，是衡量由于价格变动引起的需求量变动敏感度的指标。

三、价格弹性公式

$$需求的价格弹性 = \frac{需求量变动百分比}{价格变动百分比}$$

比如，某品牌的智能手机价格变动幅度是1%，引起智能手机需求量变动1.5%，则智能手机的价格弹性就是1.5。

四、价格弹性的意义与例证

(一)有弹性

当弹性大于1，我们称此价格弹性为有弹性。有价格弹性表示降价或提高价格对销售量都有显著的影响。所以这时对价格的调整要很谨慎。

A手机的竞争对手包括B和C，如果A手机抬高价格，顾客很容易找到替代产品，马上就可能转向B或C购买，A手机的需求量就会大幅减少；反之，A手机若降价求售，就可以吸引大量购买者上门，需求量将增加。也就是说，A手机产品的价格弹性大于1。在这样的情形下，A手机的策略应该如何呢？答案是：薄利多销，降价求售。因为降价带来大量增加的订单后，将使得A手机的总收入(价格乘以数量)水涨船高。

(二)缺乏弹性

但如果价格弹性小于1，则表示缺乏弹性。缺乏弹性的意思就是提高售价也不会吓跑消费者。

如果仅止于经济学的单一思考，而不考虑企业伦理与道德，此类产品提高价格求售的确是应该的策略。

五、价格弹性功能

企业制订策略时，薄利多销好还是不好？薄利(降低价格)，真的可以多销吗？这些都可以从价格弹性得到答案。

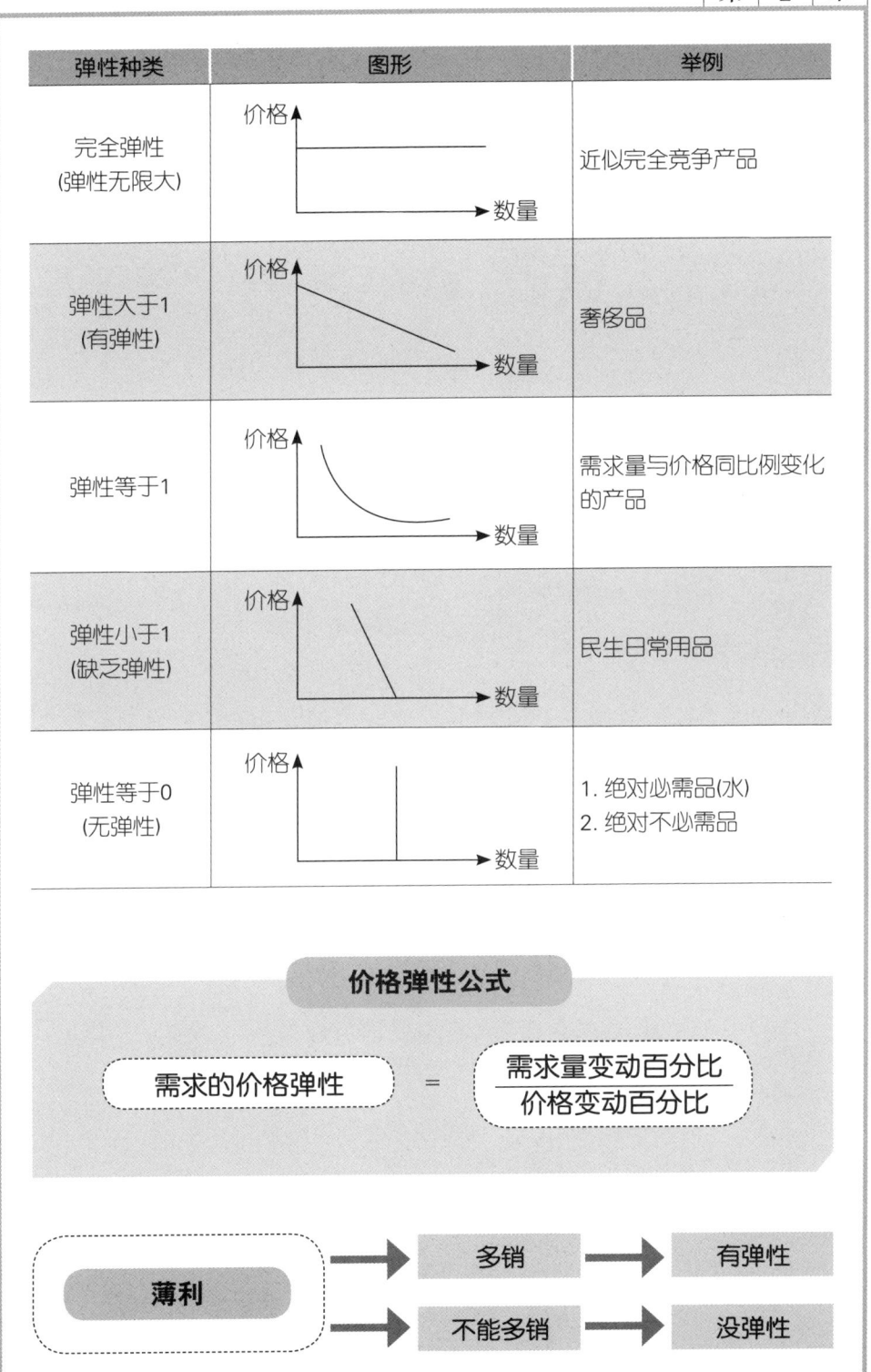

弹性种类	图形	举例
完全弹性 (弹性无限大)	价格/数量（水平线）	近似完全竞争产品
弹性大于1 (有弹性)	价格/数量（平缓下降）	奢侈品
弹性等于1	价格/数量（双曲线）	需求量与价格同比例变化的产品
弹性小于1 (缺乏弹性)	价格/数量（陡峭下降）	民生日常用品
弹性等于0 (无弹性)	价格/数量（垂直线）	1. 绝对必需品(水) 2. 绝对不必需品

价格弹性公式

$$需求的价格弹性 = \frac{需求量变动百分比}{价格变动百分比}$$

薄利 → 多销 → 有弹性

薄利 → 不能多销 → 没弹性

2-9　弹性决定因素

一、价格弹性类别
1. 需求(价格)弹性；**2.** 供给(价格)弹性。

二、决定需求弹性的因素
为什么消费者对有些商品的需求弹性比较大，有些比较小呢？这主要决定于三个因素：替代品、占收入比例和时间长短。

1. 替代品的多寡与替代品的强弱：

影响某商品需求弹性大小最主要的因素就是该商品的替代品。若替代品愈多、替代能力愈大，该商品的需求弹性就愈大。换言之，替代品多，弹性就大，价格就不易抬高。

2. 该商品消费支出占收入比例：

商品消费支出占收入比例低，则该商品的需求弹性就小。反之，支出愈大的商品，其需求弹性就愈大。比如盐很便宜，而且其支出占收入的比例甚小，再加上盐的替代弹性很小，因而盐的需求弹性就小。

3. 时间长短：

需求量必须定义在"一定时间"内，时间愈长，弹性会愈大。

三、决定供给弹性的因素
生产资源若没有弹性，就表示只能生产某商品；若弹性大，就表示能生产某商品，也能移转到其他商品上。决定供给弹性大小的因素包括生产投入的替代用途、成本变动的敏感度与时间长短等。

1. 生产要素是否具备多种生产用途：

某商品所使用的资源用途愈广，在商品价格下跌时，就愈容易将较多的资源移作他用，因而供给弹性大。这样的生产要素，就比较不会受制于人。

2. 生产成本随产量而变动的敏感度：

房价居高不下，购地成本增高，风险也相对增高，房地产商推出新项目的意愿就会相对减少，这个减少程度就反映出敏感度。

3. 时间的长短：

短时间内厂商应变能力相对薄弱，只能照原计划，反应能力薄弱；时间拉长，厂商针对价格上升，所能做出的反应便会增多(也较有能力调整供给量)。

4. 商品储存容易与否：

生产出来的商品可以放愈久，对价格突然变化(特别是降价要求)的反应能力较大，较会有意愿多生产，所以弹性大。

5. 受大自然支配程度：

台风来袭，对农产品的产地伤害大，而这些产品也无法立即生产，所以弹性小。

6. 生产所需技术：

技术愈低，生产愈容易，所能够改变的量也就愈多，弹性自然大；反之，所需技术高，弹性就较小。

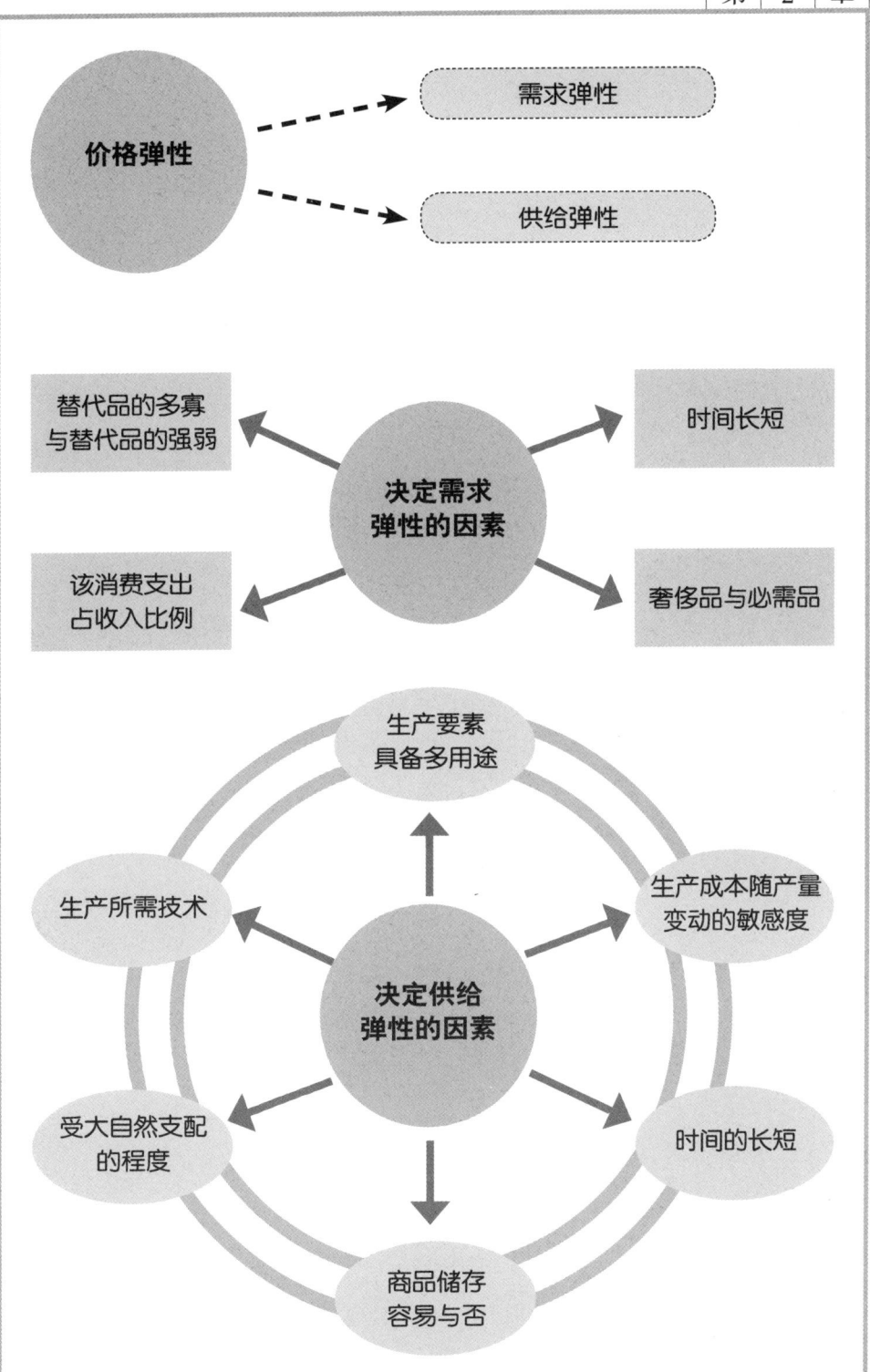

第 2 章

```
价格弹性 ──→ 需求弹性
        ──→ 供给弹性
```

决定需求弹性的因素

- 替代品的多寡与替代品的强弱
- 时间长短
- 该消费支出占收入比例
- 奢侈品与必需品

决定供给弹性的因素

- 生产要素具备多用途
- 生产所需技术
- 生产成本随产量变动的敏感度
- 受大自然支配的程度
- 时间的长短
- 商品储存容易与否

第 3 章

消费者与生产者

3-1 总效用与边际效用

一、效用
经济学对消费者享用商品或服务的满足程度以效用(Utility)来表示。比如，冬天吃火锅，夏天吃冰激凌，一般来说效用都会很高。满足程度愈高，效用愈大；满足程度愈低，效用愈低。这里说的满足程度是一种心理的状态、主观的感觉、抽象的概念，其大小因人因物而异。

二、总效用
总效用(Total Utility)是指消费者在一定时期从一定数量的商品和劳务的消费中得到的总满足程度。假设吃第一根烤玉米的效用是5，第二根的效用是3，那么吃烤玉米的总效用是5＋3＝8。

$$总效用 = 效用的全部之和$$

总效用递增：吃第一根烤玉米的效用加第二根的效用，总效用递增。

总效用递减：比如，吃第一根烤玉米得到的总效用是5，第二根是3，但吃第三根已经感觉消化不良，第三根的效用变成0，如果再吃第四根，此时就是折磨，效用变成–5。

三、边际效用
边际效用(Marginal Utility)是指在一定期间内，每新增(或减少)一个单位的商品或服务，所增加(或减少)的效用。换言之，每增加一单位商品的消费，消费者所增加(或减少)总效用的变动量，就是边际效用。

$$边际效用 = 总效用的变动量 ÷ 消费数量的变动量$$

边际效用递减：从烤玉米的案例发现，玉米愈吃愈不香时，此时就是出现边际效用递减，这种现象称为边际效用递减法则。

边际效用均等：边际效用均等法则是指，当最后一元花费在各种物品上所得到的边际效用都相等时，消费者的总效用就会达到极大。

烤玉米消费量	总效用(TU)	边际效用(MU)
1	5	5
2	8	3(8 − 5)
3	8	0(8 − 8)
4	3	−5(3 − 8)

四、总效用与边际效用的关系
1. 当总效用递增时，其边际效用为正数。

2. 当总效用达到最大时，其边际效用等于0。

3. 当总效用递减时，其边际效用为负数。

| 效用 | → | 消费商品或服务的满足程度 |

| 总效用 | → | 消费所有商品或服务满足程度的总和 |

| 边际效用 | → | 每增加一单位的消费所增加的总效用 |
| | → | 决定商品价格 |

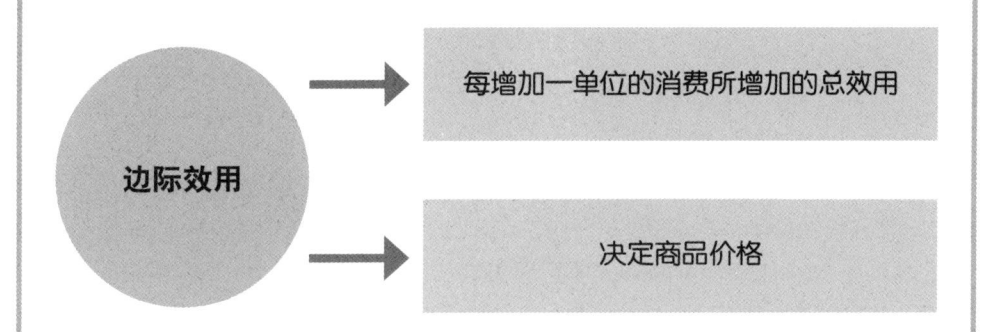

总效用与边际效用的关系

总效用递增	边际效用为正数
总效用最高	边际效用为0
总效用递减	边际效用为负数

消费量	1	2	3	4
总效用	6	10	12	11
边际效用	6	4	2	−1

3-2 消费

一、什么是消费
人都有衣、食、住、行、育、乐等日常需求，直接满足这些需求的行为，便是消费行为。比如到KTV去高歌，同时把内心的忧郁都唱出去，就是满足心理的需求；饿了去吃自己想吃的火锅，这是满足生理及心理的需求。

二、决定消费者选择的关键
包括预算能力、效用。

三、最适的消费组合
必须同时满足有限的收入(或预算)和效用最大化。

四、理性消费者选择的特征
1. 有能力排列出偏好顺序。
2. 不会做出自相矛盾的选择。
3. 有"财货愈多愈好(多多益善)"的偏好。

五、消费品的性质区分

	说明	实例
必需品	维持人生活必需的用品	盐、糖
便利品	增加人生活舒适性的用品	美味佳肴、舒适住宅、便捷交通
奢侈品	美化人生活的用品	珠宝、钻戒、豪宅

六、购买力与选择组合
(一) 购买力

表示在一定的商品价格下，一笔固定的货币(或名目)收入所能购买到的商品数量。

(二) 预算线

消费者在一定支出预算下所能购买到的两种产品(如手机与笔记本电脑)所有最大可能组合量所形成的轨迹。

1. 预算限制：总支出不得超过总收入。
2. 预算线可变动：收入增加预算跟着增加；收入减少预算跟着减少。

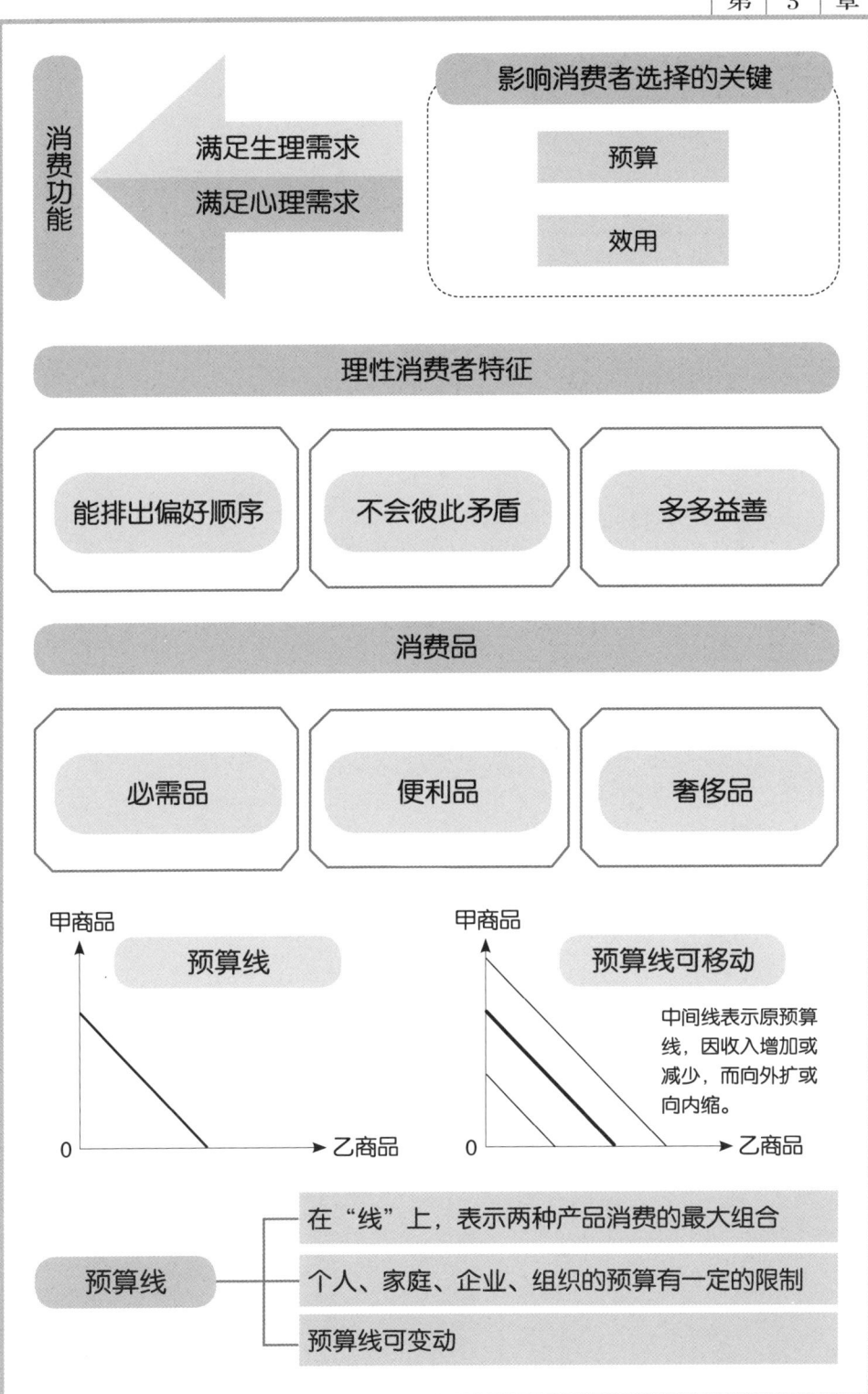

第 3 章

消费功能 ← 满足生理需求 / 满足心理需求

影响消费者选择的关键
- 预算
- 效用

理性消费者特征
- 能排出偏好顺序
- 不会彼此矛盾
- 多多益善

消费品
- 必需品
- 便利品
- 奢侈品

预算线（甲商品—乙商品坐标图）

预算线可移动（甲商品—乙商品坐标图）
中间线表示原预算线，因收入增加或减少，而向外扩或向内缩。

预算线
- 在"线"上，表示两种产品消费的最大组合
- 个人、家庭、企业、组织的预算有一定的限制
- 预算线可变动

3-3　生产（一）

一、什么是生产

创造或增加物品的效用或是提供劳务以满足人类欲望的一切经济行为。

二、生产者面对的课题

生产什么？如何生产？生产多少？由谁生产？为谁生产？何处生产？何时生产？

三、生产的目的

生产者从事生产的最大目的在于赚取利润，利润取决于销售收入多寡及生产成本高低两个因素。涉及造福人类的话题，则属于经济道德的讨论范畴。

四、创造效用的类别

1. 本源效用：

从大自然中汲取有利于人类的资源，例如：农、林、渔、牧、矿业。

2. 形式效用：

将某物既有的形状通过人的加工改造，变成效用更大、更便利人类使用的物品，称为形式效用。例如从鱼鳞中提炼出胶原蛋白。

3. 地方效用：

将物品从低价的地方运至高价的地方即能创造地方效用。例如运输业或贸易。

4. 时间效用：

将物品储存至效用较大的时候才使用，称时间效用。例如，仓储业将夏天盛产的荔枝储藏至冬天。

5. 产权效用：

将商品由生产者手中移转至消费者手中，改变商品所有权的效用。

6. 劳务效用：

提供劳务以满足他人需求所创造的效用称为劳务效用。例如，老师提供专业技能与知识。

五、生产分类

可区分为直接生产与间接生产。

1. 直接生产：

靠着自己的劳动力与智慧生产商品的方式。

2. 间接生产：

指运用仪器设备等生产资料来生产的方式，故又称迂回生产，此为现代最主要的生产方式。

六、产量变化的原因

1. 扩大生产，有利可图。

2. 歇业→市场条件变差→停止生产。

3. 完全退出市场。

第 3 章

生产者的课题：生产什么、如何生产、生产多少、由谁生产、为谁生产、何处生产、何时生产

生产目的 → 利润 → 销售收入 / 生产成本
　　　　　　造福人类(经济道德)

生产的分类：直接生产、间接生产

产量变化的原因：扩大生产、歇业、完全退出市场

创造效用的类别：本源效用、形式效用、地方效用、时间效用、产权效用、劳务效用

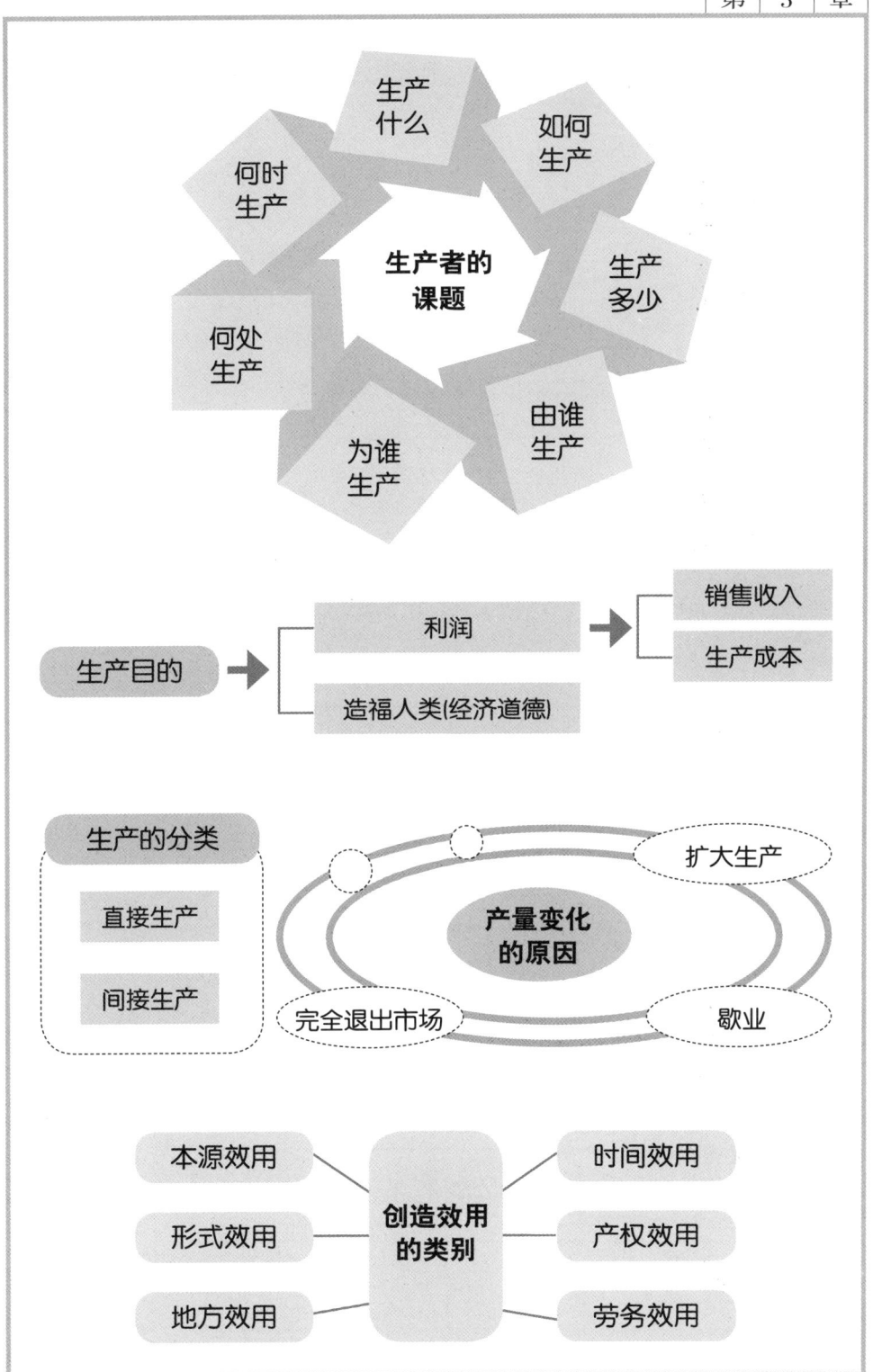

3-4 生产（二）

一、厂商出现的原因
1. 市场有需求，供给却不足。
2. 有利可图。
3. 降低交易成本。
4. 专业分工。

二、赛依法则
"生产出来的物品，自然可以找到买主，厂商不必担心生产过多。"这就是古典经济理论"供给创造需求"。"赛依法则"表示：**1.** 以物物交换为基础；**2.** 充分就业的保证；**3.** 无多余货币的社会。

三、生产方式
以增加效用的方式为标准，可将生产分为四大类。

1. 原始生产：生产者利用自然资源从事的生产，由此生产活动所创增的效用称为本源效用或原始效用。如：农夫种稻、矿工采矿、牧农采集牛奶。

2. 工业生产：又称形式生产，将一物品的形状或性质加以改变而创造出另一种效用较大的物品，由此生产所创增的效用称为形式效用。如：将金属原料变成手机壳、纺纱成衣等。

3. 商业生产：指生产者仅提供商品买卖与销售来获得报酬，而不涉及生产层面的生产方式。比如营销公司、广告公司，或其他渠道服务。

4. 劳务生产：生产者提供劳动力或专业知识来满足他人需要以获得报酬的生产行为。比如，搬家工人提供劳动力为人搬家，医生以专业知识替人看病。

四、生产函数
在某一时间内，某一技术水平下，厂商生产因素的投入与其所能制造出来的最大产出量两者之间的实质数量关系。所以，只要生产因素为已知，则生产函数会说明产出的最大数量。

1. 短期生产函数：某特定时间内，至少有一种生产要素是不能变动的。
2. 长期生产函数：时间充裕到所有生产要素都可以产生变动。

五、平均产量
平均每单位劳动力的产量。

六、边际产量
每增加一单位劳动力，总产量所增加的数量。

七、生产要素的类型
1. 固定要素：使用量是固定的生产要素。
2. 变动要素：使用量是变动的生产要素。
3. 准固定要素：只要产品产量大于零，不论其产量有多大，此类型的生产要素使用量均为固定。

第 3 章

厂商出现的原因

- 供给不足
- 有利可图
- 专业分工
- 降低交易成本

生产方式

- 原始生产
- 工业生产
- 劳务生产
- 商业生产

生产要素的类型

- 固定要素
- 变动要素
- 准固定要素

生产函数

- 短期 → 至少有一种生产要素不变
- 长期 → 所有生产要素都可变

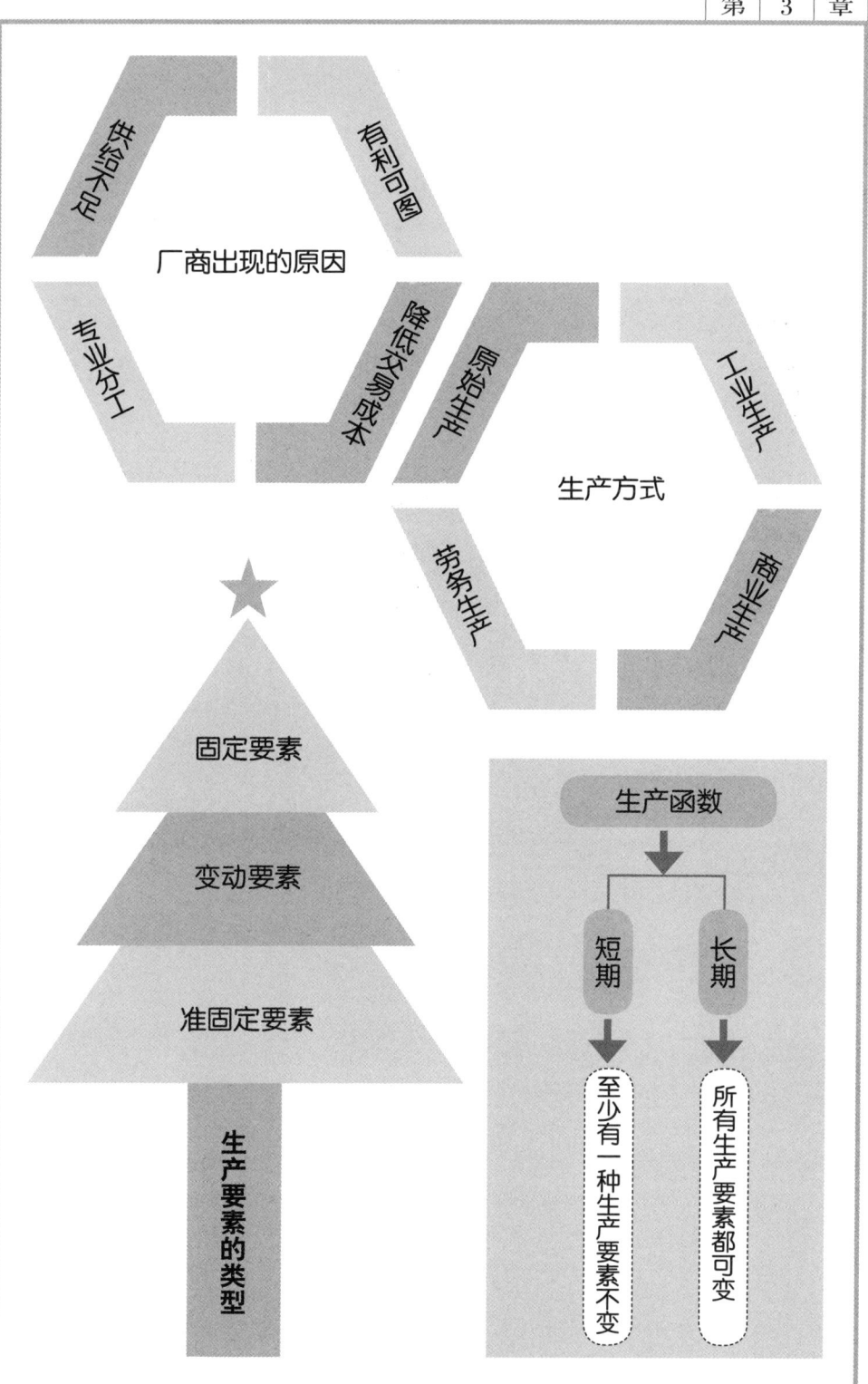

3-5　生产成本

一、成本

成本指生产过程中使用各种生产要素所必须支付的代价。平均成本是平均一单位产品所必须支付的成本。

1. 外显成本：又称会计成本，是指厂商在从事商品生产时使用供应商提供的生产要素而必须支付的费用。比如，生产智能手机必须支付工资、地租、利息、利润、原料费、保险费、折旧及各种销售推广的费用。

$$会计成本 = 外显成本$$

2. 隐藏性成本：又称内含成本、非支付成本，是指实际上该负担的成本，但并未将此费用记在会计账上。比如，经营者个人可将自有地出租以收取租金，但此时却拿来作为生产的厂房。

3. 经济成本：经济成本包括外显成本与隐藏性成本。

$$经济成本 = 外显成本 + 隐藏性成本$$

二、以成本变动来区分

(一)固定成本：不随产量变动而变动的成本。

1. 总固定成本：是指短期内某些生产要素无法变动，支付给这些固定生产要素的成本称为总固定成本。

2. 平均固定成本：平均生产一单位商品所需支付的固定成本。

(二)变动成本：随产量变动而变动的成本。

1. 总变动成本：指短期内支付给变动生产要素的费用，此变动成本会随着产量的多寡而改变。

2. 平均变动成本：指平均生产一单位商品所需支付的变动成本。

三、短期成本结构

短期总成本为变动成本与固定成本之和。

1. 变动成本：使用变动生产要素所需支付的成本。比如工人的工资、电费。

2. 固定成本：固定的生产要素在短期无法调整而必须支付的成本。比如租厂房所需支付的房租、机器设备折旧。

四、边际成本

每增加一单位产量时总成本所需增加的部分。

五、边际报酬递减法则

指短期内，当技术与某些生产要素是固定不变时，若只增加某种可变动的生产要素，在生产过程的初期，生产量随着此种生产要素的增加而增加，但到一定限度之后，生产量的增加率(边际产量)便呈递减的现象。比如，增加劳动工时过长，造成工人头脑不清、精神不集中，产出递减。

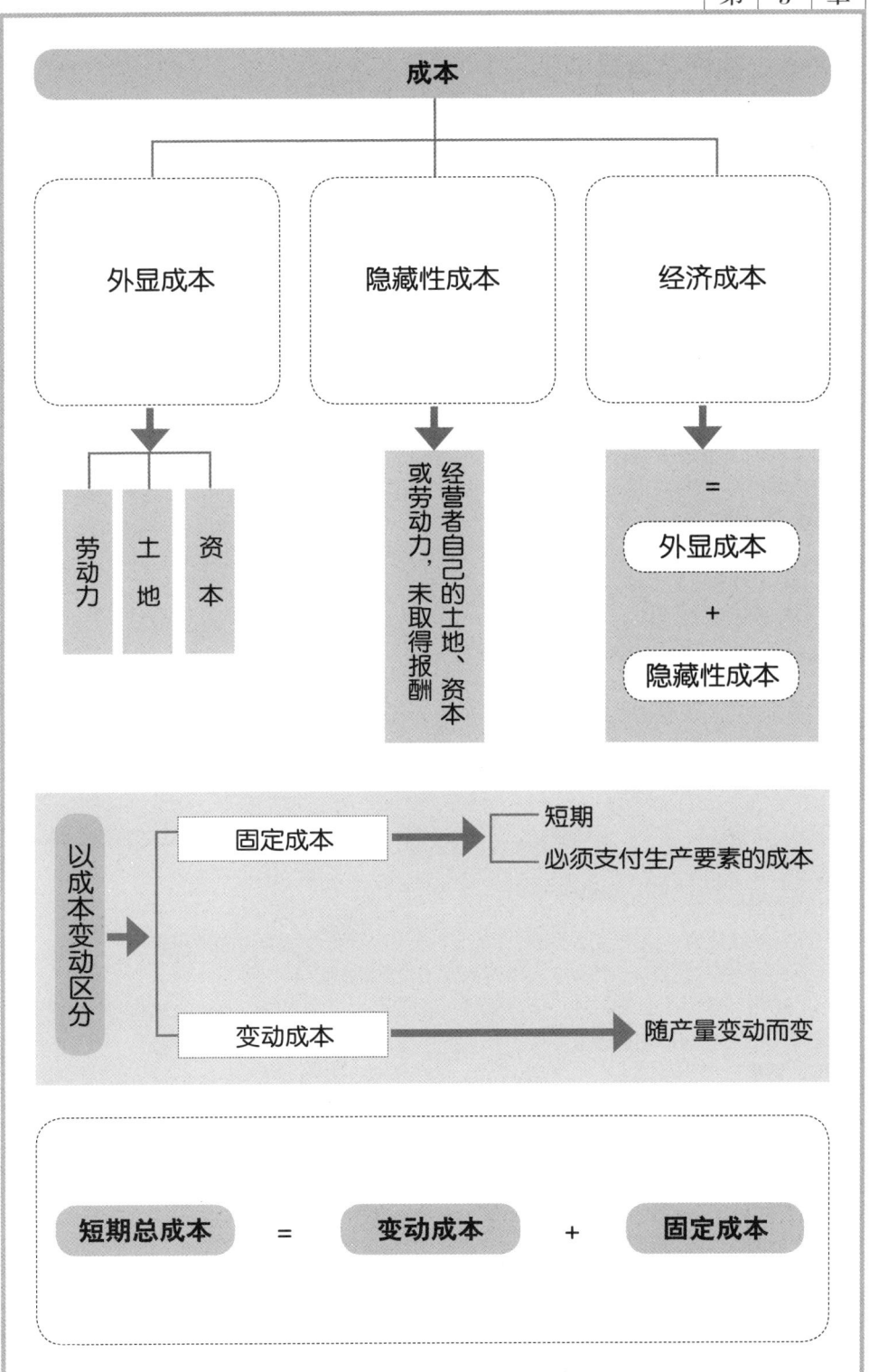

```
                              成本
                               │
        ┌──────────────────────┼──────────────────────┐
     外显成本              隐藏性成本              经济成本
        │                     │                     │
   ┌────┼────┐                │                     =
  劳动力 土地 资本      经营者自己的土地、资本      外显成本
                       或劳动力，未取得报酬           +
                                                 隐藏性成本
```

```
              ┌─ 固定成本 ──→ 短期
  以成本                       必须支付生产要素的成本
  变动区分 →
              └─ 变动成本 ──────────→ 随产量变动而变
```

短期总成本 ＝ 变动成本 ＋ 固定成本

3-6 生产要素成本

一、工资
劳动者提供劳务所得到的报酬，同时也是每单位时间的劳动价格。

(一)工资的分类

1. 名目工资：未考虑物价变动因素(即未考虑通货膨胀率)。

2. 实质工资：将通货膨胀率(即物价因素)加以考虑计算，即实质工资反应的为实质购买力。

(二)工资理论

1. 生存费用说：由李嘉图、马尔萨斯提出，工资的多少决定于最低生活水平所需的费用。

2. 工资铁律：依据拉塞尔及马尔萨斯的人口论，强调出生率增加使劳动供给增加，劳动供给增加将迫使工资率回到生存水平；而饥饿及婴儿死亡率的增加，又使劳动供给减少。因此工资是人类为了维持生存所需要的最低收入。也就是说，劳动者的贫困具有永久性。

3. 劳资商议：依据劳动者与雇主双方议价所订立的契约决定工资。

4. 工资基金：工资由雇主所提的资金支付。

5. 边际生产力说：工资取决于劳动边际生产力。

(三)造成工资差异的主要原因

1. 生产力差异；**2.** 劳动市场的信息不完全；**3.** 劳动市场的供需变化；**4.** 对危险程度高或压力大者提供弥补。

二、地租
使用土地或天然资源所支付的报酬。

(一)地租产生的原因

1. 土地稀有性；**2.** 土地肥沃程度不同；**3.** 土地位置的差别；**4.** 土地私有制度的存在；**5.** 人口无限的增加。

(二)地租学说

1. 差额地租：由李嘉图提出，因土地肥沃、便利等优势造成地租有别。

2. 准地租：由马歇尔提出，说明固定资产的报酬。

3. 绝对地租：由马克思提出，强调地租是将生产物出售，从收入之中扣除生产成本与平均利润后的剩余。

三、利息
使用货币资本的报酬。主要的利息学说，有以下五种。

1. 忍欲说：利息是忍受欲望、痛苦的补偿。

2. 时差说(时间偏好说)：放弃现在商品交换未来商品，得到额外补偿(利息)。

3. 迂回生产说：迂回生产必先生产工具，再以此生产工具生产最后产品，生产时必先有货币资本生产工具，因此须提出一部分作为报酬，此报酬为利息。

4. 投资储蓄说：储蓄者因为牺牲当期的消费，而获得利息作为报酬。

5. 流动性偏好说：有货币在手，可随时利用市场有利的机会，为自己赚取额外的收入。因此，要将货币借他人使用，必须有适当的补偿，此补偿即为利息。

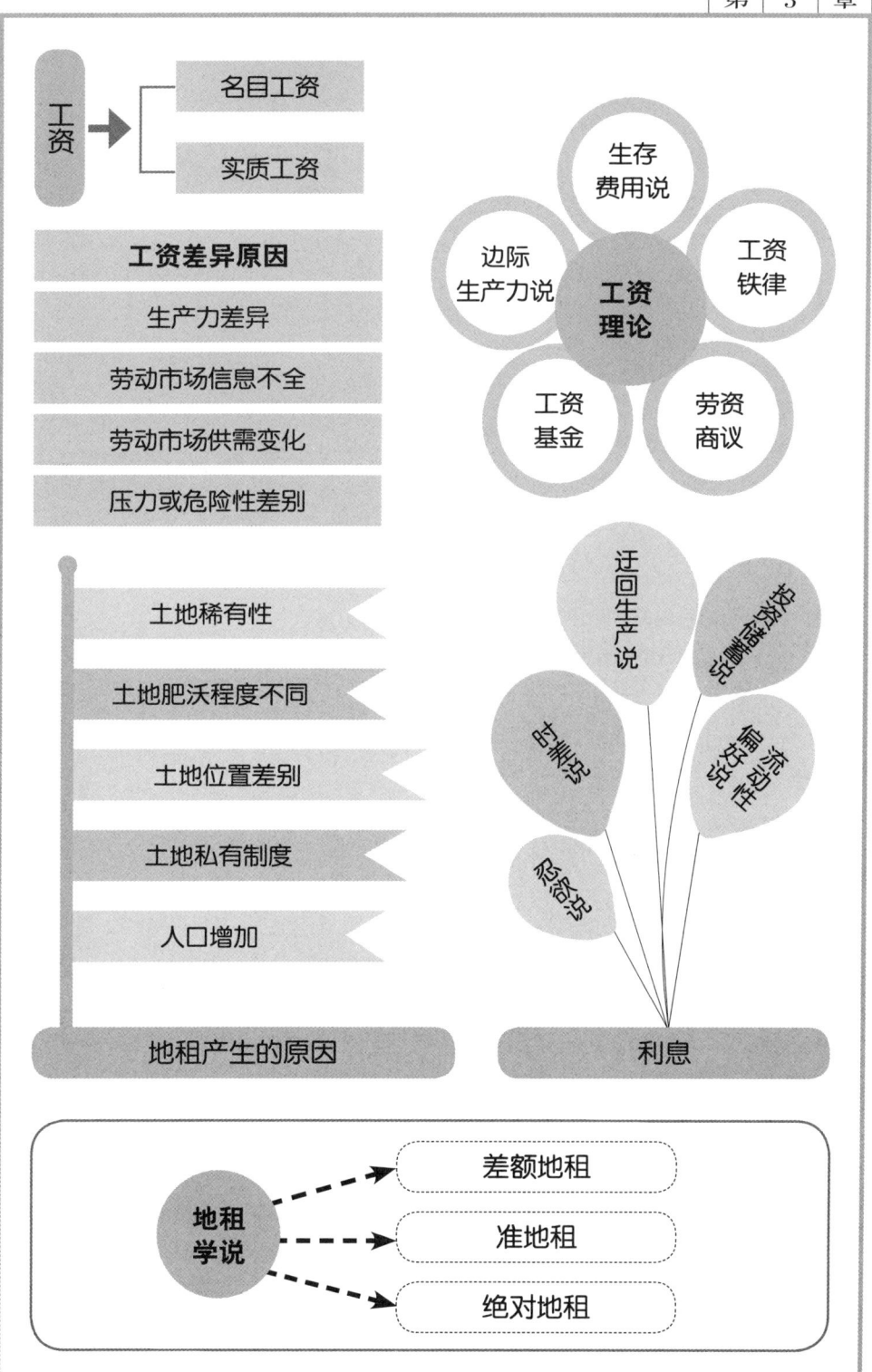

第 3 章

工资

- 名目工资
- 实质工资

工资差异原因
- 生产力差异
- 劳动市场信息不全
- 劳动市场供需变化
- 压力或危险性差别

工资理论
- 生存费用说
- 工资铁律
- 边际生产力说
- 工资基金
- 劳资商议

地租产生的原因
- 土地稀有性
- 土地肥沃程度不同
- 土地位置差别
- 土地私有制度
- 人口增加

利息
- 迂回生产说
- 投资机器说
- 时差说
- 偷获说
- 忍欲说

地租学说
- 差额地租
- 准地租
- 绝对地租

3-7 生产可能性曲线

一、什么是生产可能性曲线

在某种特定的经济体系下，于一定时间内将所有可使用的固定资源做最充分有效的运用，在现行的生产技术下，充分利用可相互替代的有限资源来生产两类产品，所可能产生最大产量组合的轨迹。比如，如果有一个工厂，有1 000名工人与20部机器，在目前的技术水平下，如工人不怠工、机器也能正常运转，可生产手机与笔记本电脑的最大产量组合。

二、生产可能性曲线的功能

用来阐明机会成本及经济增长的概念。

三、基本假定

资源固定，资源做最充分有效的利用。

1. 资源是固定的，包括量与质的固定。
2. 资源是多种用途且可有限度替代使用的。
3. 生产技术水平不变。
4. 资源是被最充分及最有效利用的。

四、生产可能性曲线代表的意义

1. 资源充分利用：
当一种产品增加生产，另一种产品就会减少，这代表经济体的资源有限，且已充分利用，故无法同时增加两种产品。

2. 生产效率：
由于生产可能线上的每一点都是最大可能产量的组合，因此代表已达到了最高的生产技术效率。

3. 机会成本递增：
在生产可能线上，使用相同资源从事生产甲、乙两产品，每增加一单位甲产品的生产，所必须放弃的乙产品数量会逐渐增加。比如，每多增加生产一单位手机，所需放弃的笔记本电脑产量是递增的，此即所谓机会成本递增。

五、生产可能曲线可变动

生产组合的产量扩大了，显示厂商能力扩大；反之，则为能力衰退。

产品组合	手机	笔记本电脑
A	30	0
B	20	1
C	15	2
D	10	3
E	0	4

生产可能性曲线的功能

- 说明"机会成本"
- 解释"经济增长"

生产可能性曲线基本假设

- 资源固定
- 资源多用途
- 生产技术不变
- 资源充分利用

生产可能性曲线代表的意义

- 资源充分利用
- 生产效率
- 机会成本速增

3-8　机会成本

一、机会成本产生的原因

面对有限的资源，人必须做选择，做选择时所要付出的代价，而且是最高代价者，即称为机会成本。换句话说，"天下没有白吃的午餐"，"舍"就是"取"的机会成本。

二、机会成本存在的原因

机会成本存在最关键的原因是资源本身有多种用途。若一物只有一个用途，没有其他机会，就没有机会成本了。

三、机会成本的内涵

$$机会成本 = 外显成本 + 隐藏性成本$$

机会成本通常包含外显成本(或会计成本)与隐藏性成本两个部分，前者是指决策者因选择某一方案所需支付的直接代价(比如工资、地租、利息)；后者则为选择该方案时，因放弃其他方案的利益而造成的损失。

四、机会成本的运用

1. 生产的机会成本：

牺牲所没有选择生产或提供劳务最大的利益与代价。以实际金额说明，假设某生产机会，利润分别为A：10万元、B：20万元、C：30万元，选择A或B，其机会成本为30 000元；选择C，其机会成本为20万元。

2. 生活中的机会成本：

机会成本的概念可运用到生活中，就是选择做某件事情(产品、服务、信念)必须牺牲的最大价值。比如，根据《圣经》所言，信耶稣在十字架上的救赎就可以得到永生，那么选择不信的时候，就得不到救赎与永生。

五、机会成本递增案例

生产手机和笔记本电脑两种商品的组合，每多生产一单位的笔记本电脑，所须减少手机的产量是快速增加的。

机会成本产生的原因

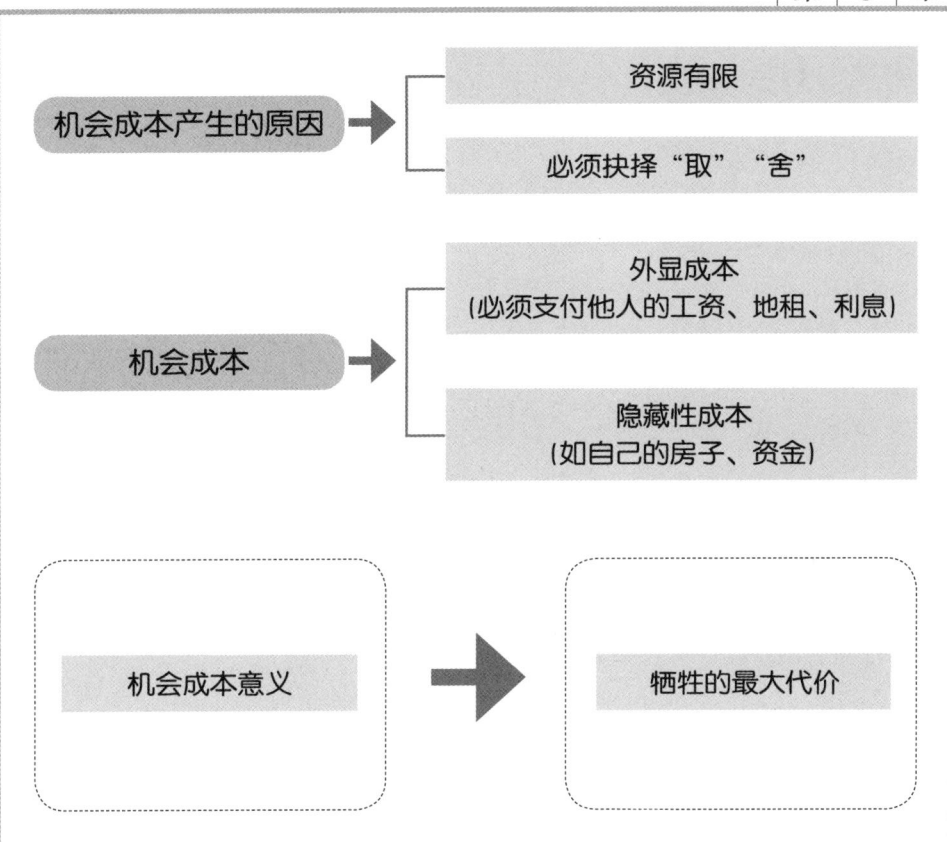

- 资源有限
- 必须抉择"取""舍"

机会成本

- 外显成本（必须支付他人的工资、地租、利息）
- 隐藏性成本（如自己的房子、资金）

机会成本意义 → 牺牲的最大代价

机会成本案例

商品组合	笔记本电脑	手机	多生产一单位笔记本电脑所减少的手机产量
A	0	15	
B	1	14	(15 − 14) = 1
C	2	12	(14 − 12) = 2
D	3	9	(12 − 9) = 3
E	4	5	(9 − 5) = 4
F	5	0	(5 − 0) = 5

3-9 利润

利润最大化是每个企业不断追求的目标，长期没有利润的企业，就会失去市场生存机会，更别奢谈发展和履行企业公民的社会责任。

一、了解什么是利润

可细分为毛利与纯利，毛利是"销售收入减去销售成本"；税前纯利是"毛利加上额外的收入，再减去其他费用"（例如：输出费用、薪资等）；"税前纯利扣去税项"就是真正的纯利。利润的多寡可作为判断企业财务情况的标准。

二、利润的分类

1. 经济利润(或称超额利润)＝总收益－外显成本－隐藏性成本

2. 会计利润＝总收益－会计成本(外显成本)

3. 正常利润：厂商使用自己的生产要素所应计的报酬，这也是厂商为维持经营所必须赚取的利润。

三、利润理论

(一)熊彼特理论

利润来自企业家的努力与创新，尤其是以下五种活动的创新。

1. 生产新产品。

2. 使用新方法。

3. 开发新市场。

4. 取得新原料。

5. 生产组织的创新。

(二)奈特利润理论

利润是企业家在生产过程中所承担风险的报酬。

(三)马克思理论

提出劳动价值理论，认为资本家的利润是从剥削劳动者的剩余价值而来的。

四、运营效率

影响企业利润，其中一个重要因素就是运营效率。

1. 做正确的事情。

2. 更有效率。

五、企业收益

企业的收益，包括以下三大类。

1. 总收益：企业从事销售产品或提供劳务所获得的收入总额。

2. 平均收益：平均每销售一单位产品所获得的收益。

3. 边际收益：每增加一单位产品销售总收益所增加的量。

- 利润
  - 毛利 = 销售收入 − 销售成本
  - 纯利 = 税前纯利 − 税项

- 利润理论
  - 熊彼特
    - 生产新产品
    - 使用新方法
    - 开发新市场
    - 取得新原料
    - 生产组织创新
  - 奈特 → 承担风险的报酬
  - 马克思 → 剥削劳动者而来

- 企业收益
  - 总收益 → 收入总额
  - 平均收益 → 平均每销售一单位产品，所得到的收益
  - 边际收益 → 每增加一单位产品销售，总收益所增加的量

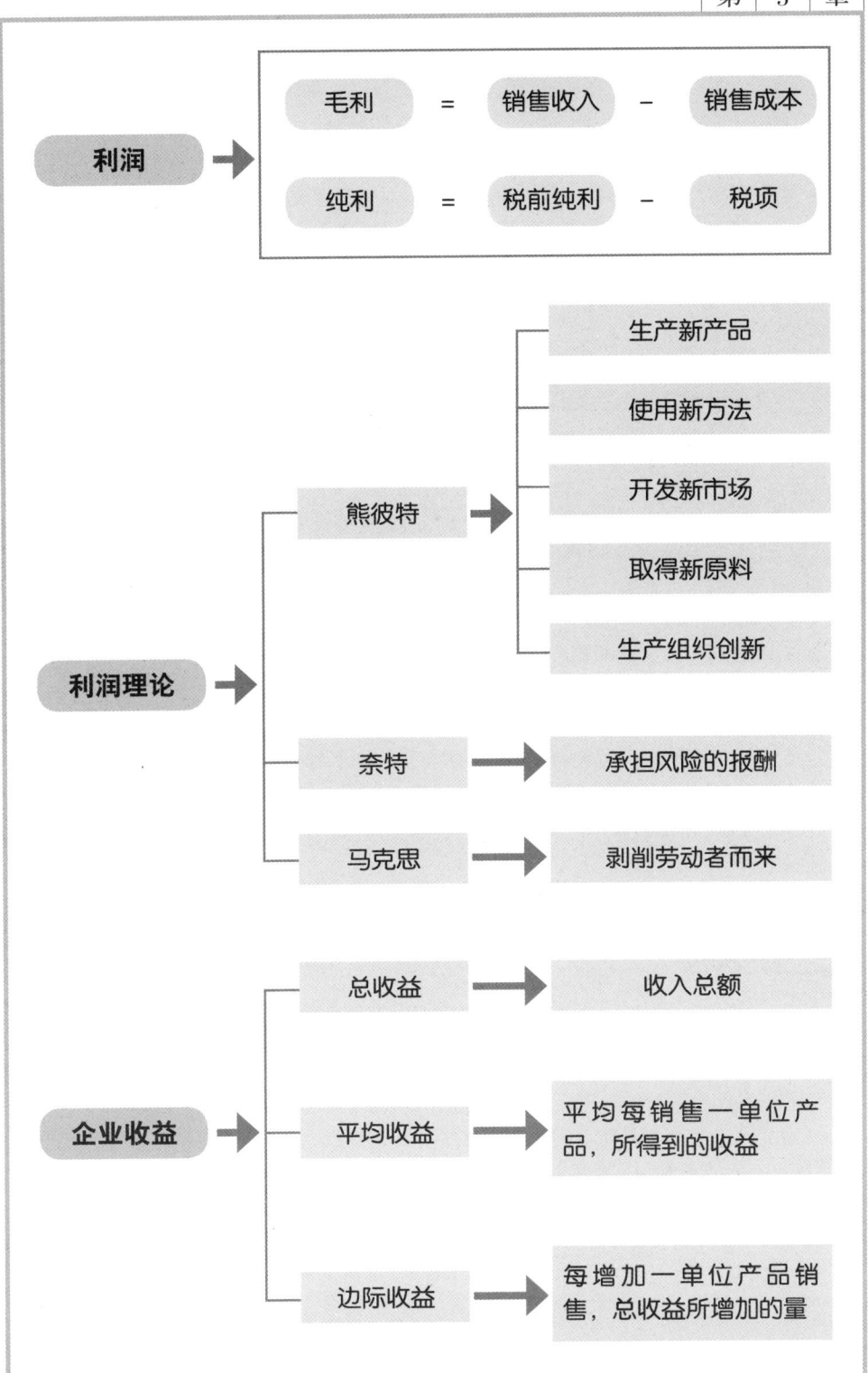

3-10　消费者剩余和生产者剩余

消费者剩余与生产者剩余的总合就是社会的总福利水平，总福利愈大愈好。

一、消费者剩余

当消费者购买一定量的某种商品时，心中所愿意支付的代价超过其实际支付的代价之差额就是消费者剩余。比如，五星级饭店的房价，在消费者心中为3 000元，但目前打折，只需2 000元即可入住，那么消费者感觉到的利益就是1 000元，这就是消费者剩余。所以，从消费者剩余的角度可知消费者喜欢讲价是因为这会增加消费者剩余。

(一)消费者剩余的提出

消费者剩余的概念是英国经济学家马歇尔在《经济学原理》一书中提出来的，属于边际效用分析法的应用，故又称"效用剩余"。

(二)消费者剩余公式

> **消费者剩余 = 心中所愿支付代价 − 实际支付代价**

(三)消费者剩余内涵

1. 消费者剩余仅是消费者的一种心理感受，并非实际的货币所得，也不是建立在供给者牺牲上。

2. 价格愈低时，需求量愈多，消费者剩余愈大。

3. 供给减少时，消费者剩余也会减少，因为连买都买不到，又何来"剩余"。

(四)影响消费者剩余的因素

1. 市场被垄断。

2. 政府规定。

3. 货物税。

4. 贸易。

二、生产者剩余

(一)意义

"亏本的生意没人做"，所以卖方一定要有赚头，否则何必辛苦生产。生产者剩余就是实际售价大于愿意售价的差额在心理上所获得的超额报酬。

(二)公式

生产者在销售商品时，实际售价超过最低要求价款的部分，在学理上可用生产者剩余的变动来衡量生产者福利的变化。

> **生产者剩余 = 实际得到的报酬 − 要求最低应得的报酬**

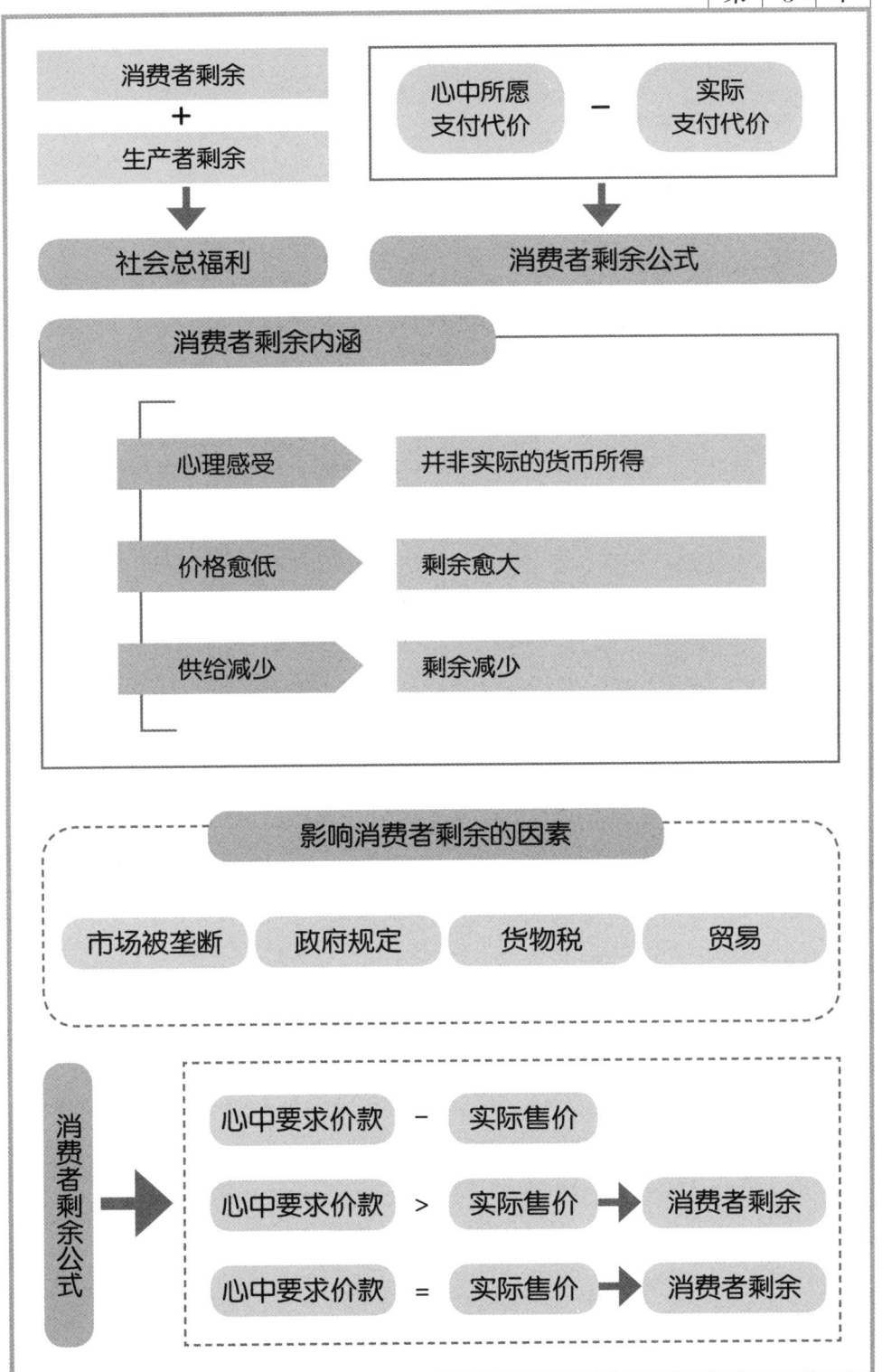

第 3 章

消费者剩余 + 生产者剩余 → 社会总福利

心中所愿支付代价 − 实际支付代价 → 消费者剩余公式

消费者剩余内涵

- 心理感受 → 并非实际的货币所得
- 价格愈低 → 剩余愈大
- 供给减少 → 剩余减少

影响消费者剩余的因素

市场被垄断　政府规定　货物税　贸易

消费者剩余公式

- 心中要求价款 − 实际售价
- 心中要求价款 > 实际售价 → 消费者剩余
- 心中要求价款 = 实际售价 → 消费者剩余

3-11 外部效应

一、外部效应的类别
经济个体产生正面的影响，就称为外部经济或者外部利益；反之，则为外部不经济或外部成本或外部性。

(一)外部经济

英国经济学家马歇尔认为整个产业或厂商规模扩大后会产生三大类型的外部经济。

1. 市场规模扩大，提高中间投入品的规模效益。

2. 劳动力市场供应。

3. 信息交换和技术扩散。

(二)外部成本

厂商有一部分的经济行为并未负担成本。比如生产过程中造成的环境污染(空气污染、水污染、噪声污染等)，以及环境破坏(指过度或不当使用自然资源，造成生态与自然环境的改变)，这些行为对社会所带来的伤害，在自由经济制度下，都未由污染制造者与环境破坏者来承担。

二、外部性存在的原因
主要肇因于无市场的存在；而市场不存在的主要原因，又有以下两项。

1. 共同财富或无主物，例如空气、河水与环境，是由社会众人共同拥有的，法律上通常不能明确划分其所有权之归属，因此，也就不必支付成本。

2. 无法排他，比如，某人庭院花香四溢，邻居与路人陶醉在花香中，这是阻止不了的。

三、外部性的类型
1. 生产的外部性；**2.** 消费的外部性；**3.** 技术的外部性。

四、个体解决外部性困难的原因
1. 公共货物"搭便车"问题。

2. 补偿或奖励诱因不符实际。

3. 交易成本高。

4. 诉讼成本影响结果不确定。

五、政府解决方案
需要政府因地、因时制宜，订定各种不同的法律法规，规范部分外部性发生时的行为，以期降低外部性对经济带来的冲击或无效率。

1. 罚款与课税。

2. 污染防治补贴。

3. 排放许可市场化。

4. 法规管制。

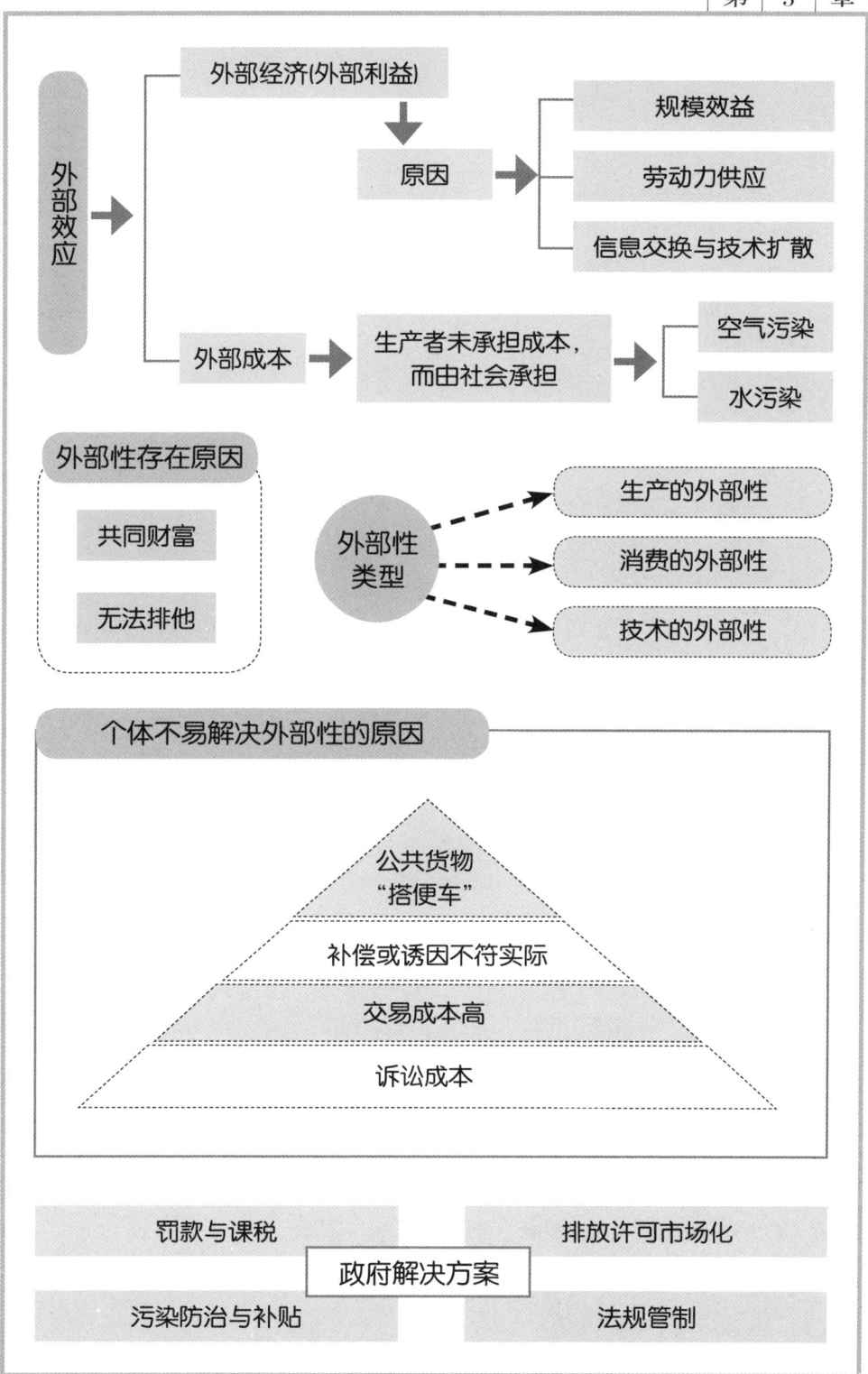

```
外部效应
├── 外部经济(外部利益)
│   └── 原因
│       ├── 规模效益
│       ├── 劳动力供应
│       └── 信息交换与技术扩散
└── 外部成本 → 生产者未承担成本，而由社会承担
    ├── 空气污染
    └── 水污染
```

外部性存在原因
- 共同财富
- 无法排他

外部性类型
- 生产的外部性
- 消费的外部性
- 技术的外部性

个体不易解决外部性的原因

- 公共货物"搭便车"
- 补偿或诱因不符实际
- 交易成本高
- 诉讼成本

政府解决方案
- 罚款与课税
- 排放许可市场化
- 污染防治与补贴
- 法规管制

3-12 规模报酬

一、规模经济

规模经济是指由于生产规模与产量的增加，企业的单位成本下降，从而形成企业的长期平均成本随着产量的增加而递减的经济。充分利用规模经济，对运输、原材料采购及价格上的谈判，乃至整个国民经济的效益，均有重大意义。

(一)"内"部规模经济

生产规模与产量扩大，平均生产成本下降，会产生内部规模经济。原因如下。

1. 规模报酬递增。

2. 分工与专业化。

3. 管理费用的节省。

4. 学习经验。

5. 副产品的取得。

6. 原料取得的议价能力增高。

(二)"外"部规模经济

厂商的聚集，或产业的扩大。原因如下。

1. 产生中间产品专业供应商。

2. 技术劳动力汇集。

3. 专业知识与技术的扩散。

二、规模经济的优点

1. 通过原材料的大量采购，而使采购成本下降。

2. 平均生产成本降低。

3. 强化学习效应。

4. 较强的市场竞争力。

5. 有利于新产品开发。

6. 有利于专业化与分工，可提高效率。

7. 提升获利水平。

三、固定规模报酬

当资本与劳动都增加一倍，产出数量恰好也增加一倍时，即为固定规模报酬。

(一)内部规模不经济：随着企业生产规模扩大，而边际效益却渐渐下降，甚至跌破零成为负值。造成此现象的原因可能是：**1.** 管理效率降低(内部结构因规模扩大，而更趋复杂，这种复杂性会消耗内部资源)；**2.** 分工有一定的极限。

(二)外部规模不经济：当企业规模扩大，要素需求增加，造成价格上升，厂商之间竞争加剧。

四、扩大规模的确可以带来报酬

除规模外，研发、创新、渠道、品牌、员工士气、制度、沟通、领导，也都是关键因素。

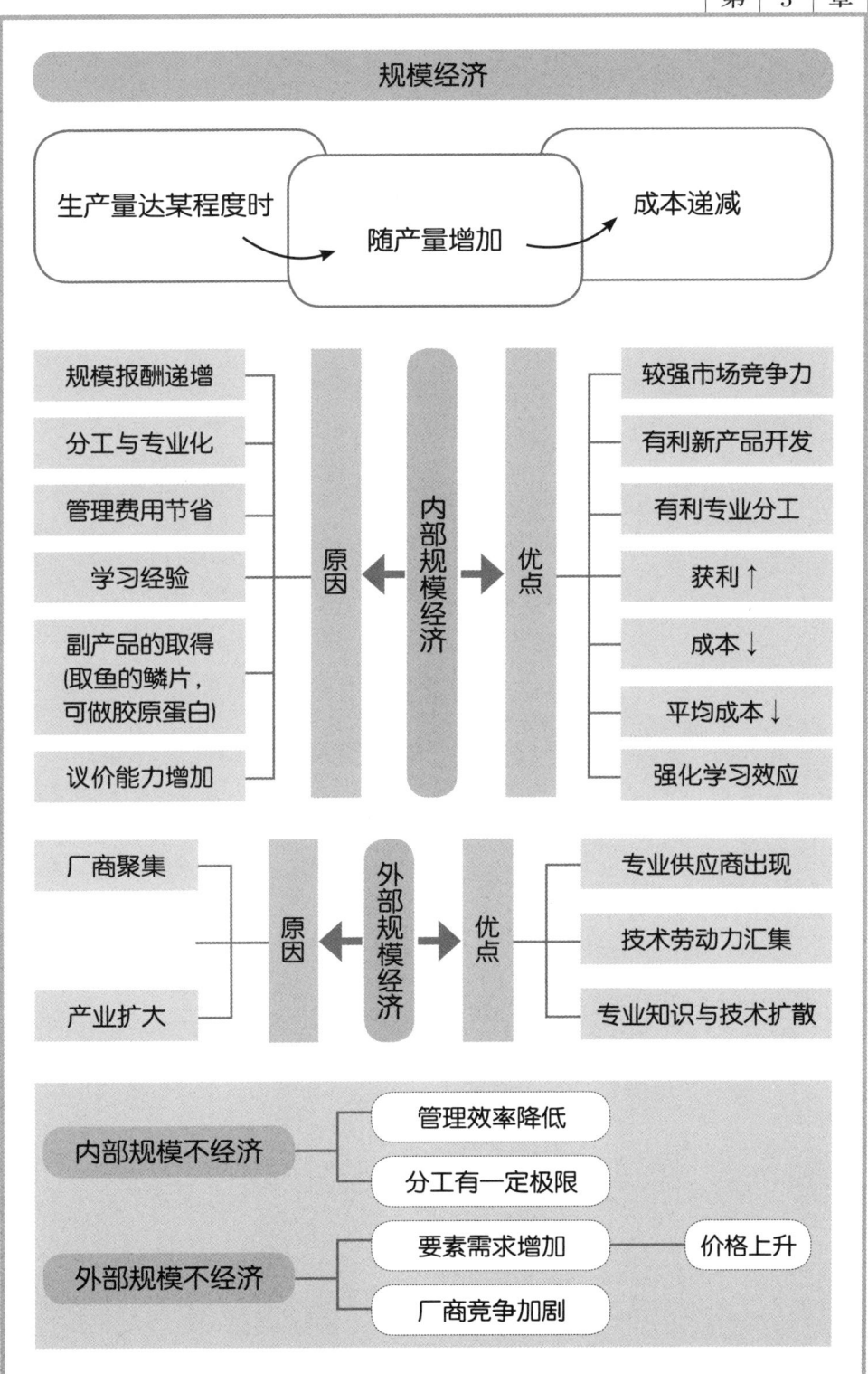

规模经济

生产量达某程度时 → 随产量增加 → 成本递减

内部规模经济

原因：
- 规模报酬递增
- 分工与专业化
- 管理费用节省
- 学习经验
- 副产品的取得（取鱼的鳞片，可做胶原蛋白）
- 议价能力增加

优点：
- 较强市场竞争力
- 有利新产品开发
- 有利专业分工
- 获利↑
- 成本↓
- 平均成本↓
- 强化学习效应

外部规模经济

原因：
- 厂商聚集
- 产业扩大

优点：
- 专业供应商出现
- 技术劳动力汇集
- 专业知识与技术扩散

内部规模不经济
- 管理效率降低
- 分工有一定极限

外部规模不经济
- 要素需求增加 → 价格上升
- 厂商竞争加剧

第 4 章

市场结构

4-1 市场

一、什么是市场

市场指某种特定商品的供给者与需求者进行商品、劳务交易集合或中介的地方，使买卖双方得以进行交易。比如金融市场、货币市场、资本市场、基金市场、外汇市场、衍生性金融商品市场、黄金市场。

二、市场力量

市场力量是指厂商决定价格的能力大小。影响企业市场力量主要的因素包括以下几点。

1. 企业相对于市场的大小。

2. 企业拥有技术的多寡。

3. 企业拥有的政府保护(比如专利权)的大小。

三、市场机能

市场力量会进行调整，使供需双方达成并维持稳定的均衡状态，此力量为市场价格变动，导致需求量与供给量变动，又称为价格机能。

四、市场结构

通过五项主要变量，可以掌握市场结构。

1. 厂商数量。

2. 产品同质或异质。

3. 进出市场难易程度。

4. 竞争程度。

5. 定价能力。

五、市场结构

依据市场的竞争程度与供给家数量的多寡，可分为完全竞争、垄断性竞争、寡头垄断和独占(完全垄断)四大市场结构。

(一) 完全竞争市场

厂商是价格的接受者，无力影响价格。

(二) 垄断性竞争市场

在这种形式下，厂商产品具高度差异化。这类市场的特质是，卖方人数很多，产品异质，厂商有部分价格决定权影响产品价格。

(三) 寡头垄断市场

少数几家卖方，厂商行为彼此影响程度很大，对价格有影响力。

(四) 独占市场

唯一的卖方，厂商对价格可完全控制。

市场结构	厂商数目	进入障碍	竞争程度	定价能力
独占	1	高	低	强
寡头垄断	↓	↓	↓	↓
垄断性竞争				
完全竞争	多	低	高	弱

市场力量
- 企业大小
- 企业技术能力
- 政府保护

辨识市场结构的变量
- 厂商数量
- 产品同质或异质
- 定价能力
- 竞争程度
- 进出市场难易度

市场结构
- 完全竞争
- 寡头垄断
- 垄断性竞争
- 独占

市场结构
- 完全竞争市场 → 厂商是价格接受者
- 垄断性竞争市场 → 厂商有部分价格决定权
- 寡头垄断市场 → 厂商对价格有影响力
- 独占市场 → 厂商能完全控制价格

市场机能 ↔ 价格机能 → 引导市场供需均衡 → 动态过程 ↔ 持续变化

4-2　经济效率

一、市场机能

市场机能＝价格机能
　　　　＝亚当·斯密"一只看不见的手"
　　　　＝在市场经济下，消费者和生产者都以价格的涨跌作为调节供需的依据而自动地达到供需一致的市场均衡状态。此时，会使社会资源的分配达到最有效率的程度，也就是达到最高的经济效率。

二、如何获得经济效率

生产者以最低成本生产产品，消费者以最低价格买到最想消费的产品。当市场达到均衡点时，生产者的最低要求价格，等于消费者的最高愿付价格，因此达到经济效率。

1. 用最低的生产成本，达到最佳的成本组合。

2. 又称帕累托效率，指商品与要素分配到"不可能使每个个体皆更好"的状态。

三、经济效率与道德

经济学家过于强调效率，而忽略道德，这是主流经济学的遗憾。单一追求经济效率或是繁荣，仅是表相，基础非常脆弱，是经不起考验的。生产者与生产者之间、生产者与消费者之间，都需要有商业诚信，否则交易秩序将瓦解，经济效率将不存在。比如，生产者利用信息不对称达成供需交易，包括窜改过期产品的生产日期、使用过期原料等。

四、政府纠正"市场失灵"

(一) 政府介入市场的目的

1. 安全；**2.** 稳定；**3.** 公平；**4.** 效率；**5.** 福利。

(二) 政府介入市场的工具

1. 租税；**2.** 产业政策；**3.** 特许项目；**4.** 公营事业。

TIPS

经济效率是单位时间内完成的次数，或单位时间内更接近目标的程度。但由于经济效率不能解决目标错误的问题，所以效率再高，若目标错误，一样是浪费时间！浪费资源！经济目标不一样，资源的投入及最终结果可能也会与预期大不相同！

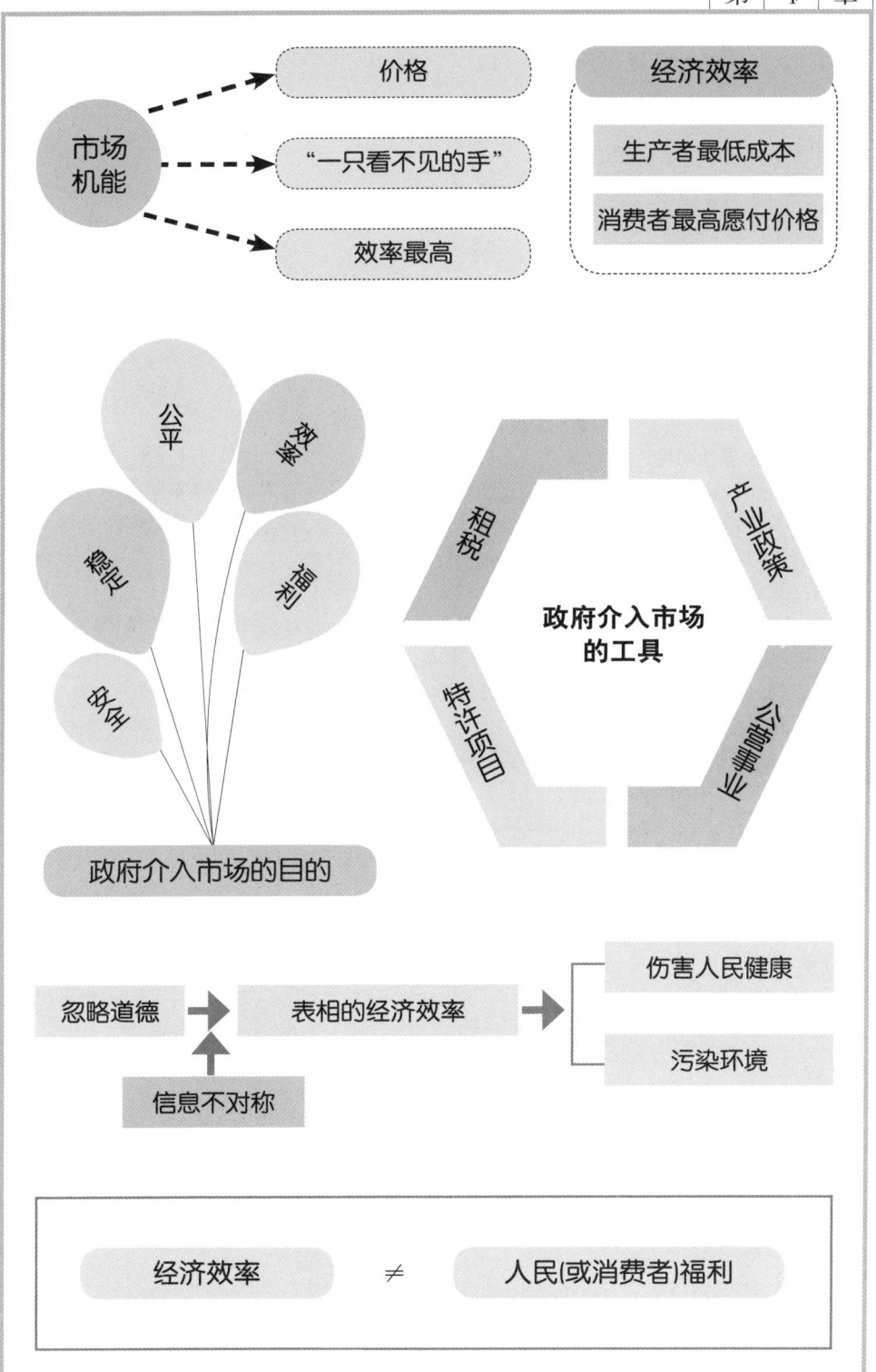

第 4 章

市场机能 → 价格
市场机能 → "一只看不见的手"
市场机能 → 效率最高

经济效率
- 生产者最低成本
- 消费者最高愿付价格

政府介入市场的目的：公平、效率、稳定、福利、安全

政府介入市场的工具：租税、产业政策、公营事业、特许项目

忽略道德 → 表相的经济效率 → 伤害人民健康 / 污染环境
信息不对称 ↑

经济效率 ≠ 人民(或消费者)福利

4-3 完全竞争市场

对消费者最有利的市场，就是完全竞争市场。

一、完全竞争市场特质

1. 市场上有众多的生产者和消费者。**2.** 任何一个生产者或消费者，都不能影响市场价格，而是价格的接受者。**3.** 产品同质，包括商品用途、外观、耐用、服务、便利、名牌、忠诚度等。**4.** 厂商在市场自由进出。**5.** 厂商对价格与质量有完整的信息。**6.** 各种资源都能够充分地流动，可促进生产效率。

二、长期的完全竞争市场

完全竞争市场中，若价格太低造成厂商长期亏损，因为进出市场容易，厂商会退出此行业，供给会慢慢减少，价格会上升；若价格太高，形成厂商长期的利益，因为进出市场容易，厂商会加入此行业，供给会慢慢增加，价格会下降。

三、生产要素可变

在完全竞争厂商的生产中，长期所有生产要素都是可变的。厂商通过对全部生产要素的调整，来达成利润最大化的均衡原则。在短期情况下，只要厂商出售产品的平均收益大于平均变动成本，就可开工生产。

四、完全竞争市场优缺点

1. 优点为资源配置有效率；最低成本生产使得有生产效率；满足消费者最大化的需求；符合社会福利。**2.** 缺点为规模太小，不易达到规模经济，未能提供多样化产品；因无超额利润，故缺乏改良技术诱因。

五、总供给量

（一）短期供给量：在短期生产要素价格不变的情况下，通过对厂商供给的简单加总可以得到市场供给总量。

（二）长期供给量：是指长期间，在各种不同的价格下，厂商愿意且能够生产的数量。行业的长期供给量，无法通过简单加总的方法得到。**1.** 长期内，行业的扩张、收缩会引起生产要素的价格发生变化；**2.** 长期内，厂商能自由进出该行业，因而无法进行加总。

六、成本变化

1. 成本递增的行业：当扩大生产规模时，由于对要素需求增加，而引起要素价格上涨，使厂商成本有增加(外部不经济)。

2. 成本固定的行业：当扩大生产规模时，由于对于要素需求增加，要素价格仍固定不变，使厂商的成本也维持不变。

3. 成本递减的行业：当扩大生产规模时，由于对于要素需求增加，要素价格反而下降，使厂商的成本有降低(外部经济)。

七、利润变化

1. 市价大于平均成本，有超额利润或正常利润，厂商皆能继续经营。

2. 有经济损失但厂商意志坚定，期望继续经营以渡过难关。

3. 有经济亏损，厂商可能暂时歇业，以观大局变化。

4. 亏损严重，厂商退出市场。

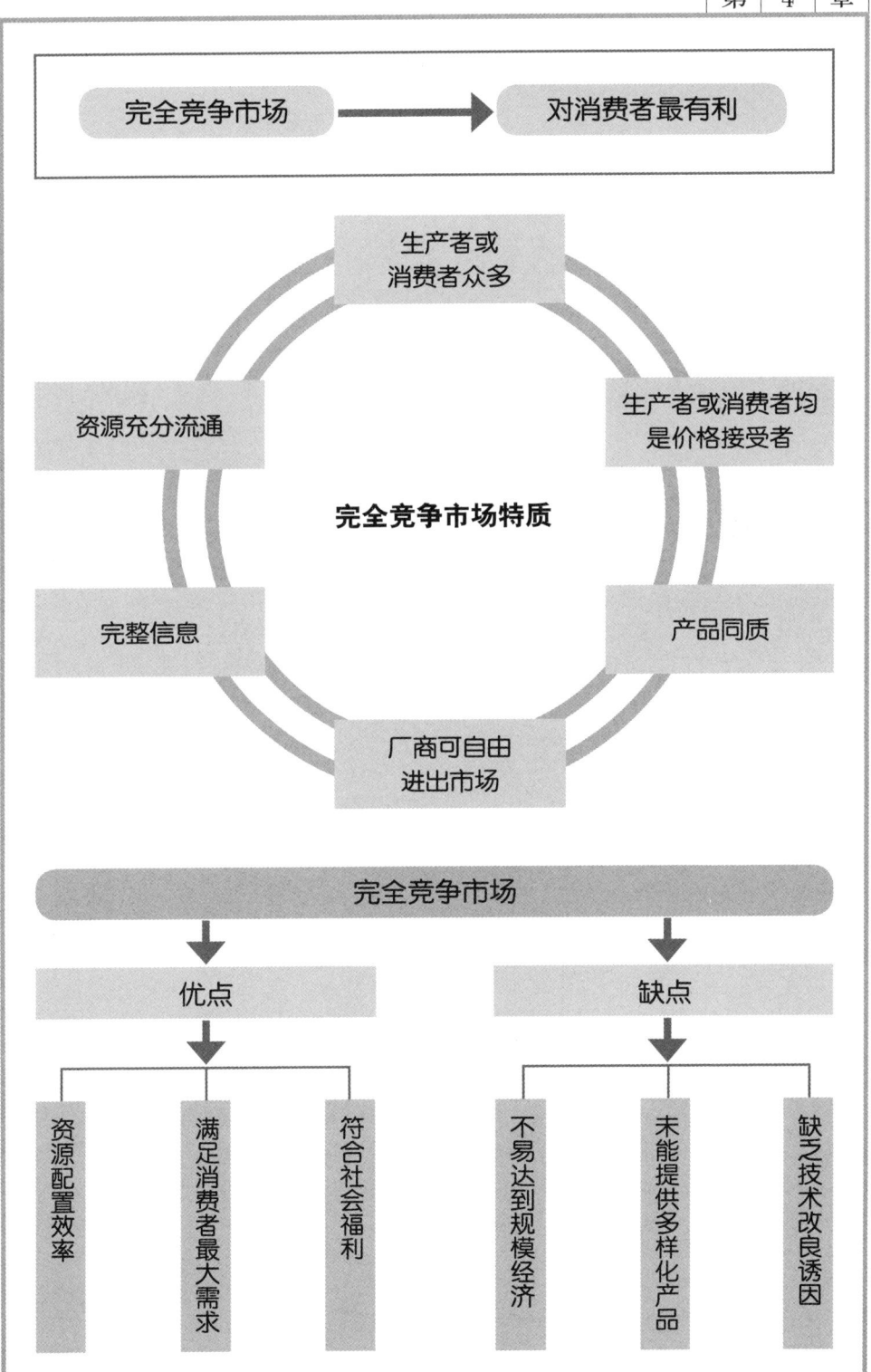

完全竞争市场 ➝ 对消费者最有利

完全竞争市场特质

- 生产者或消费者众多
- 生产者或消费者均是价格接受者
- 产品同质
- 厂商可自由进出市场
- 完整信息
- 资源充分流通

完全竞争市场

优点
- 资源配置效率
- 满足消费者最大需求
- 符合社会福利

缺点
- 不易达到规模经济
- 未能提供多样化产品
- 缺乏技术改良诱因

4-4　垄断性竞争

垄断性竞争，是一种不完全竞争市场的形式。这个概念最早由美国经济学家爱德华·张伯伦在1933年出版的著作《垄断性竞争理论》中提出。

一、什么是垄断性竞争

指竞争厂商众多，但因产品差异化极大，因而能产生特殊利益。由于厂商商品的差异化，所以垄断性竞争市场的厂商几乎都拥有独占者的垄断地位。但它又不同于独占，因其商品仍面临许多类似商品的竞争或替代的威胁。

二、垄断性竞争的特点

1. 垄断性竞争市场与完全竞争市场相似，均为市场参与者买卖双方数量众多，且厂商进出市场容易。

2. 因市场进入障碍小，经过长期调整将吸引其他新厂模仿跟进，使整体市场供给增加，直到个别厂商的经济利润为零时，整体市场供给不再变动。

3. 垄断性竞争市场的厂商有部分价格决定权。

4. 垄断性竞争厂商将资源配置于创新研发商品、促销推广与品牌渠道的建立以争取得消费者认同其差异性与优质性。

5. 市场信息不完全畅通。

三、利润

短期而言，垄断性竞争的厂商可利用部分的独占市场力量，提高售价，以获取比较高额的利润。但是在长期而言，由于竞争者不断进入，产品的差异化优势因为替代品的出现而逐渐缩小，厂商就无法再获得过多的经济利益。

四、垄断性竞争与完全竞争市场相同之处

1. 生产者与消费者人数众多。

2. 进出市场容易。

五、对厂商启示

要加强产品的异质性，才能获得高利润。主要有以下方法。

1. 持续研发创新。

2. 建立品牌。

3. 开拓渠道。

4. 广告。

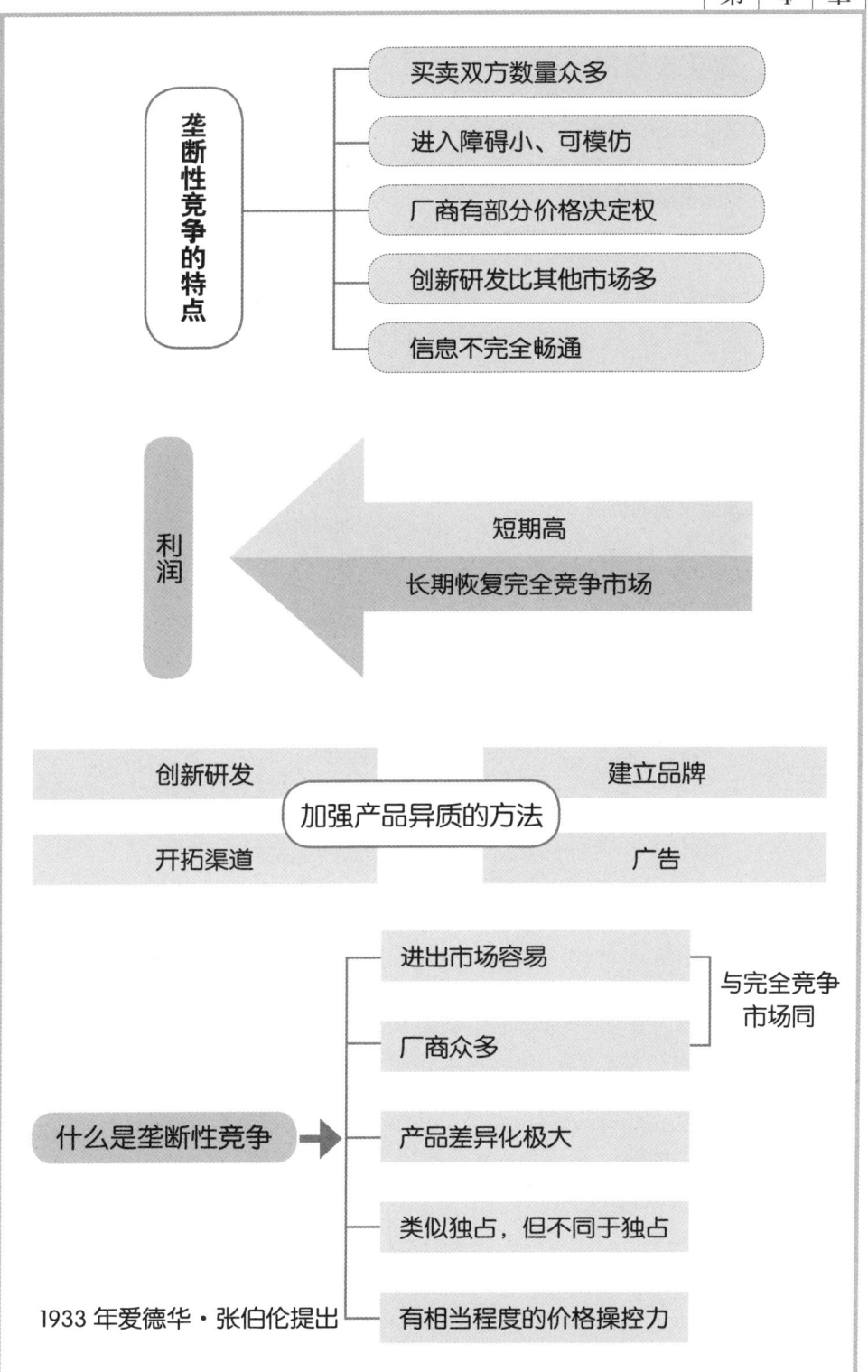

垄断性竞争的特点

- 买卖双方数量众多
- 进入障碍小、可模仿
- 厂商有部分价格决定权
- 创新研发比其他市场多
- 信息不完全畅通

利润 ← 短期高　长期恢复完全竞争市场

加强产品异质的方法

- 创新研发
- 建立品牌
- 开拓渠道
- 广告

什么是垄断性竞争

- 进出市场容易 ┐
- 厂商众多　　 ┘ 与完全竞争市场同
- 产品差异化极大
- 类似独占，但不同于独占
- 有相当程度的价格操控力

1933年爱德华·张伯伦提出

4-5 寡头垄断市场

一、什么是寡头垄断市场
当一个市场中的生产厂商数目在两家到三十家时,就可称为寡头垄断市场。

二、寡头垄断市场的特质
1. 少数厂商垄断,其他厂商难以进入(新厂商容易受到现有厂商的排挤)。
2. 厂商相互依存,彼此间具高度影响力。
3. 大规模的生产。
4. 产品大同小异。
5. 产品价格稳定。
6. 企业喜欢采用非价格竞争、广告很多。
7. 为避免同业竞争影响收益,常会相互勾结,联合垄断,瓜分市场。
8. 有超额利润。

三、寡头垄断市场的优点
1. 厂商规模大,可达规模经济。
2. 厂商存在利润,有研发创新的诱因。

四、寡头垄断市场的缺点
1. 资源使用非最有效率。
2. 厂商彼此勾结,对消费者福利造成不良影响。

五、寡头垄断厂商的产量竞争
个别厂商提高产出量,扩大自己市场占有率的同时,将使其他厂商的被需求量降低,因此对手不得不谋求反制对策。

六、寡头垄断厂商的价格竞争
个别厂商以降低产品价格来扩大自己的市场占有率,迫使其他厂商不得不跟进。

七、寡头垄断厂商间的竞争模型
1. 库尔诺模型 (Cournot model):假设厂商在决定产量时认为对手不会改变产量,仍以追求利润最大化为目标,但产品的价格,则依据联合产量而定。
2. 伯特兰德模型 (Bertrand model):假设先进入市场的第一个厂商根据产能及利润最大化的目标来定价,随后进入市场的第二个厂商,认为只要将价格定得略低,就能囊括市场。两个厂商因此进行价格竞争,直到利润为零。
3. 斯坦克尔伯格模型 (Stackelberg model):厂商推断其他厂商的产量,并以此纳入本身的产出决策中,再根据利润最大化原则,决定自己的产量水平。

第 4 章

寡头垄断市场特质

- 产品大同小异
- 大规模生产
- 厂商彼此的影响大
- 厂商易相互勾结
- 少数厂商垄断
- 企业偏好非价格竞争
- 产品价格稳定
- 有超额利润

寡头垄断市场

优点
- 可达规模经济
- 有利润 → 有创新研发的诱因

缺点
- 资源使用不是最有效率
- 厂商会彼此勾结

寡头垄断厂商间竞争模型

- 库尔塔型
- 伯特兰德模型
- 斯坦克尔伯格模型

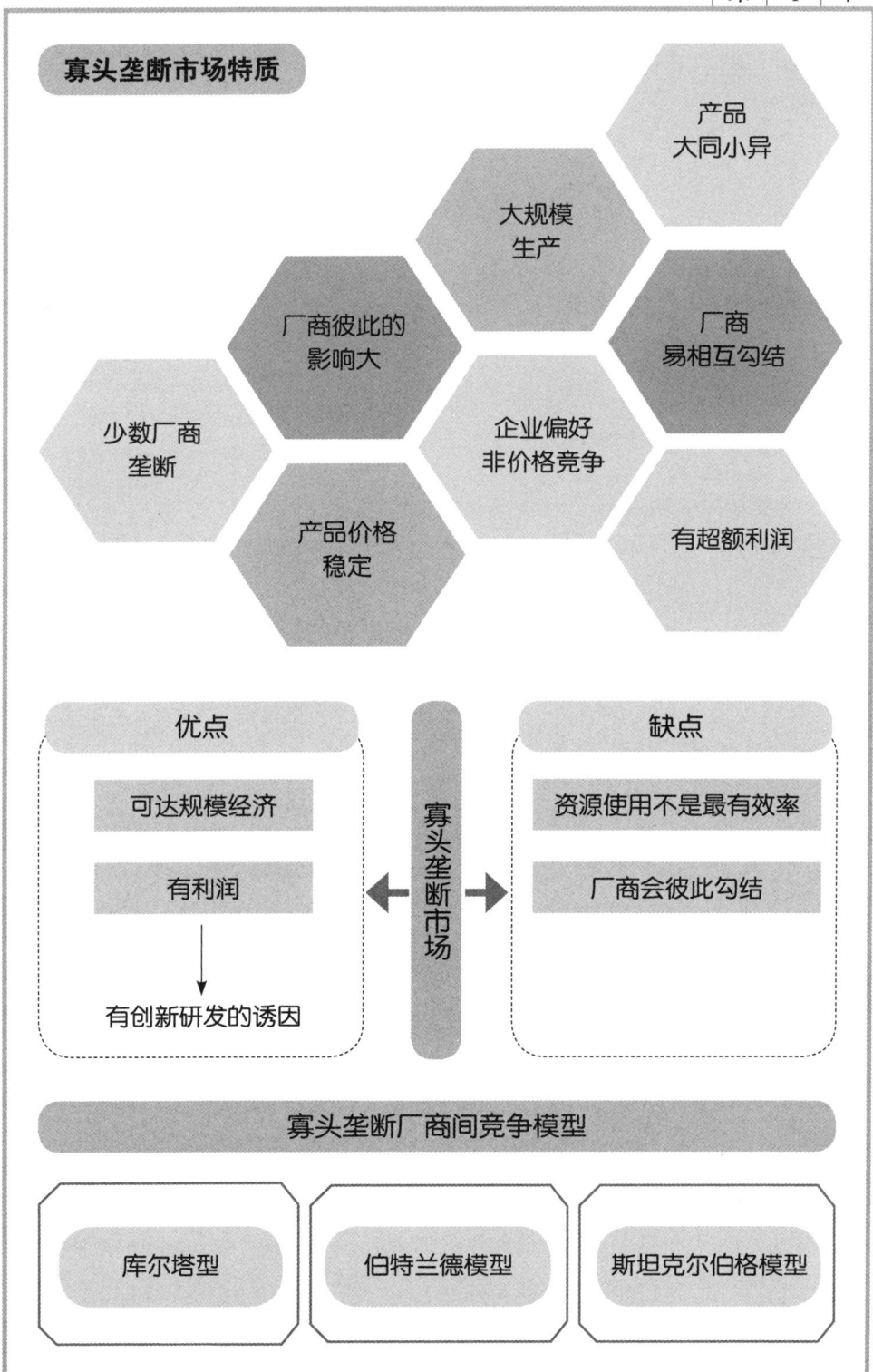

4-6 独占市场

一、什么是独占市场
由于产品具独特性,其他生产者很难进入市场,所以市场上仅此一家厂商生产,而且没有同质性的替代品存在。

二、独占市场的特质
1. 只有一家厂商。
2. 产品无近似替代品。
3. 市场存在进入障碍。

三、独占形成的原因
(一)法律的限制
1. 专利权及著作权的保护;**2.** 公营企业。
(二)自然独占
经济力量运作造成某企业具大规模经济的特性。

四、牵制独占常见的政策工具
1. 政府限定价格。
2. 订定类似公平交易法的"反独占法"。

五、独占与完全竞争的比较
1. 价格:与完全竞争的厂商相比,独占厂商的产量较少,售价较高。
2. 生产效率:独占厂商的生产较无效率,因完全竞争市场的厂商,会在平均成本的最低点生产,而独占厂商不会这样。
3. 资源配置效率:独占的资源配置效率比完全竞争市场差;独占的产量少于完全竞争市场,会造成绝对损失。

六、独占市场的优缺点
(一)优点
1. 大规模生产,可得规模经济利益。
2. 厂商资本雄厚,可从事研发与创新或购买更先进的仪器设备。
3. 无恶性竞争,市场安定。
(二)缺点
1. 社会福利水平降低。
2. 收入分配不均。
3. 厂商缺少竞争,缺乏研发与创新的动力。

七、行业集中指数
行业集中指数愈大,独占程度愈高;指数愈小,独占程度愈小,公式如下:

$$\text{行业集中指数} = \frac{\text{主要厂商销售额(或资产额)}}{\text{整个行业销售额(或资产额)}}$$

独占市场特质

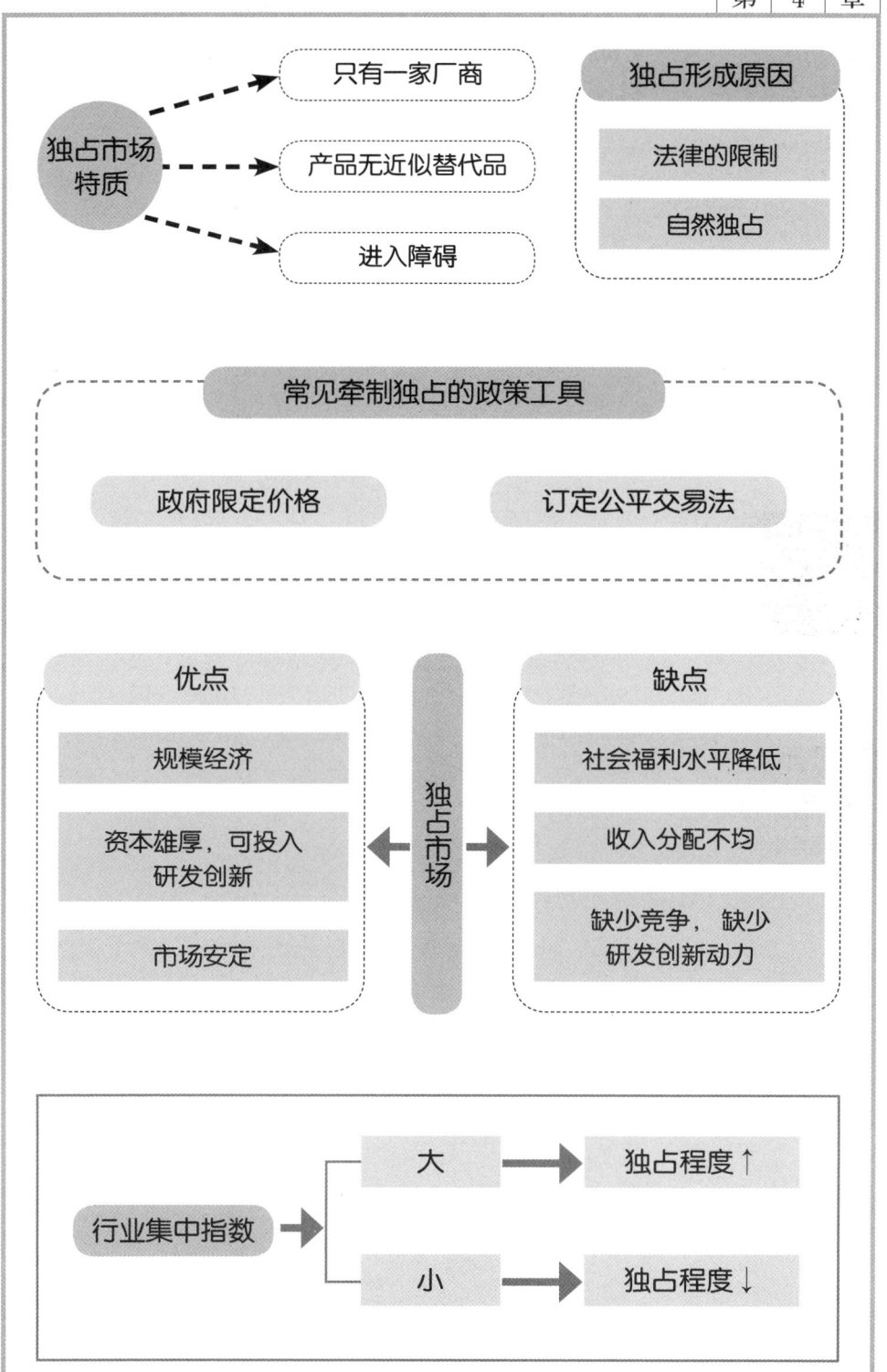

- 只有一家厂商
- 产品无近似替代品
- 进入障碍

独占形成原因

- 法律的限制
- 自然独占

常见牵制独占的政策工具

- 政府限定价格
- 订定公平交易法

独占市场

优点
- 规模经济
- 资本雄厚，可投入研发创新
- 市场安定

缺点
- 社会福利水平降低
- 收入分配不均
- 缺少竞争，缺少研发创新动力

行业集中指数

- 大 → 独占程度↑
- 小 → 独占程度↓

第 5 章
经济制度与政府

5-1 总体经济学

一、什么是总体经济学

总体经济学是相对古典个体经济学而言的，主要是使用国民收入、经济整体的投资和消费等总体性的概念来研究整体国家经济问题与经济规律。

二、总体经济学两大阵营

(一)古典阵营

强调市场机制的运作可使经济达到"帕累托最优"的境界。因此，经济可以自动达到(维持)"充分就业"的状态。

(二)凯恩斯阵营

这个阵营强调政府功能，因为放任市场自由运作将会造成"市场失灵"。所以，政府应该要积极运用财政及货币政策来稳定经济的波动。

三、总体经济学发展历程

1929—1939年，欧美自由经济国家发生经济危机。当时主流的古典经济学认为自由市场的自由价格机制如同一只"全能的黑手"(看不见的手)，可使经济达到自动充分就业，同时也否定有效需求不足与失业严重共同存在的可能。然而，经济危机造成的严重失业，长达十年未能解决。

在此背景下，英国经济学家约翰·凯恩斯在1936年发表了《就业、利息与货币的一般理论》，该巨著代表现代总体经济学的诞生。

四、总体经济学所希望解决六大问题

1. 国民生产；　　2. 通货膨胀；　　3. 失业；
4. 利率；　　　　5. 汇率；　　　　6. 国际收支。

其他经济问题，如经济增长、投资、消费、货币供给、进口、出口，以及税赋等问题，都可在前述的六大问题中涵盖并说明。

五、总体经济学五大主题

1. 景气波动；　　2. 经济增长；　　3. 收入分配；
4. 就业；　　　　5. 物价变动。

六、总体经济学重要学派

1. 传统凯恩斯总体经济学；　　2. 后凯恩斯总体经济学；
3. 新古典综合学派；　　　　　4. 货币学派；
5. 理性预期总体经济学；　　　6. 新古典学派总体经济学。

七、总体经济学重要概念

1. 国内生产总值；　　2. 国民生产总值；　　3. 物价指数；
4. 失业率；　　　　　5. 菲利普斯曲线；　　6. 产权；
7. 货币；　　　　　　8. 庇古效应。

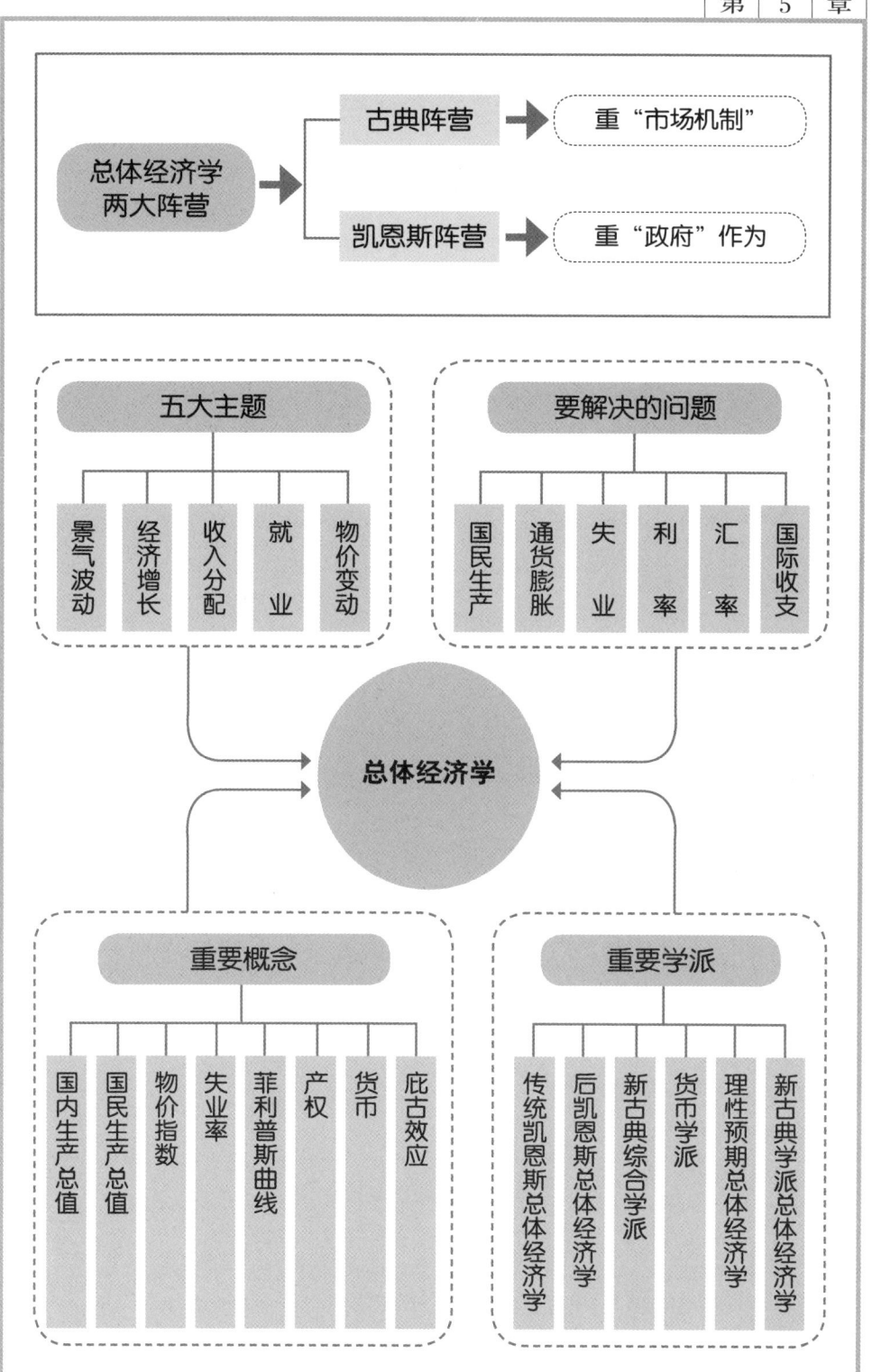

第 5 章

```
总体经济学
两大阵营
├── 古典阵营 → 重"市场机制"
└── 凯恩斯阵营 → 重"政府"作为
```

五大主题
- 景气波动
- 经济增长
- 收入分配
- 就业
- 物价变动

要解决的问题
- 国民生产
- 通货膨胀
- 失业
- 利率
- 汇率
- 国际收支

总体经济学

重要概念
- 国内生产总值
- 国民生产总值
- 物价指数
- 失业率
- 菲利普斯曲线
- 产权
- 货币
- 庇古效应

重要学派
- 传统凯恩斯总体经济学
- 后凯恩斯总体经济学
- 新古典综合学派
- 货币学派
- 理性预期总体经济学
- 新古典学派总体经济学

5-2　经济制度

经济社会必须解决四个经济问题：生产什么(what)、如何生产(how)、何时生产(when)、为谁生产(for whom)。如何处理这四大问题，不同的经济制度，有不同的方式。

一、经济制度的定义

经济制度是解决经济问题的方式，制度必须涵盖规则，而规则可约束并规范各个经济个体(用户、厂商、政府等)相互之间的经济关系与行为。

二、经济制度的目标

1. 效率。
2. 平等。
3. 稳定与增长。
4. 经济自由。
5. 充分就业。
6. 对外均衡。

三、经济制度的类别

从资源配置决策权(市场与政府)及资源所有权(私人与国家)可区分为市场经济经济制度、控制经济制度与混合经济经济制度。

(一)市场经济经济制度

通过市场机能运行来决定资源配置及产品组合。该经济制度的生产工具归私人所有，资源分配则由市场决定。该制度奠基于亚当·斯密的《国富论》一书。该制度特质有七点。

1. **承认私有财产**：在合法方式下取得的财产，有权充分利用。
2. **强调经济自由**：生产自由、消费自由与就业自由。
3. **自利动机**：强调自利是社会进步的动力。
4. **重视价格机能**："看不见的手"——价格机能，是资本主义的运转枢纽。
5. **自由竞争**：政府对合法范围内的经济事务放任不干涉。
6. **政府功能**："最好的政府是，干涉最少的政府"。
7. **产生许多缺点**：贫富悬殊。

(二)控制经济制度

通过政府机构直接分配资源达成计划生产目标，价格、产量或分配等经济问题，均由政府规定。

(三)混合经济经济制度

以控制经济为主、私人经济为辅的经济制度，主要特质有四点。

1. 承认私有财产制，私有财产是激励人类奋发向上的原动力。
2. 尊重就业自由，个人财产在不违背公众福利的原则下，可自由运用。
3. 重视资本密集、技术密集与专业分工以促成社会进步的原动力。
4. 政府的经济职能介于控制经济制度与市场经济制度之间。

经济制度必须解决

- 生产什么
- 何时生产
- 如何生产
- 为谁生产

经济制度分类

市场经济 → 控制经济 → 混合经济

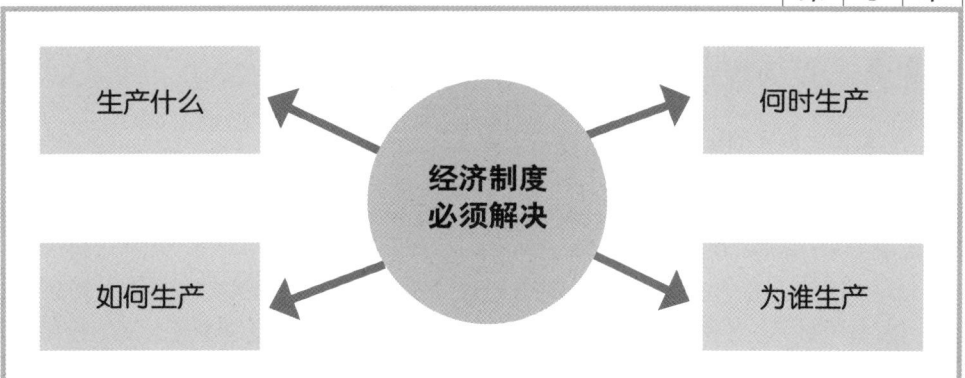

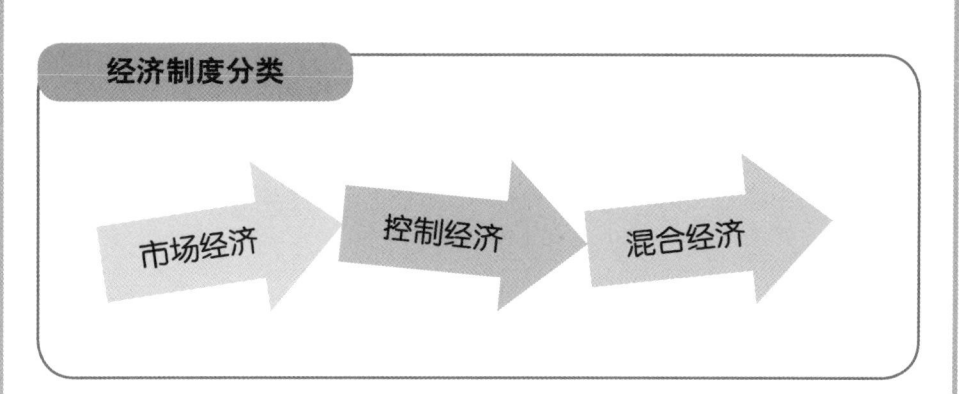

经济制度	性质	特征
市场经济	自由放任	私有财产 经济自由 自利动机 价格 政府干涉少 自由竞争
控制经济	管制	资源分配 经济活动由政府控制
混合经济	人民福利	私有财产 就业自由 资本、技术、分工 政府干涉多

5-3 市场失灵

一、亚当·斯密的巨著

(一)《国富论》

肯定追求个人利益最大化,满足人类欲望无可厚非,因为正是这种无穷欲望,推动了人类社会的进步。传统自由经济学者以此依据认为,生产者追求利益极大化,而消费者追求效用极大化,如此可达到所谓"帕累托原则"的状态。所谓"帕累托原则"是指在没有任何人"效用"受损的情况下,资源获得分配的最佳效率,其中价格像一只"看不见的手"主导市场内经济活动。

(二)《道德情操论》

以同情心来阐释正义、仁慈、克己等一切道德情操,并说明利己的人要控制自己的私欲和行为,并反对贪婪或邪门歪道,更不能对大自然掠夺。

二、"公地悲剧"

此观念是由哈丁提出。描述草原附近住着一群牧羊人,"草原的草"代表公共财产,每个牧人均希望自己的羊吃最多的牧草,也因过度使用,令牧草快速枯竭。"草原悲剧"说明,当人拥有某种共同资源时,会采取最贪婪的行为,且不会考虑结果。

三、市场失灵

市场失灵是指在某些外在因素的影响下,市场无法通过供需关系达到资源配置的理想状态,因而严重阻碍生产力发展,导致市场失败的经济现象。

四、市场失灵的原因

1. 道德危机(过度贪婪)。
2. 公共物品提供的问题(政府提供商品或劳务,使用成本无法以市场机能解决)。
3. 外部性所产生的问题(污染)。
4. 自然独占(独买、独卖)造成市场失灵。
5. 信息不对称产生的问题。

五、解决市场失灵的办法

1. 通过课税(污染税)或管制制造外部成本者,并对产生外部利益者补贴(减税)。
2. 法律规范。
3. 提供具有共享性,以及无法排他特性的公共物品。
4. 成立公营独占产业,或对民营的自然独占产业进行价格管制。
5. 采取适当的收入重分配与公共支出措施以改善贫富不均。
6. 要求信息公开。

第 5 章

```
亚当·斯密 ──┬── 《国富论》 ──→ 追求利益、满足人的最大欲望
            └── 《道德情操论》 ──→ 控制私欲、反对贪婪
```

市场失灵
- 资源分配无效率
- 阻碍生产力发展

市场失灵 ──→
- 过度贪婪(道德危机)
- 公共物品提供的问题
- 外部性所产生的问题
- 自然独占(独买、独卖)
- 信息不对称

解决市场失灵的办法
- 课税
- 提供免费共享物品
- 成立公营独占事业
- 法律规范
- 收入重分配
- 要求信息公开

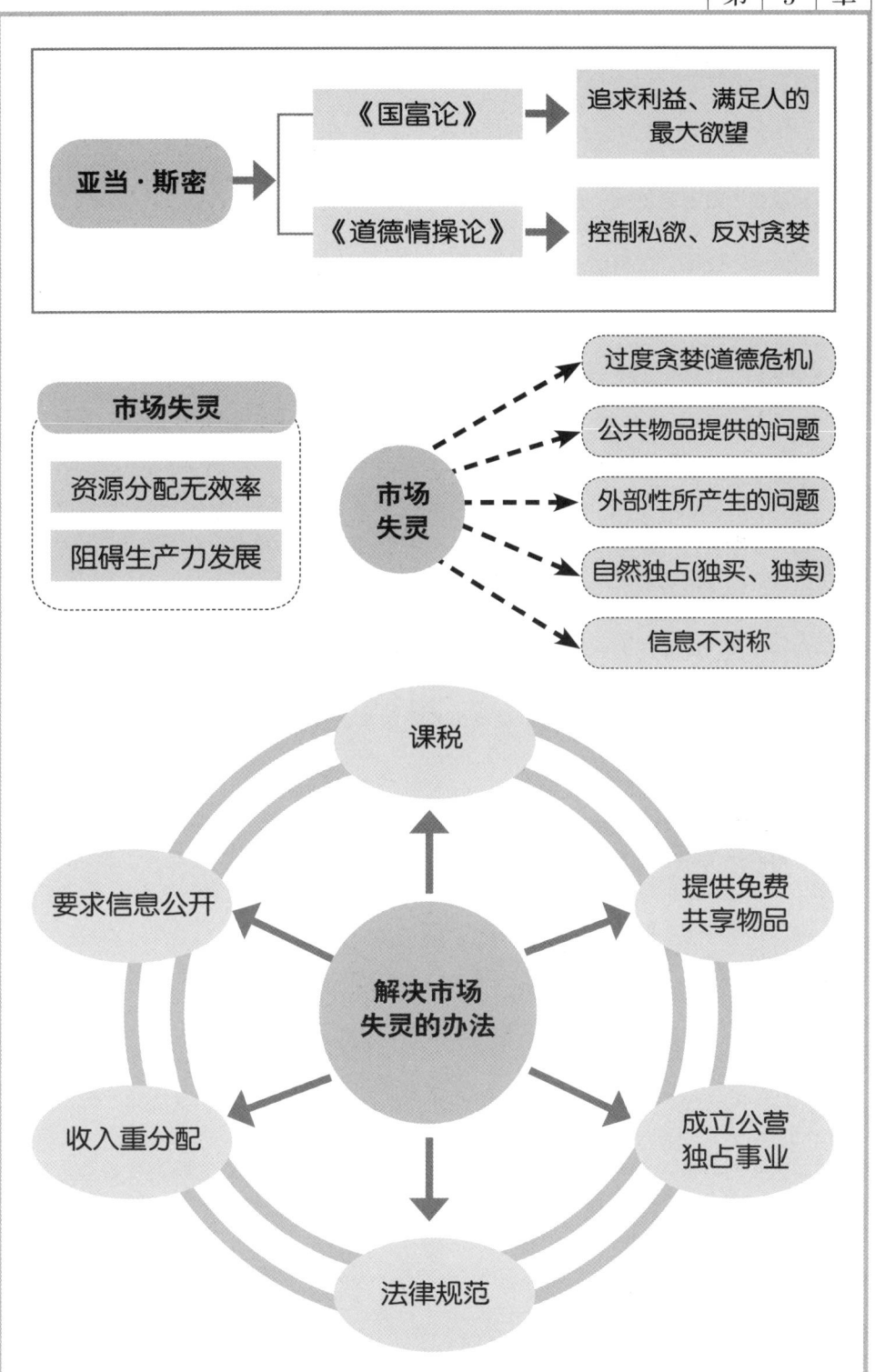

5-4　政府的经济角色

市场竞争是经济活动最有效的调控者，但市场并非完美，资源可能被不当使用或浪费，故政府需介入。

一、亚当·斯密的主张

亚当·斯密主张小而美的政府，其职能仅限包括：**1.** 维护国家安全的国防(维护国家领土完整、主权独立、免于遭受外力侵略)；**2.** 保障社会治安及维护市场交易秩序的司法；**3.** 提供必要的公共建设；**4.** 培养人才。

二、政府干预

(一)干预范围：弥补市场的缺陷和不足。

(二)干预目的：主要是恢复市场机能，而不是去代替市场。

(三)干预目标：**1.** 提高经济效率；**2.** 促进社会公平；**3.** 提高生活质量；**4.** 促进区域均衡发展。

(四)干预结果：必须要比干预前的情况有所改善和好转，否则就不要干预。按照这一原则，政府在干预前，应先评估，以减少副作用，并增加有效性。

三、政府的经济功能

1. 纠正市场失灵；**2.** 保护基本工业；**3.** 提高经济效率；**4.** 促进社会公平；**5.** 区域均衡发展；**6.** 降低失业率；**7.** 缩小贫富差距。

四、政府的经济工具

1. 总体经济工具：政府直接供应、货币政策、财政政策、贸易政策、外汇政策、收入政策等。

2. 个体经济工具：政府管制、反托拉斯政策、公营事业、产业政策、制定标准、证照申请、课税、补贴、充当保证人、采购者等。

五、政府干预的主要方式

1. 许可经济活动；**2.** 管制经济活动；**3.** 禁止经济活动；**4.** 直接运营独占事业；**5.** 参与经济活动；**6.** 规划经济活动。

六、政府干预的成本

政府干预的成本通常十分可观，这些成本要由谁来承担？**1.** 直接由政府负担成本；**2.** 由厂商直接承担；**3.** 第三者承担。

七、政府的角色转变

21世纪的经济社会，人民对政府的角色期待已经不是古典学派认为"管理最少的政府，就是最好的政府"的概念，也不是凯恩斯学派的"大有为政府"的想法。人民对政府的期待是，当市场经济可以自行运作时，政府的职责就是避免对市场经济干扰与破坏；当市场自由竞争无法达到最适社会福利水平的帕累托境界时，政府就必须从事生产或者干预活动，以避免市场失灵。

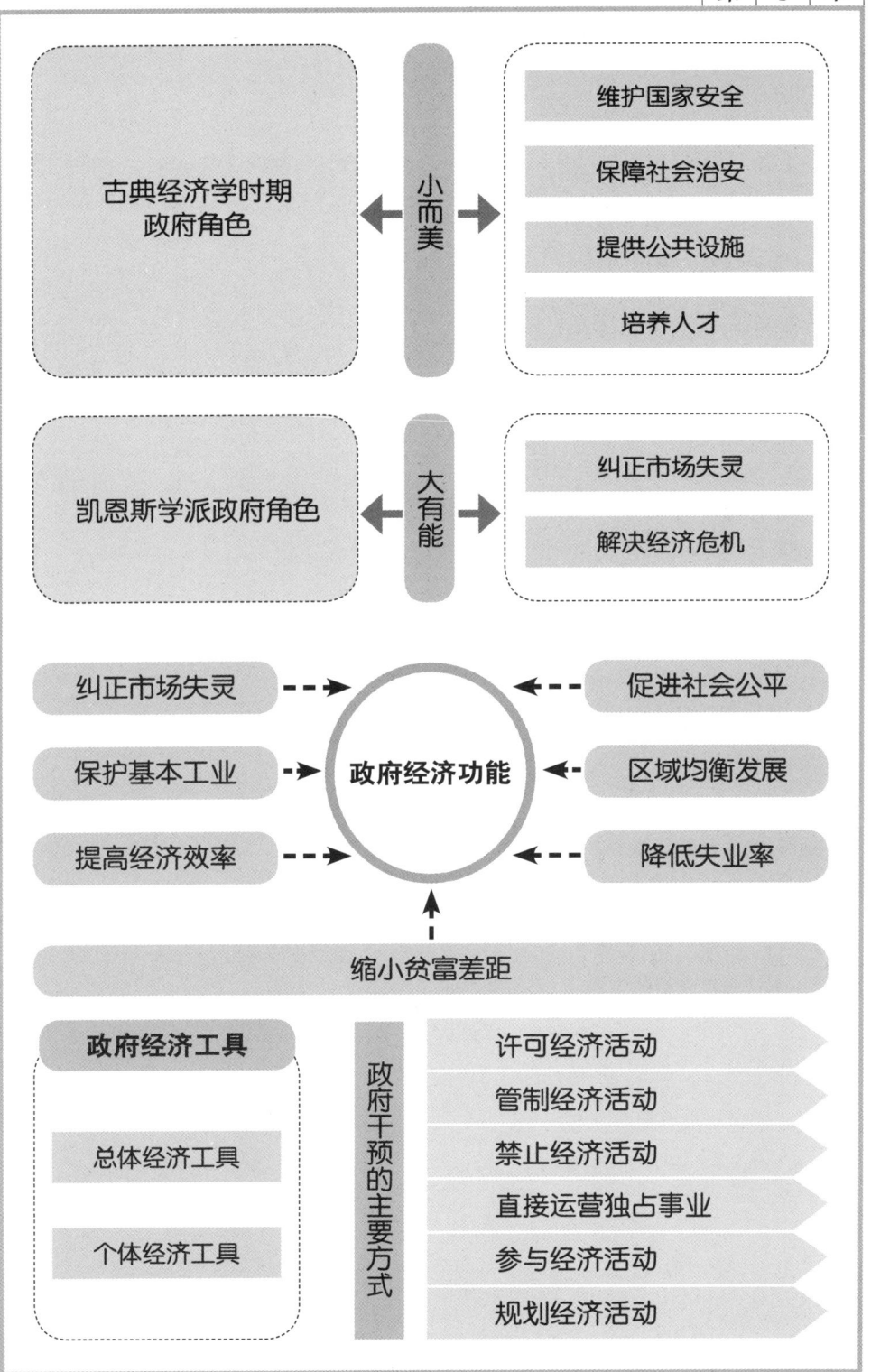

第 5 章

```
古典经济学时期          维护国家安全
政府角色       ←小而美→  保障社会治安
                        提供公共设施
                        培养人才

凯恩斯学派政府角色 ←大有能→ 纠正市场失灵
                            解决经济危机
```

政府经济功能

- 纠正市场失灵
- 保护基本工业
- 提高经济效率
- 促进社会公平
- 区域均衡发展
- 降低失业率
- 缩小贫富差距

政府经济工具

- 总体经济工具
- 个体经济工具

政府干预的主要方式

- 许可经济活动
- 管制经济活动
- 禁止经济活动
- 直接运营独占事业
- 参与经济活动
- 规划经济活动

5-5 政府失灵

一、什么是政府失灵
政府采取各种措施，以弥补市场机能的缺陷，但在实际执行时，由于政府的局限性和其他客观因素的制约引发的不良影响，称为政府失灵。英国经济学家休谟说，一旦政府失灵，就像败家子拿到一张银行的空白支票，后果的严重性可想而知。

二、政府失灵的原因
(一)决策者失误
(二)从公共选择的理论观点
1. 官员效率不足。
2. 好大喜功，造成不必要的浪费。
3. 政府监督者。因信息不足等原因监督无效率。
(三)芝加哥经济学派的领袖人物乔治·斯蒂格勒的理论观点
1. 政府信息不足(政府对政策环境变化的感知能力不足，使政策赶不上变化)。
2. 利益团体"游说"或贿赂政府官员。
3. 制定政策与执行之间出现落差。
4. 政府危机处理能力不足。
(四)其他原因
政府、民意机关短视近利，只求现在有钱花。

三、政府管制的缺点
1. 费用太高，推动、管理及遵守法规会增加实质支出，这些成本将由政府、企业、个人负担，最终会反映在较高售价、较低工资、研究及生产等方面。
2. 阻碍进步改革，减损生产力及竞争力。

四、政府失灵的后果
政府干预市场可能未能解决问题，反而产生新的问题。有时政府的失灵，比市场失灵的后果，更为严重，例如：威胁人民经济自由；过度消费公共财产，造成债务负担，给后代子孙留下烂摊子；公共支出扩大；生产成本偏高，质量不一定好。

五、解决政府失灵的方法
1. 回归市场机制运作。
2. 政府决策民主化和透明化。
3. 明确规范政府职权与范围。
4. 以法律约束政府权力。
5. 有效制止政府官员腐败。
6. 重要议案多数表决。

政府失灵原因

- 决策者失误
- 公共选择理论
  - 官员效率不足
  - 好大喜功
  - 信息不足
- 斯蒂格勒
  - 政府信息不足
  - 利益团体游说
  - 政策制定与执行间的落差
  - 政府危机处理能力不足
- 其他原因
  - 短视近利

政府管制缺点

- 费用太高
- 阻碍进步改革，减损生产力及竞争力

政府失灵后果

- 威胁人民经济自由
- 公共支出扩大
- 债留子孙
- 生产成本偏高

解决失灵方法

- 回归市场机制
- 多数表决
- 制止政府官员腐败
- 政府决策民主化、透明化
- 明确规范政府职权、范围
- 以法律约束政府权力

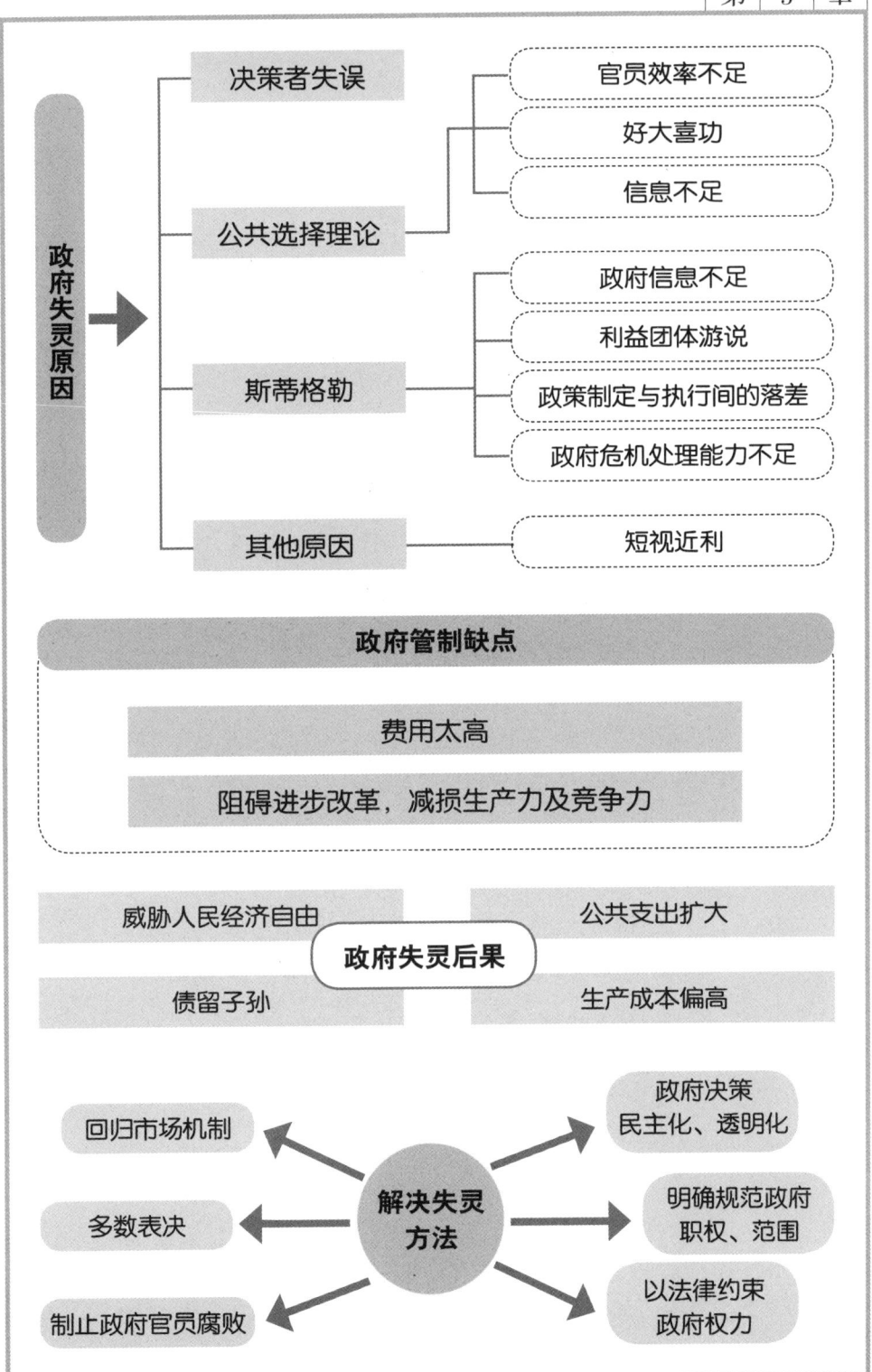

第 6 章

国民收入

6-1 什么是国民收入

一、国民收入的由来
俄裔美国著名经济学家西蒙·史密斯·库兹涅茨在国民收入核算研究中提出了国民收入及其组成部分的定义和计算方法，被经济学家们誉为"美国的GNP(国民生产总值)之父"。

二、国民收入的意义
是指本国国民在国内及国外从事生产所获得的收入总和，同时也是国民提供各种生产要素收入到的报酬加总。

> 国民收入 = 薪资收入 + 租金收入 + 利息收入 + 利润收入

三、国民收入的呈现方式
国民收入因有不同的统计标准，最广为使用的是国民生产总值(Gross National Product，GNP)与国内生产总值(Gross Domestic Product，GDP)。

1. 国民生产总值：

是指一个国家(或地区)所有国民在一定时期内新生产的产品和服务价值的总和。GNP是按国民原则核算的，只要是本国(或地区)居民，无论是否在本国境内(或地区内)居住，其生产和经营活动新创造的增加值都应该计算在内。

2. 国内生产总值：

是指在一定时期内(一个季度或一年)，一个国家或地区的经济中所生产出的全部最终产品和劳务的价值，常被公认为是衡量国家经济状况的最佳指标。它不但可反映一个国家的经济表现，还可以反映一国的国力与财富。

四、国民收入的计算方法
产出计算法、支出计算法及收入计算法。

五、国民收入并非真实收入
事实上，GNP和GDP也并不足以反映人们真实的生活，主要有七大原因。

1. 遗漏了非市场的生产及地下经济的交易活动。

2. 人口多。

3. 没有考虑闲暇及污染。

4. 收入分配不平均。

5. 不同的产出组合。

6. 汇率不同或波动的问题。

7. 物价水平的转变。

第 6 章

```
国民收入 → 薪资
         租金      → 收入加总
         利息
         利润
```

国民收入呈现法
- 国民生产总值
  - 所有国民
  - 一定期间内
  - 产品和服务价值总和
  - 无论是否在本国境内
- 国内生产总值
  - 一国国境内
  - 一定期间内
  - 全部最终产品和劳务价值
  - 最佳指标

国民收入计算
- 产出计算法
- 支出计算法
- 收入计算法

国民收入并非真实收入
- 遗漏地下经济
- 未考虑闲暇与污染
- 分配不均
- 汇率的差异
- 物价波动

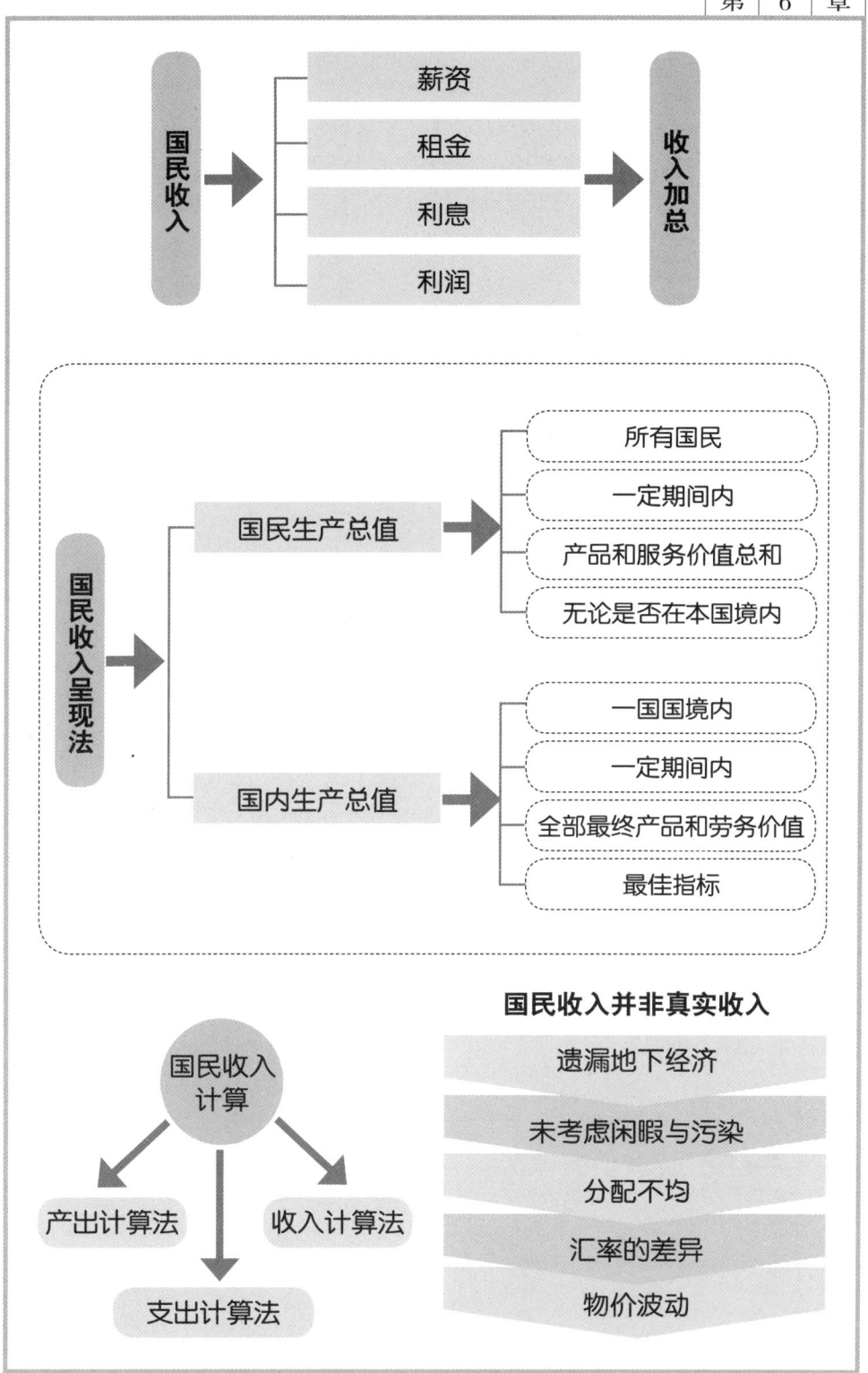

6-2 绿色国民收入

一、国民收入概念不足处
1. 忽略了天然资源稀少性的计算，以至于无法达成经济的永续生产力。
2. 忽略了因污染导致降低环境质量，及其对人类健康及社会福利的影响。
3. 未将水、空气等自然资源的耗损纳入。
4. 未纳入地下经济。

二、什么是绿色国民收入
亦称为"经过环境调整的国民收入"，这是1987年联合国及世界银行所共同设计出，兼顾国民生活水平与环境永续发展的经济指标。它可以衡量以下情况。
1. 国民福利水平。
2. 生态平衡。
3. 环境永续发展的指标。

三、绿色国民收入的计算
绿色国民收入同时涵盖"市场价值"及"非市场价值"，即同时考虑到经济利益及环境因素。其计算方式是将自然资源消耗及环境质量变化自GDP中扣除，以精准反映国民经济的福祉。

1. 自然资源消耗：
自然资源消耗的估算，采用净价格法，即开采收入减开采成本。

2. 环境质量的质损：
环境质量的质损估算，采用维护成本估计法，对未采取防治措施的污染行为，估算目前最佳可行技术下实际应投入的污染防治成本作为环境质量的质损估计值，若缺乏最佳可行技术成本资料，则以历史成本法代替。

四、绿色国民收入的公式

> 绿色国民收入 = 各期计算出来的GDP − 自然资源消耗 − 环境质量变化

五、绿色国民收入显示内涵
1. 自然资源存量与使用量。
2. 环境污染的污染量。
3. 环境质量所受的冲击。
4. 自然资源所提供的服务信息。

六、繁荣指数
该指数将经济、创业机会、政府治理、教育、健康、安全、个人自由和社会资本等8个分项指标、89个变项进行评比。这是由英国智库列格坦研究所调查编制的，它同时将收入和幸福因素列入考察范围。

第 6 章

国民收入概念不足处
- 忽略天然资源稀有性的计算
- 忽略污染导致降低质量
- 忽略污染及自然资源的耗损
- 未纳入地下经济

绿色国民收入可衡量
- 国民福利水平
- 生态平衡
- 环境永续发展

绿色国民收入
- 市场价值
- 非市场价值

$$绿色国民收入 = GDP - 自然资源消耗 - 环境质量变化$$

绿色国民收入显示内涵
- 自然资源存量与使用量
- 环境污染的污染量
- 环境质量所受的冲击
- 自然资源所提供的信息

繁荣指数
- 经济
- 创业机会
- 政府治理
- 教育
- 健康
- 安全
- 个人自由
- 社会资本

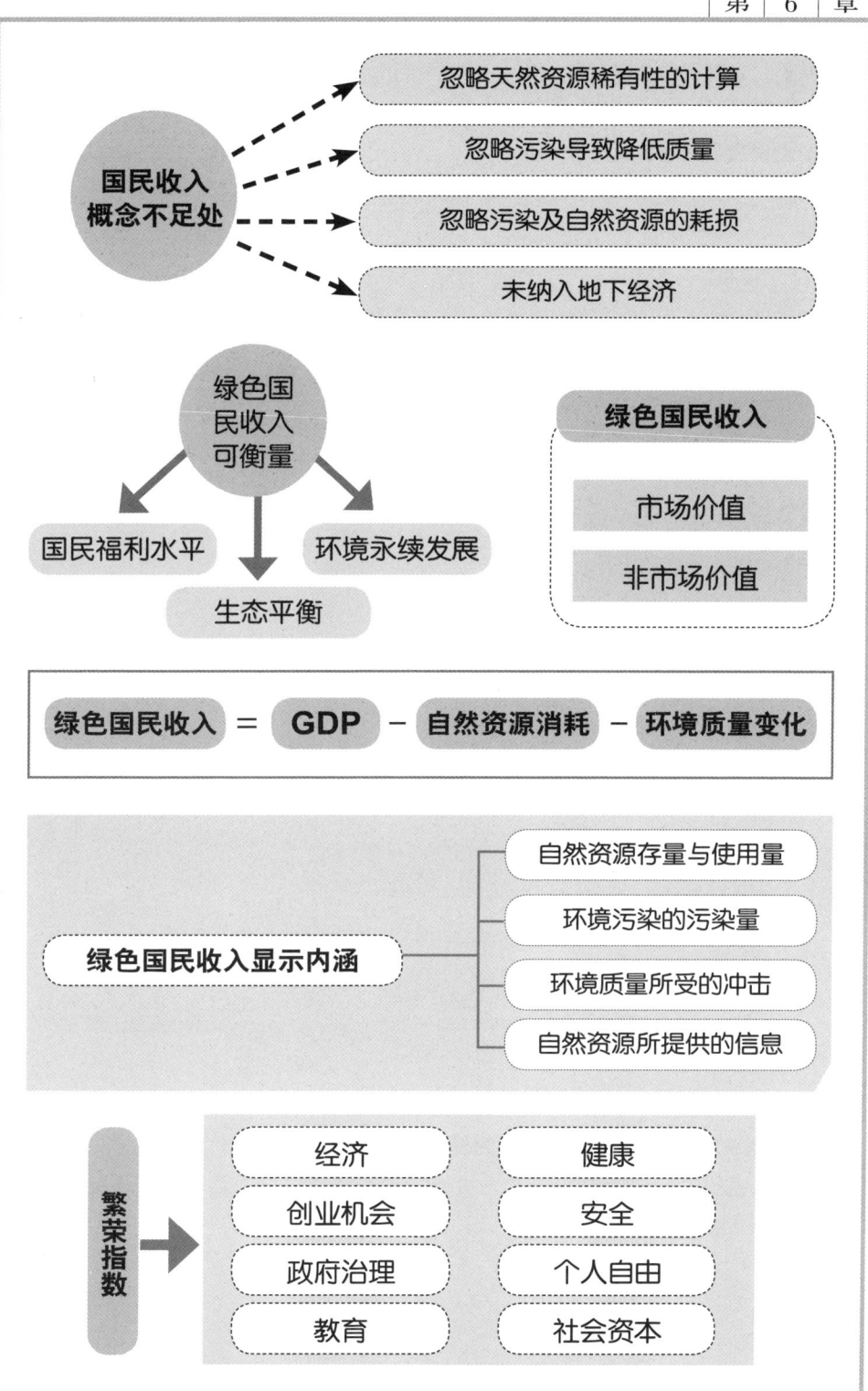

6-3 国民生产总值

一、国民生产总值代表什么

国民生产总值(GNP)的多寡代表一国生产力的大小，也可由其得知一国经济的盛衰。

(一)国籍

国民生产总值以生产者的国籍为界定的范围。

(二)一段期间内衡量

国民生产总值是针对一定期间加以计算，目前衡量期间最短为一季度，最长为一年。

(三)生产最终商品与劳务

1. 商品是指各种有形的产品。

2. 劳务是指各种服务。

现代社会的生产是采取迂回生产，通常一件产品需经过多次加工制造才能完成，生产过程中的产品，就称为中间产品，而最终产品则是指供最终消费使用的产品。

(四)市场交易的总价值

因为有"地下"经济活动，又没有价格记录，所以这一部分就无法列入国民生产总值中。

二、国民生产总值的计算

1. 支出计算法：

将全社会的家庭、企业、政府与国外等四部分购买最终产品的支出予以加总。

$$GNP = 消费(C) + 投资(I) + 政府购买(G) + 净出口(出口 - 进口)$$

2. 生产要素收入法：

将薪资收入、租金收入、利息收入、利润收入等四大要素予以加总的结果。

三、国民生产总值与国内生产总值的差别

两者主要的差别在于国民生产总值是以国民为对象，因此要加入本国国民在国外的收入扣除外国国民在国内的收入。

第 6 章

GNP意义 → 可了解该国生产力
　　　　　　 可知该国经济兴衰

GNP
- 国籍
- 一段期间
- 生产最终商品与劳务
- 市场交易总价值

计算GNP

支出计算法 → GNP = 消费(C) + 投资(I) + 政府购买(G) + 净出口(出口 − 进口)

生产要素收入法 → GNP = 薪资收入 + 租金收入 + 利息收入 + 利润收入

GNP与GDP差异 → 是否是国民 → 是 → GNP
　　　　　　　　　　　　　　　　不是 → GDP

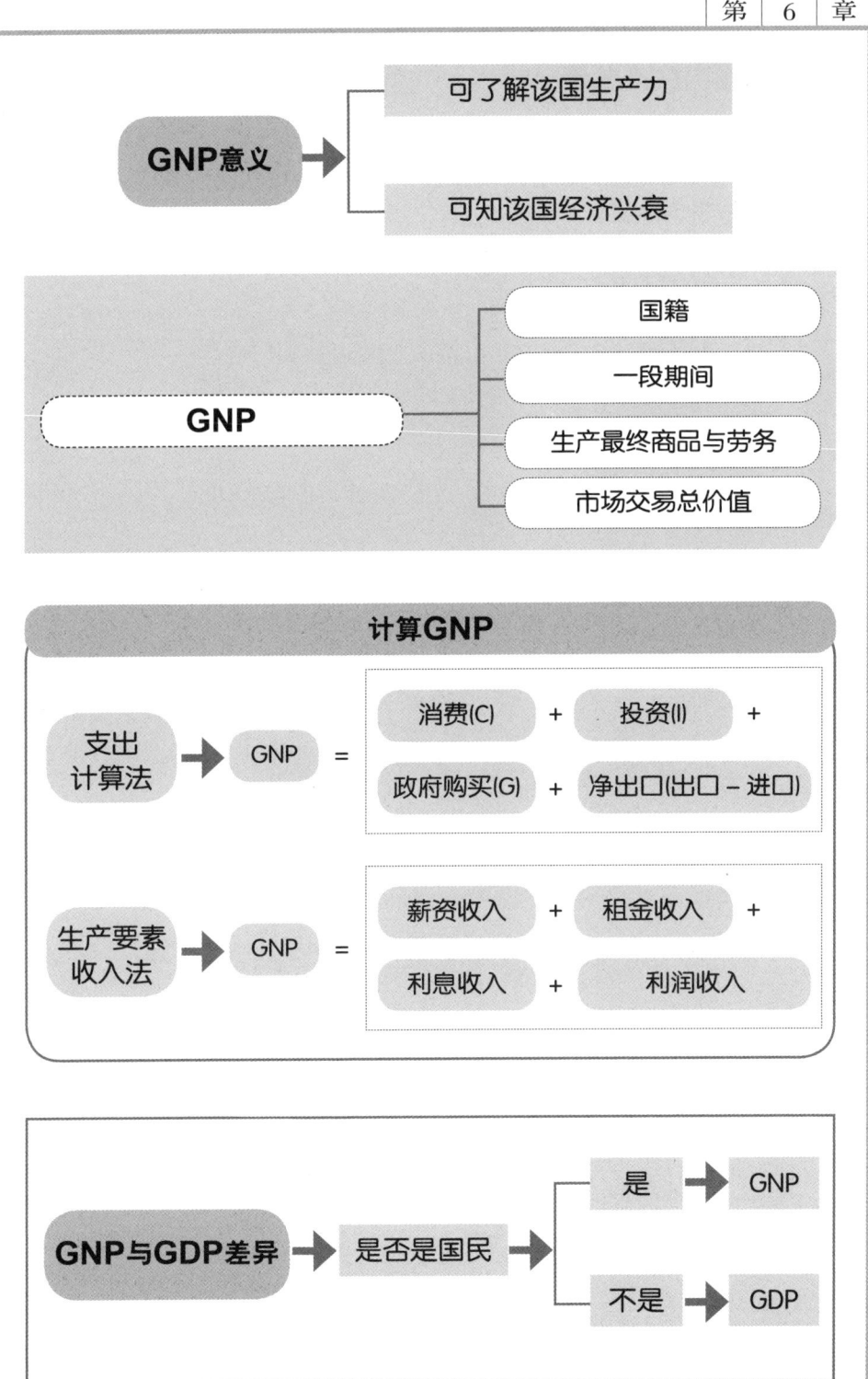

95

6-4 国内生产总值

国内生产总值的大小，表示一国的经济规模，也是经济形势、股市荣枯的判断，可作为衡量各国经济发展的重要指标。

一、国内生产总值的定义
一国国境内在一定期间内生产最终用途的商品与劳务的市场价值。

(一)国境内

一国之内的所有生产活动。比如，一个在中国工作的美国公民所创造的财富计入美国的GNP，但不计入美国的GDP，而是计入中国的GDP。

(二)一定期间内

一季度或是一年，非本季度或本年度不能计入其中。

(三)最终用途

只计算最终产品的价值，如此才不会重复计算，而高估GDP。

(四)市场价值

强调商品与劳务的市场价值，因此，主妇的家事服务并不计入GDP中。

二、国内生产总值估算方法

(一)最终产品法

计算最后商品与劳务的价值总和。比如，某甲是美国籍，却在日本开餐厅，则某甲在日本的收入，将会被纳入日本的GDP。

$$GDP = 农业产出 + 工业产出 + 服务业产出$$

(二)国内总支出(GDE)

一国经济在购买最终产品上的支出总额。

$$支出 = 消费 + 投资 + 政府的消费支出 + 净出口(出口 - 进口)$$

(三)收入计算法观点

1. 要素收入法：

$$收入 = 薪资 + 利息 + 地租 + 利润 + 折旧 + 间接税净额$$

2. 附加价值法：将生产过程中所有阶段所创造的附加价值予以加总。

$$附加价值 = 产品价值 - 中间投入$$

第 6 章

GDP说明
- 一国经济规模
- 经济形势判断
- 股市荣枯
- 经济发展的指标

GDP定义
- 国境内
- 一定期间内
- 最终用途
- 市场价值

GDP的计算

- 生产 → 最后商品与劳务的生产总值
- 支出 → 家庭 / 企业 / 政府 / 国外 → 支出总和
- 收入 → 要素收入 / 附加价值

要素收入法公式

收入 = 薪资 + 利息 + 地租 + 利润 + 折旧 + 间接税净额

附加价值法公式

附加价值 = 产品价值 − 中间投入

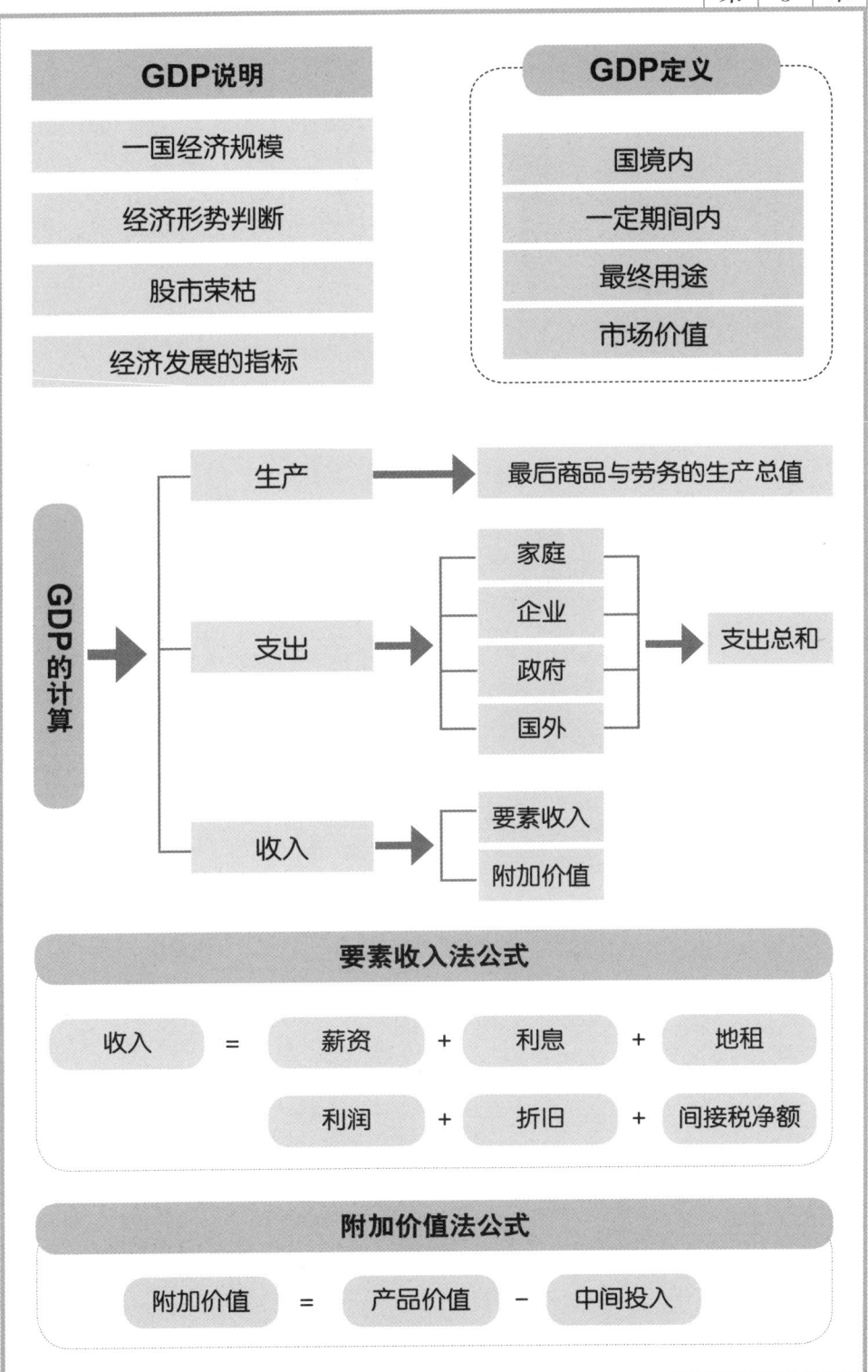

6-5　国内生产总值的类型

假设某企业今年卖出了10台智能手机，每台10 000元，那么产值就是10万元，到了明年物价上涨10%，使该企业必须要调升售价来反映成本，因而调涨售价10%成为11 000元，而销售量一样维持10台，产值就变成了11万元。从账面数字来看，产值增加10%，但从整个社会来看，智能手机还是卖出10台，老百姓并没有获得任何的利益。这就像是把手中的1 000元，换成十张100元一样，看起来钱包变厚了，但实际上并没有因此变得更富裕。

一、国内生产总值的类型

1. 名义GDP：

GDP数值是以最终商品与劳务的市价加总计算，这种GDP称为名义GDP，这是以当期市价计算的国内生产总值，若物价较前期上涨，则名义GDP会产生虚增的现象。

2. 实质GDP：

实质GDP是将物价涨跌因素排除在外，其做法是以当期名义GDP除以当期的物价指数，得到当期的实质GDP。

实质增长率，就是一般我们所说的经济增长率。计算方式是，今年的国内生产总值对比去年的增加率。

$$第t年GDP平减指数 = \frac{第t年名义GDP}{第t年实质GDP} \times 100$$

当某国经济增长率有衰退趋势时，政府通常会采取促进民间消费、投资、出口与扩大政府支出的措施。

二、国内生产总值概念的不足

我们常会听说，今年的GDP又增加了多少，其实GDP既不等于富裕，也不等于幸福，因为GDP本身就忽略五大要点。

1. 收入分配。

2. 非市场交易。

3. 休闲价值。

4. 环境质量。

5. 幸福。

GDP所能衡量的，仅仅是经济发展的量，而非经济发展的质。若一味注重GDP的增长，往往只是在短期数字上有亮眼表现，却对国家的长远发展没有实质贡献。

GDP类型

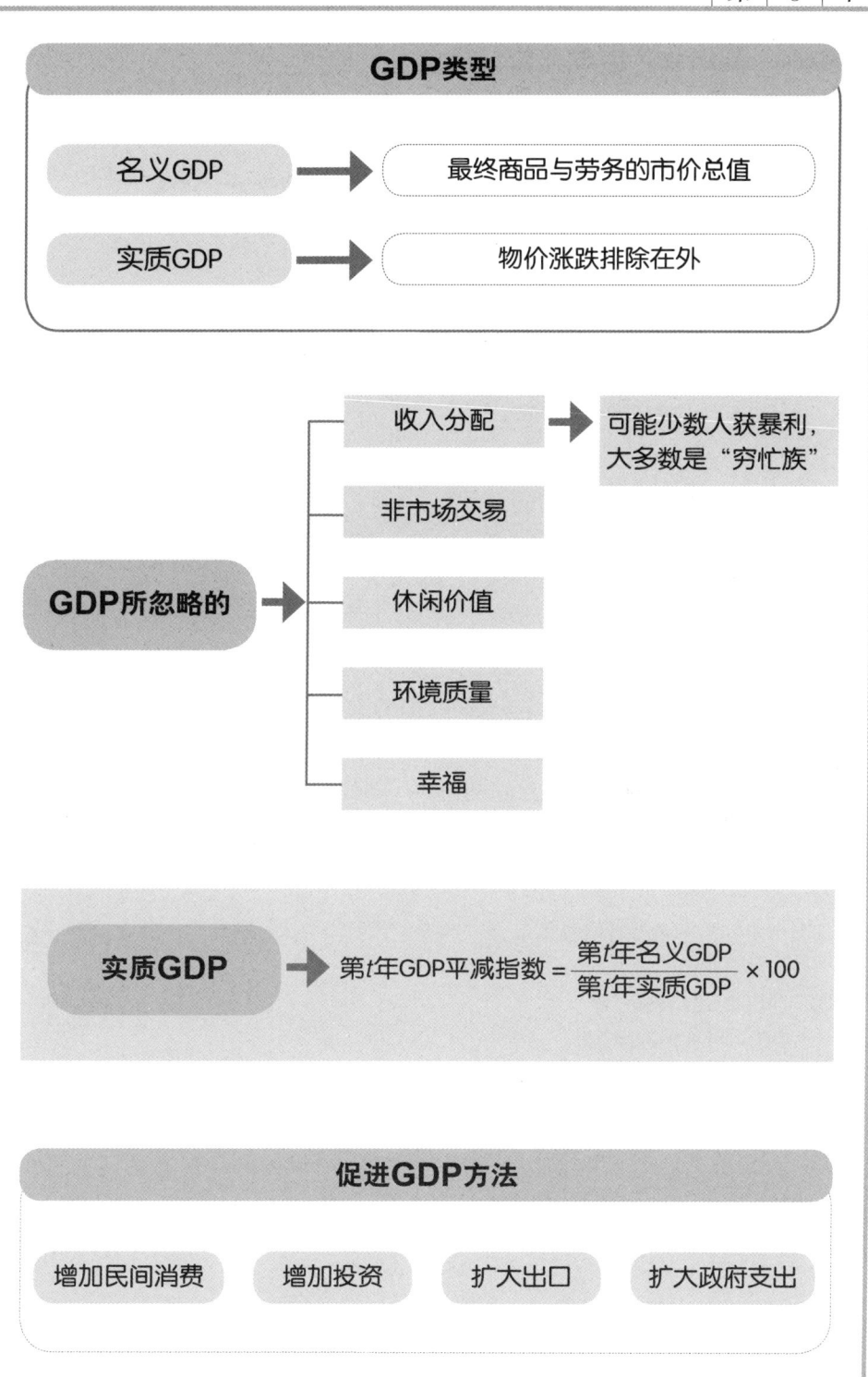

名义GDP → 最终商品与劳务的市价总值

实质GDP → 物价涨跌排除在外

GDP所忽略的 →
- 收入分配 → 可能少数人获暴利，大多数是"穷忙族"
- 非市场交易
- 休闲价值
- 环境质量
- 幸福

实质GDP → 第t年GDP平减指数 = $\dfrac{\text{第}t\text{年名义GDP}}{\text{第}t\text{年实质GDP}} \times 100$

促进GDP方法

增加民间消费　　增加投资　　扩大出口　　扩大政府支出

6-6　国内生产总值支出分析

GDP(国内生产总值)＝C(民间消费)＋I(民间投资)＋G(政府支出)＋X(出口)－M(进口)

一、消费
民间消费指的是家庭单位的消费性支出，可分为三大类。
1. 耐久性、非耐久性消费与服务。
2. 自用住宅。
3. 农户自用的农产品价值。

二、投资
又称投资总额。相对于投资总额，净投资则是投资总额减去折旧。投资总额依其属性又分三个项目：固定投资、住宅投资及库存变动。

$$净投资 = 投资总额 - 折旧$$

(一)投资的项目
包括添购机器设备、建造的建筑物与增加的库存。
(二)投资的参与者
1. 家庭：住宅建筑。
2. 厂商：机器运输设备、厂房建筑与增加库存。
3. 政府：建筑物、社会基本建设。
货币只是用来购买各种产品的交易媒介，不是国民生产的最终产品，故不能计入投资项目中。

三、政府消费支出
政府消费性支出又称政府购买，主要包括公务人员的薪资与政府购买的最终商品与劳务，但不包括社会救助等移转性支付，因为在此过程当中，并没有资源被消费或是被生产。

四、净出口(出口与进口)
净出口又称国外净需求。
1. 出口－进口＞0，称为贸易顺差。
2. 出口－进口＝0，称为贸易平衡。
3. 出口－进口＜0，称为贸易逆差。

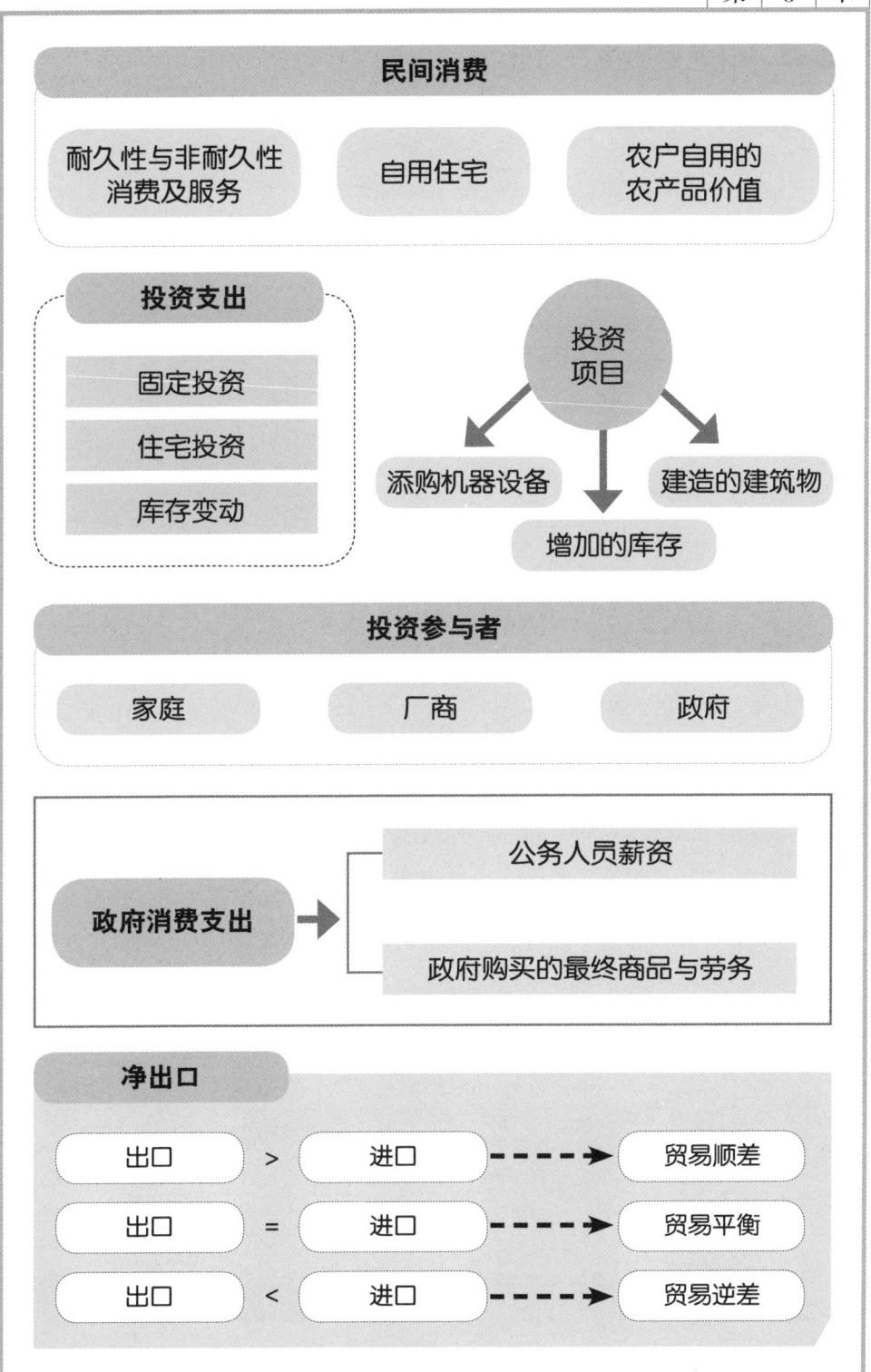

第 6 章

民间消费

- 耐久性与非耐久性消费及服务
- 自用住宅
- 农户自用的农产品价值

投资支出

- 固定投资
- 住宅投资
- 库存变动

投资项目：
- 添购机器设备
- 增加的库存
- 建造的建筑物

投资参与者

- 家庭
- 厂商
- 政府

政府消费支出

- 公务人员薪资
- 政府购买的最终商品与劳务

净出口

出口	>	进口	---->	贸易顺差
出口	=	进口	---->	贸易平衡
出口	<	进口	---->	贸易逆差

6-7　计算国内生产总值

一、国内生产总值计算方法

1. 收入法：

收入法也称分配法，是从生产过程形成收入的角度对常住单位的生产活动成果进行核算。国民经济各产业部门收入增加值由劳动者报酬、生产税净额、固定资产折旧和营业盈余四个部分组成。计算公式为：

$$增加值 = 劳动者报酬 + 生产税净额 + 固定资产折旧 + 营业盈余$$

2. 支出法：

国内生产总值是从最终使用的角度反映一个国家(或地区)一定时期内生产活动最终成果的一种方法。包括最终消费、资本形成总额和净出口(出口－进口)三部分。计算公式为：

$$支出法国内生产总值 = 最终消费 + 资本形成总额 + 净出口$$

3. 生产法：

生产法是从生产过程中创造的货物和服务价值入手，剔除生产过程中投入的中间货物和服务价值，得到增加价值的一种方法。国民经济各产业部门增加值计算公式如下：

$$增加值 = 总产出 - 中间投入$$

将国民经济各产业部门生产法增加值相加，得到生产法国内生产总值。

二、经济增长率计算方法

假设某地区在2014年与2013年仅生产机动车与机器人两种商品。

商品	2014 年 数量	2014 年 价格	2013 年 数量	2013 年 价格
机动车	1 000 辆	45 万元/辆	950 辆	42 万元/辆
机器人	2 000 个	4 万元/个	1 800 个	3.6 万元/个
名义 GDP	53 000 万元		46 380 万元	
实质 GDP	49 200 万元		46 380 万元	
GDP 平减指数	107.7		100	
	2014 年经济增长率 6.08%			

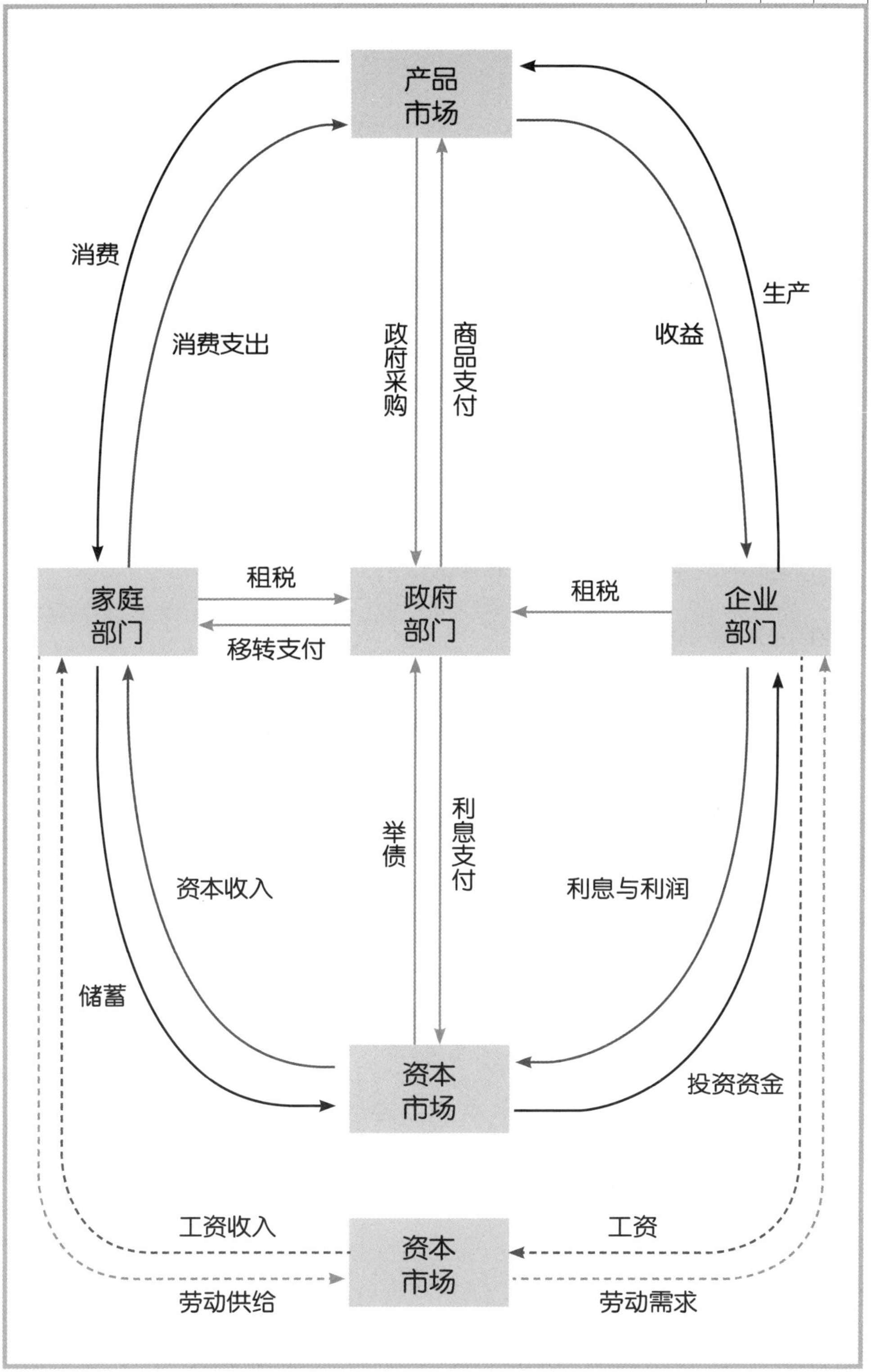
产品
市场
消费
消费支出
政府采购
商品支付
收益
生产
家庭
部门
租税
移转支付
政府
部门
租税
企业
部门
举债
利息支付
资本收入
利息与利润
储蓄
资本
市场
投资资金
工资收入
工资
资本
市场
劳动供给
劳动需求

6-8 经济增长率

总体经济学一般以实质国内生产总值(GDP)变动率来表示经济增长速度,即经济增长率。

一、什么是经济增长率

指实质总产出或实质国内生产总值(GDP)的年增率。国际间多以经济增长率作为表示一国经济实力、人民福祉和国际地位的指标。

二、经济增长率公式

$$经济增长率 = \frac{当年的国内生产总值 - 前一年的国内生产总值}{前一年的国内生产总值}$$

三、经济增长率三大表现

1. 需求面:反映消费、资本形成及净出口等支出内容的相对改变。

2. 生产面:反映农业、工业及服务业产出的相对变化。

3. 分配面:反映劳动与资本等生产要素报酬的相对变化。

四、经济增长的特性

1971年获诺贝尔经济学奖得主库兹涅茨归纳出国家经济增长有六项特性。

1. 每人产出高及人口增长高。

2. 工厂生产力增大,尤其是劳动生产力。

3. 经济结构转变。

4. 社会与意识形态转变。

5. 已开发国家应将其经济繁荣影响世界其他市场。

6. 第三世界国家人口过多,限制经济增长。

五、提高经济增长率的方法

1. 增加民间消费:薪资增加、收入增加皆可增加民间消费。

2. 增加投资:企业投入更多经费在创新研发或购买精良创新的仪器设备等,都是增加投资的方式。对整个国家而言,投资的主要来源是储蓄,储蓄指的是一个家庭从每年的各项收入(包括薪资、利息收入等)中减去消费支出后的余额。

3. 增加政府支出:政府可以增加其在市场的购买量,如大量采购物资,包括兴建港口、危桥重建、观光公共设施等皆是政府可行的措施。

4. 增加贸易顺差:政府的汇率、利率,厂商是否有创新研发,以及发展品牌渠道等。

第 6 章

经济增长率意涵

- 经济实力
- 人民福祉
- 国际地位

经济增长率三大表现

- 需求面 → 反映 → 消费 / 资本 / 净出口 → 支出内容变化
- 生产面 → 反映 → 农业 / 工业 / 服务业 → 产出的变化
- 分配面 → 反映 → 劳动 / 资本 → 生产要素报酬

经济增长的特性

- 每人产出高
- 工厂生产力增大
- 经济结构转变
- 社会与意识形态转变
- 已开发国家市场繁荣，会影响其他市场
- 第三世界人口将限制经济增长

提高经济增长率

- 增加民间消费
- 增加政府支出
- 增加投资
- 增加贸易顺差

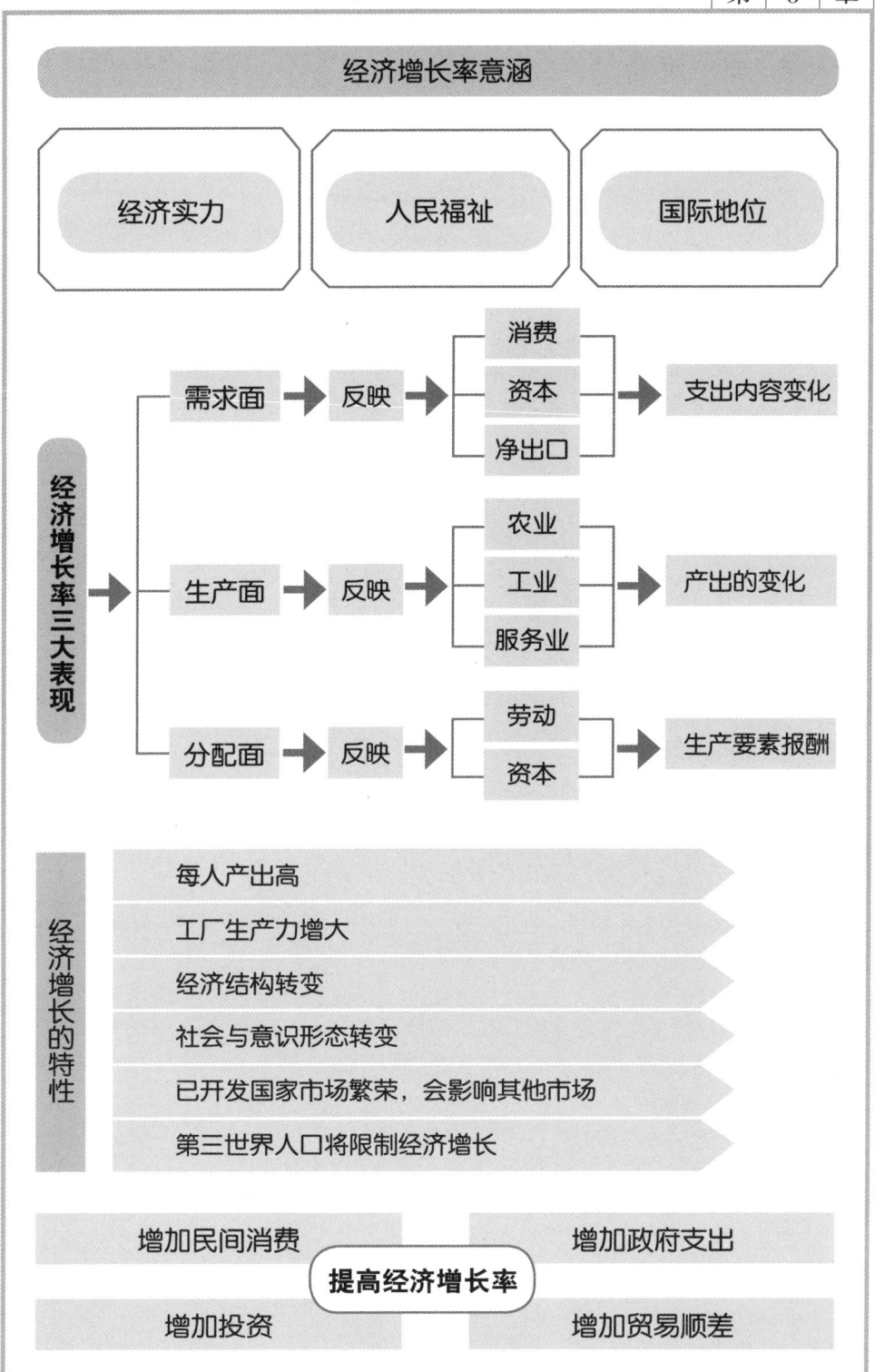

6-9　经济发展

经济增长着重国内生产总值，经济发展则强调多方面，两者是不一样的。

一、经济增长率的迷失

国内生产总值计算的经济增长率，和人民实际收支相差极大，因为这项增长率中包含了人民实际上未得到的资本折旧的增长，以及因物价调整而虚增的贸易条件变化损益等项目，因此并非人们真正的收入增长。所以很多国家和地区转而重视租税的重分配效果，以及加强社会投资，包括福利服务工作。

二、经济发展的意义

经济发展不同于经济增长只是单纯的收入增加，它的目的是要全民受惠、永续生存。经济发展基本上包含两大核心。

(一)基本价值

1. 维生：有能力满足基本需要，包括食、住、健康及人身保护。

2. 自尊：人活得有尊严，有自我价值。

3. 自由：不受奴役。

(二)发展目标

1. 增加基本需要的供应和普及。

2. 提高生活水平，包括收入、就业、教育、文化及文明水平。

3. 扩大经济和社会的选择。

三、经济发展理论

(一)结构学派理论

站在发展中国家角度，为了打破被其他国家剥削，强调政府功能与进口替代的功能。该学派具有代表性的理论为：**1.** 二元经济理论；**2.** 核心与边陲理论；**3.** 起飞理论；**4.** 平衡增长理论；**5.** 不平衡增长理论。

(二)新古典学派理论

该学派具有代表性的理论为：**1.** 收入再分配论；**2.** 自由贸易论；**3.** 市场机制论；**4.** 农业发展论；**5.** 人力资本论。

(三)激进学派理论

该学派具有代表性的理论为：**1.** 依赖理论；**2.** 不平等交换论；**3.** 阶级斗争国际化论；**4.** 社会主义革命论；**5.** 世界资本主义体系理论。

四、经济发展新趋势

各种理论经过几十年的实践之后，已发展出融合的趋势，形成：**1.** 新经济增长理论；**2.** 新制度主义；**3.** 寻租理论；**4.** 可持续发展理论等。

```
经济发展核心
├─ 基本价值
│   ├─ 维生
│   ├─ 自尊
│   └─ 自由
└─ 发展目标
    ├─ 增加基本需要的供应与普及
    ├─ 提高生活水平
    └─ 扩大经济和社会的选择
```

经济发展理论

- 结构学派理论
  - 二元经济理论
  - 核心与边陲理论
  - 起飞理论
  - 平衡增长理论
  - 不平衡增长理论

- 新古典学派理论
  - 收入再分配论
  - 自由贸易论
  - 市场机制论
  - 农业发展论
  - 人力资本论

- 激进学派理论
  - 依赖理论
  - 不平等交换论
  - 阶级斗争国际化论
  - 社会主义革命论
  - 世界资本主义体系理论

经济发展新趋势

新经济增长理论 　新制度主义 　寻租理论 　可持续发展理论

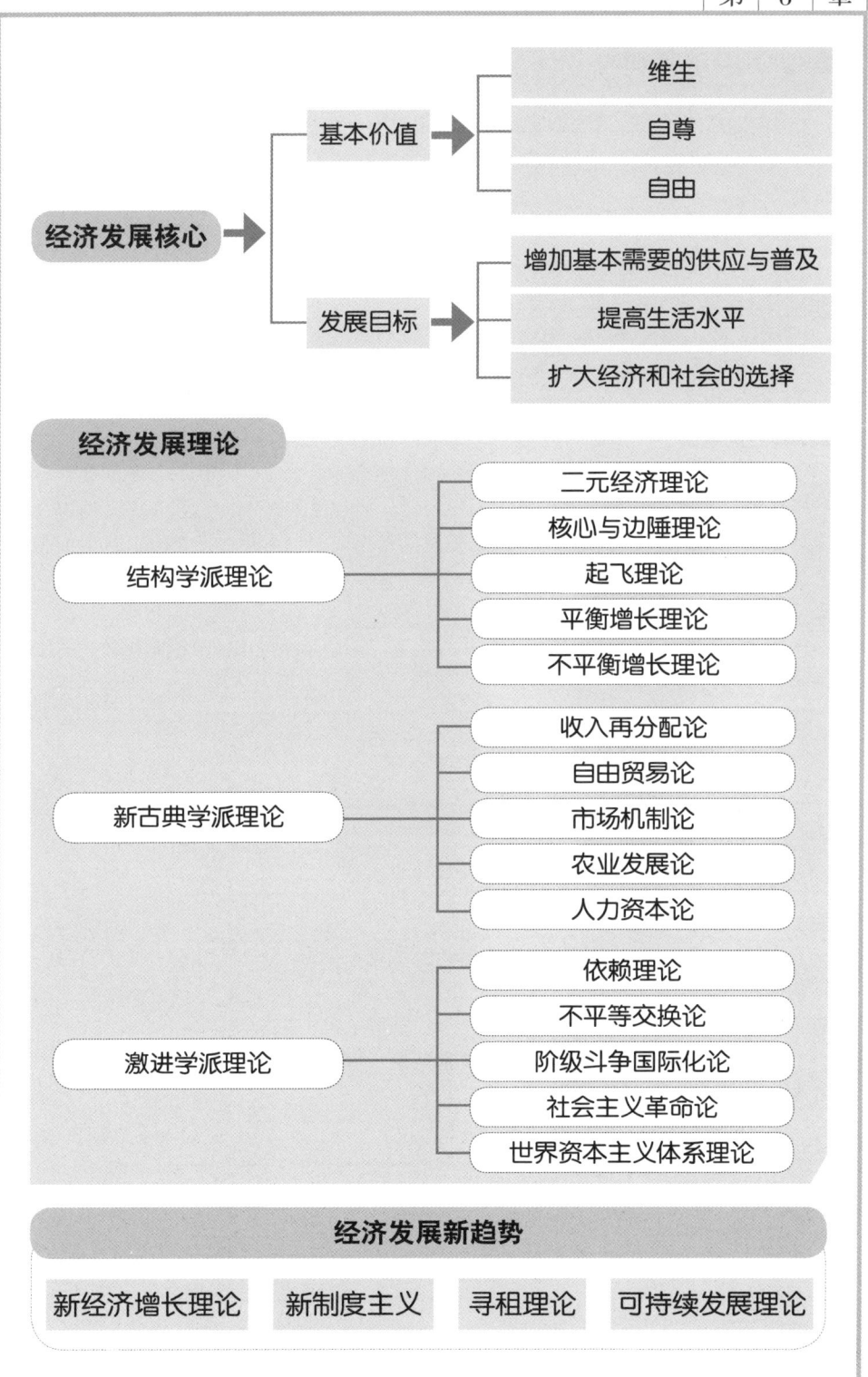

6-10 经济福利

以往最通用、也最具代表性的经济福利指标，就是平均每人实质收入，但是它的缺点是只衡量经济活动的成果，却不能反映非经济活动面的情况，因此经济福利顺势而起。

一、什么是经济福利

这是一个多元的概念，因涉及主观价值的判断，所以各学说的标准不一，但基本上的共识主要有三方面。

1. 国民收入愈高(薪资、失业率)，经济福利就愈高。

2. 国民收入分配愈是均等化，经济福利就愈高。

3. 经济波动(物价、房价)愈小，经济福利较高。

二、庇古的定义

庇古是英国著名的经济学家，他在《福利经济学》一书中提出，福利的要素是一些意识的状态，即人对某种事物满足自己偏爱程度的评价。福利有广义与狭义之分，狭义是指经济的部分；广义的福利则是指自由、幸福、正义等，这类福利无法计量。

三、诺德豪斯与托宾的定义

美国耶鲁大学经济学教授诺德豪斯与托宾，在1972年提出经济福利指标。用生活素质指标作为衡量这个概念的标准。国民生活素质分成六大类。

1. 基本生活需要。

2. 卫生保健及文教娱乐。

3. 社会安全与公平。

4. 政治、社会与经济稳定。

5. 治安与社会秩序。

6. 自然与生态环境。

四、世界银行的定义

1995年世界银行以实质国民财富作为经济福利指标，一国财富分为人力资源、人造资产、自然资本三种。

五、改善收入分配

改善收入分配不均的程度，缩小贫富差距一般通过政府介入来达成，其主要方式有二。

1. 改进租税措施。

2. 改善政府支出。

第 6 章

```
经济福利基本共识 --→ 国民收入愈高 --→ 经济福利↑
              --→ 国民收入愈均等 --→ 经济福利↑
              --→ 经济波动愈小 --→ 经济福利↑
```

```
庇古 → 福利 → 狭义 → 经济 → 可量化
            → 广义 → 自由
                    幸福   → 不易量化
                    正义
```

诺德豪斯与托宾 → 国民生活素质的类别:
- 基本生活需要
- 卫生保健及文教娱乐
- 社会安全与公平
- 政治、社会与经济稳定
- 治安与社会秩序
- 自然与生态环境

世界银行 → 实质国民财富:
- 人力资源
- 人造资产
- 自然资本

改善收入分配:
- 改进租税措施
- 改善政府支出

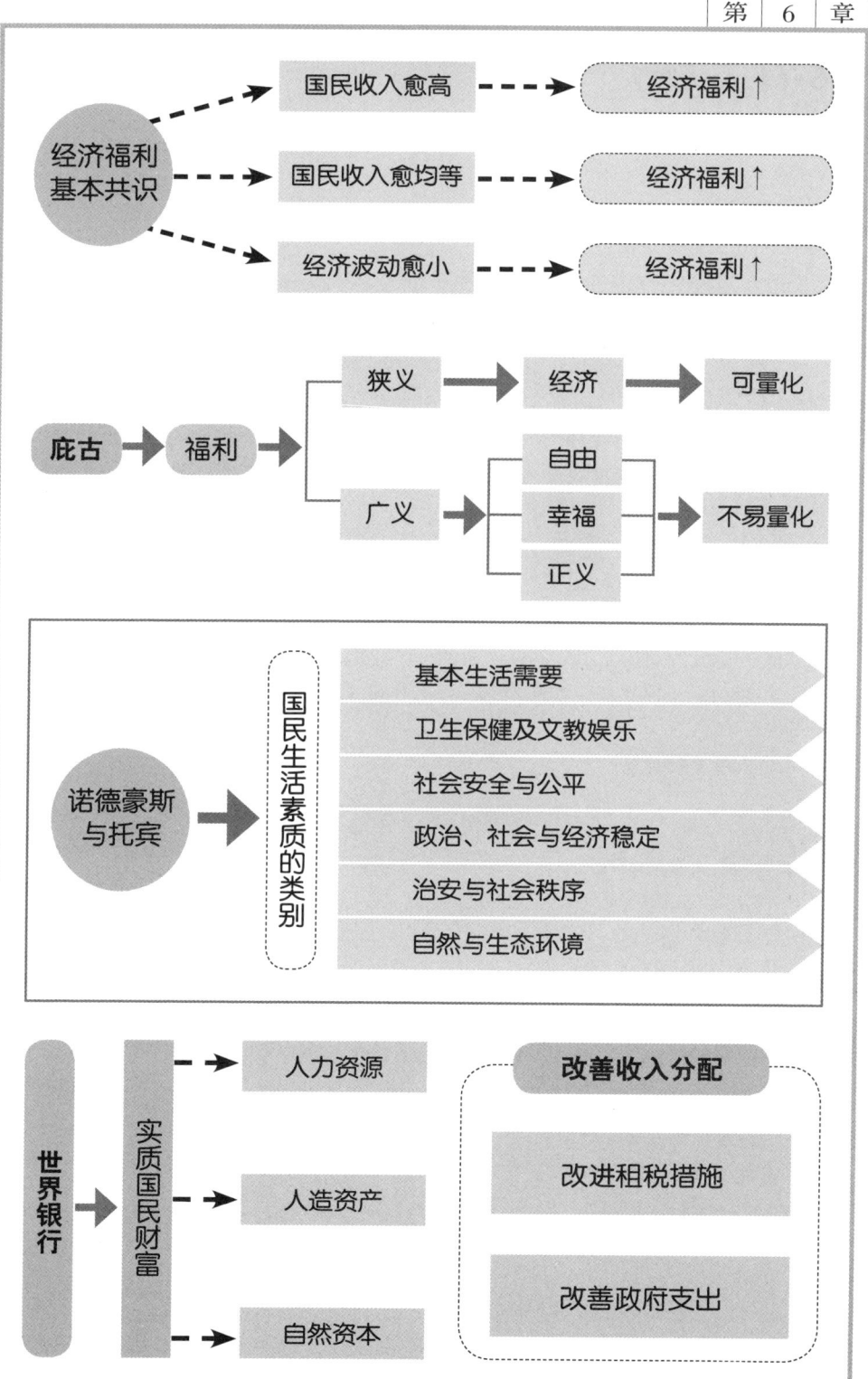

6-11 个人收入

个人收入负增长或是正增长都会影响个人支出。
政府的补贴政策会影响个人收入。

一、认识个人收入

(一)什么是个人收入
指一个国家一年内个人得到的全部收入。

(二)个人收入计算公式

> 个人收入 = 国民收入 − (营利事业收入税 + 公司未分配盈余 + 社会保险费) + 移转性支付个人收入

二、个人收入分配种类

(一)个人收入分配
按个人收入不同的级别来观察收入分配的情况。

(二)功能性收入分配
各生产要素生产的贡献所获得的报酬称为功能性收入分配。比如，提供劳动力的生产要素，可得工资；提供资本的生产要素，可得利息；提供土地的生产要素，可得地租；提供企业家精神的，可得利润。通过功能性收入分配，可了解收入分配的状态。

三、个人可支配收入

> 个人可支配收入 = 个人收入 − 直接税

四、平均每人实质GDP

平均每人实质GDP，是指人民的平均收入；其计算公式，是以一国实质GDP，除以人口数。

$$\text{平均每人实质GDP} = \frac{\text{实质GDP}}{\text{当年人口数}}$$

五、个人收入分配不均的原因

1. 个人所拥有的资本不同。
2. 个人谋生技能高低不同。
3. 个人年龄不同。
4. 个人机遇不同。
5. 教育程度的高低不同。
6. 个人勤惰习惯不同。
7. 利益团体的存在。

个人收入分配种类

- 功能性收入分配
  - 劳动力 → 工资
  - 资本 → 利息
  - 土地 → 地租
  - 企业家精神 → 利润
- 个人收入分配 → 分成不同级别观察

个人可支配收入 → 个人收入 − 直接税

平均每人实质GDP → 人民平均收入

个人收入分配不均原因

- 机遇不同
- 年龄不同
- 利益团体的存在
- 能力不同
- 个人勤惰习惯不同
- 资本不同
- 教育程度不同

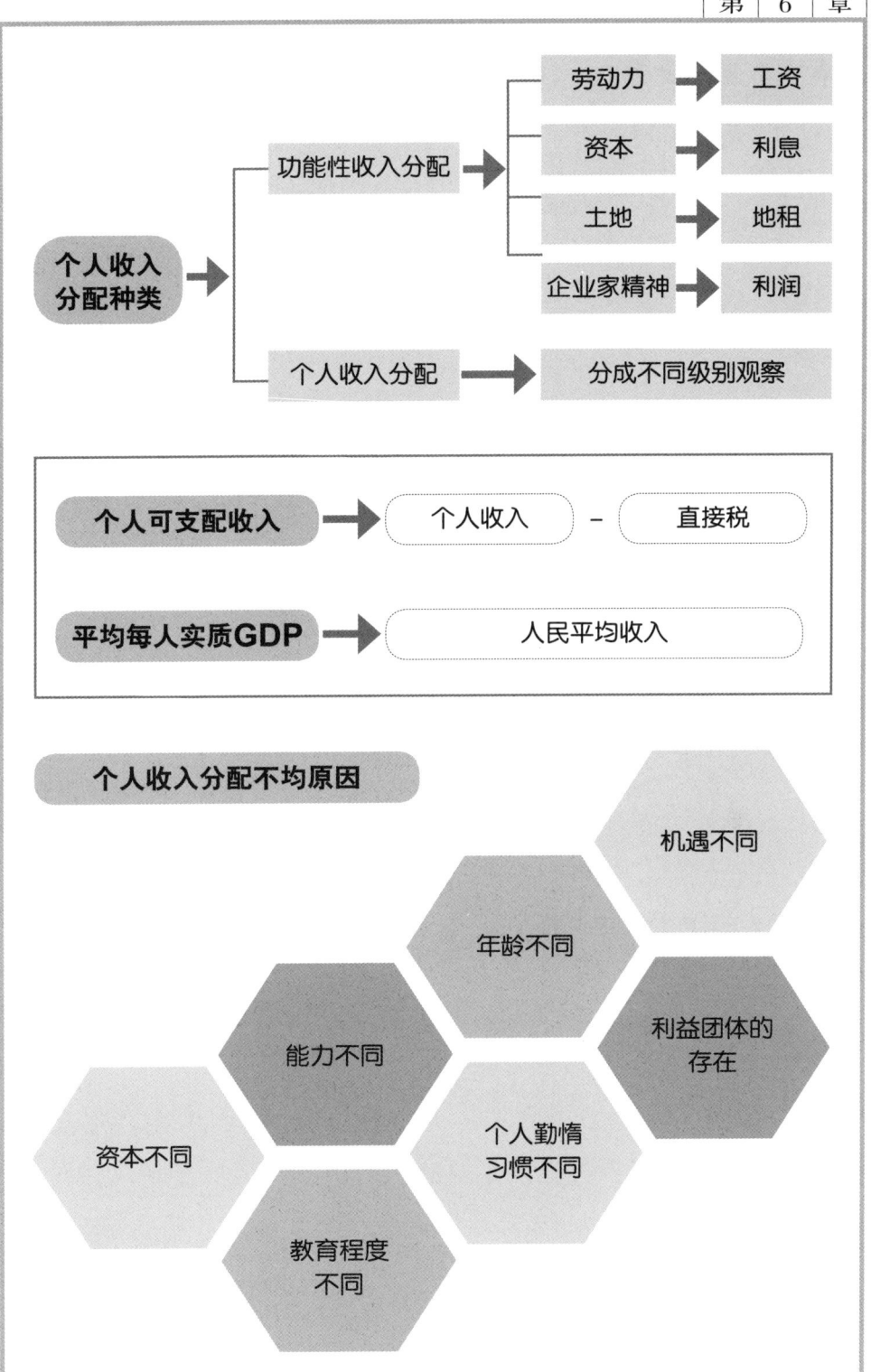

6-12 收入分配

一、什么是收入总额
指家庭成员从各种不同来源获得的收入总和。基本收入与财产收入净额(财产收入减财产支出)并称为要素收入。

1. 基本收入：提供劳力获得的报酬以及经营家庭事业获取的产业收入。

2. 财产收入净额：包含运用财产的收入(如利息收入、股息及红利等)，并扣除支出。

二、什么是收入分配
计算家庭收入分配的指标，主要有三种。

1. 家庭可支配收入：包含薪资收入、产业主收入、财产收入净额(如租金、利息、股息及红利等)、自用住宅及其他营建物设算租金、来自政府的福利补助津贴，及来自私人的捐赠等。

2. 五等分比差法：是将全体家庭收入，由小到大排列后，得到收入最高20%家庭与收入最低20%家庭的比值，数字愈大表示收入分配愈不平均。此种方法仅观察最高20%家庭与最低20%家庭的差异，而忽略中间60%家庭的收入变化。

$$五等分比差法 = \frac{最高20\%家庭收入}{最低20\%家庭收入}$$

3. 基尼系数：为国际间最常用指标。设实际收入分配曲线和收入分配绝对平等曲线之间的面积为A，实际收入分配曲线右下方的面积为B，A除以(A+B)的商表示不平等程度。如果A为零，基尼系数为零，表示收入分配完全平等；如果B为零，则基尼系数为1，表示收入分配绝对不平等。

三、收入分配产生问题的原因

1. 全球化：随着全球化专业分工，高技术专业者受益，低技术劳动者受损，产业移出国家失业率上升。

2. 知识经济时代：技术人才与非技术人才的薪资差距。

3. 产业结构变迁：传统产业受到打击。

4. 就业恶化：经济不景气时，弱势劳动者失业。

5. 富人收入增长迅速。

6. 家庭结构改变：家庭收入易受人口组成(如高龄人口多寡)影响。

7. 税制不公平。

8. 政策。

9. 国际大环境。

第 6 章

```
基本收入 → 要素收入 ← 财产收入净额
```

收入分配指标
- 家庭可支配收入
  - 薪资
  - 财产收入净额
  - 自用住宅、租金
  - 政府福利补贴
  - 产业主收入
  - 私人捐赠
- 五等分比差法 → 最高20%与最低20%的比
- 基尼系数 → 系数愈高，收入分配愈不均

收入分配产生问题的原因
- 全球化
- 知识经济时代
- 产业结构变迁
- 就业恶化
- 富人收入增长迅速
- 家庭结构改变
- 不公平的税制
- 政策问题
- 国际大环境

第 7 章

物 价

7-1 居民消费价格指数

一、经济痛苦指数
经济痛苦指数＝失业率＋通货膨胀率

二、物价指数
主要用于衡量一般家庭购买消费性商品及服务价格水平的变动情形。

三、居民消费价格指数
即CPI（Consumer Price Index），是一个反映居民家庭一般购买消费商品和服务价格水平变动情况的宏观经济指标。

四、居民消费价格指数的作用
1. 分析市场价格的动态变化；**2.** 衡量通货膨胀的指标；**3.** 衡量通货紧缩的指标；**4.** 政府制定物价政策的参考；**5.** 政府制定工资政策的依据。

五、如何获得居民消费价格指数
定期搜集各种商品及劳务相关的价格资料，然后根据每种商品或劳务的重要性赋予不同的权重来获得。

六、物价指数分类
1. 批发价格指数：与厂商的关系较密切，主要是反映大宗物资，包括原料、中间产品及进出口产品的批发价格。

2. 居民消费价格指数：这是与消费者较密切相关的，包括老百姓日常生活有关的各种商品及劳务零售的价格。

3. 国民生产总值价格平减指数：按当年价格计算的国民生产总值与按不变价格计算的国民生产总值的比率，它可以反映全部生产资料、消费品和劳务费用的价格的变动。

七、居民消费价格指数的计算方式

$$CPI = \frac{一组固定商品按当期价格计算的价值}{一组固定商品按基期价格计算的价值} \times 100\%$$

八、影响物价的因素
1. 供给面因素，包括劳动薪资、租金(地租、房租)、利息成本、汇率及原材料成本等，由这些因素引起的物价变动，称为成本推动。

2. 需求面因素，包括财富、收入、景气、货币数量及预期心理等，由这些因素所引起的物价变动，称为需求拉动。

3. 政府干预：传统货币数量学说主张，一般物价是货币现象，长期货币数量增加会促使一般物价同比例上涨。

九、物价变动
1. 不变；**2.** 通货膨胀：物价普遍(非个别)、持续(非偶尔)上升；**3.** 通货紧缩：物价普遍(非个别)、持续(非偶尔)下降。

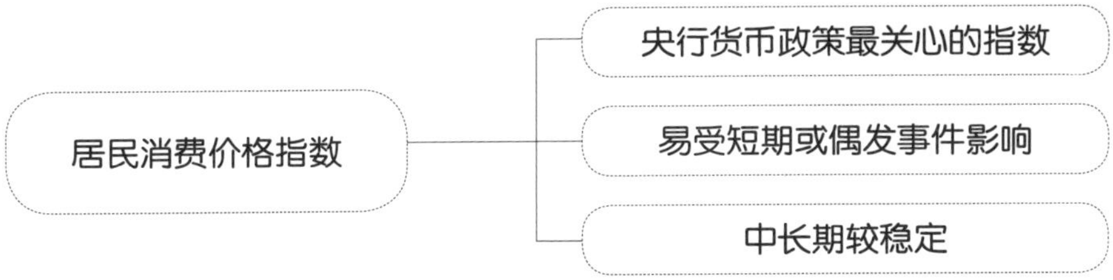

第 7 章

居民消费价格指数

- 央行货币政策最关心的指数
- 易受短期或偶发事件影响
- 中长期较稳定

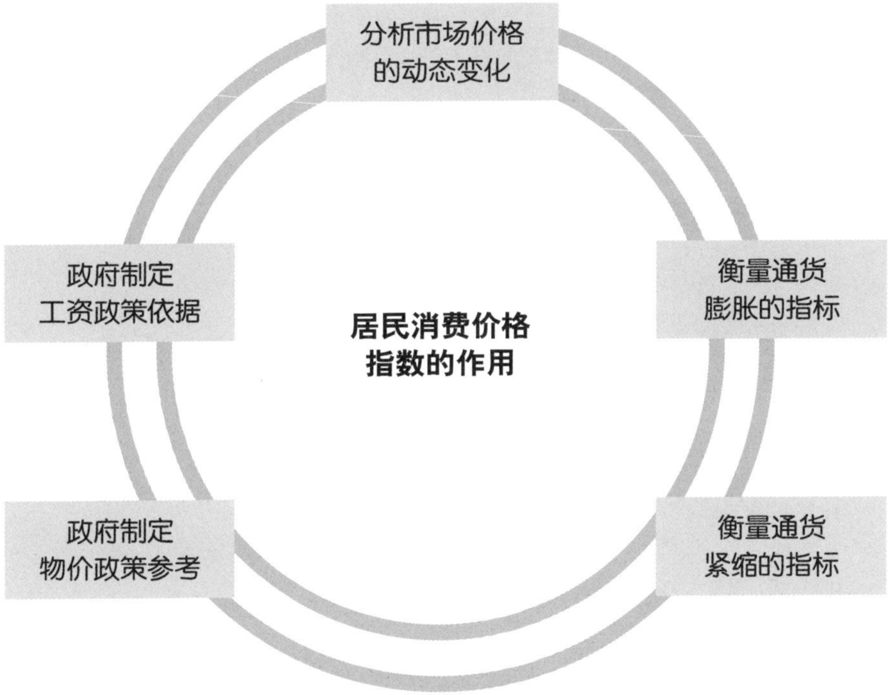

居民消费价格指数的作用

- 分析市场价格的动态变化
- 衡量通货膨胀的指标
- 衡量通货紧缩的指标
- 政府制定物价政策参考
- 政府制定工资政策依据

物价指数分类

- 批发价格指数
- 居民消费价格指数
- 国民生产总值价格平减指数

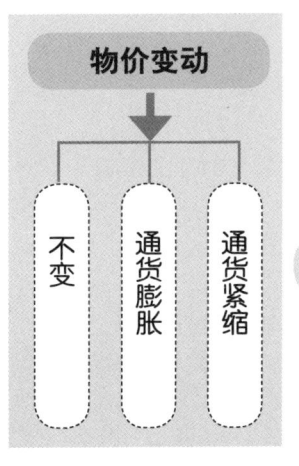

物价变动

- 不变
- 通货膨胀
- 通货紧缩

影响物价的因素

- 供给面
- 政府干预
- 需求面

7-2 通货膨胀

每当通货膨胀严重时,家庭主妇的感受最深、也最苦!因为,本来"一分钱",可以买到"一分货",但在通货膨胀时可能仅能买到"半分货"。

一、通货膨胀的特点

1. "一般"物价:通货膨胀是指一般商品和劳务价格上升的现象,个别一两种商品或劳务价格的调高并不算是通货膨胀。

2. 物价"持续"上升:台风过后菜及鱼类的价格通常都会急升,但这只是暂时性的,物价很快就会回稳,这种现象并不是通货膨胀。

3. 某些商品的价格可能下跌。

除上述特点之外,德国20世纪80年代央行行长Karl Otto Pohl也曾说:"通货膨胀就像牙膏,一旦它挤出了管子外,就难再收回去了。"

二、通货膨胀的种类

(一)以内外区分

1. 内生的通货膨胀:通货膨胀的形成来自国内原因。

2. 外来的通货膨胀:通货膨胀的形成源自国外因素。

(二)以价格上涨比例区分

1. 纯粹通货膨胀:所有商品及劳务的价格作同比例上涨。

2. 非纯粹通货膨胀:并非所有商品及劳务的价格皆作同比例变动。

(三)以物价上涨的速度区分

1. 温和通货膨胀:物价以温和速度上涨。

2. 恶性通货膨胀:又称为奔驰的通货膨胀,物价水平以极高速度上涨。

(四)以处理方式区分

1. 压抑性通货膨胀:以人力压制价格的上涨。

2. 开放性通货膨胀:只针对通货膨胀发生的原因矫正,不采取价格管制措施。

三、通货膨胀的原因

1. 需求带动。

2. 市场游资过多。

3. 成本推动。

4. 输入性通货膨胀。

5. 通货膨胀预期心理:惜售、囤积、抢购。

6. 结构性通货膨胀。

四、通货膨胀率计算方式

$$通货膨胀率 = \frac{本年物价指数 - 上年物价指数}{上年物价指数} \times 100\%$$

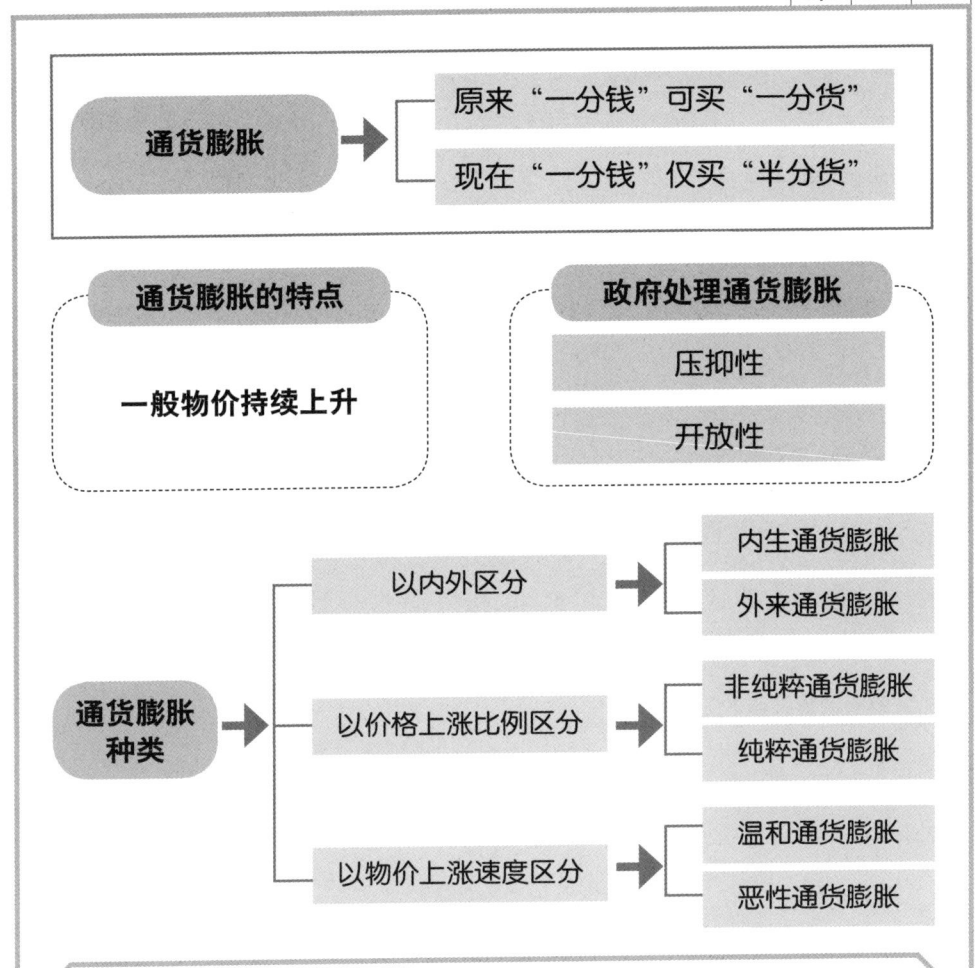

```
                        ┌─ 原来"一分钱"可买"一分货"
        通货膨胀    →   │
                        └─ 现在"一分钱"仅买"半分货"
```

通货膨胀的特点

一般物价持续上升

政府处理通货膨胀

压抑性

开放性

```
                                          ┌─ 内生通货膨胀
                     ─── 以内外区分    →  │
                     │                    └─ 外来通货膨胀
                     │
                     │                    ┌─ 非纯粹通货膨胀
    通货膨胀种类  →  ─── 以价格上涨比例区分 → │
                     │                    └─ 纯粹通货膨胀
                     │
                     │                    ┌─ 温和通货膨胀
                     └── 以物价上涨速度区分 → │
                                          └─ 恶性通货膨胀
```

TIPS 通货膨胀产生的原因

1. 需求拉动的通货膨胀：总需求大于充分就业时的总供给，导致物价上涨。
2. 市场资金过多：当资金追逐相对稀少的商品及劳务时，就会造成物价上扬。诺贝尔奖得主弗里德曼曾说："通货膨胀是一种货币现象，总是无所不在。"简言之，通货膨胀就是过多货币追逐过少商品的结果。
3. 成本推动的通货膨胀：当生产要素的成本上涨，比如工资、原料等投入成本变动，通过生产反映在售价上，然后再影响到一般物价。
4. 输入性通货膨胀：贸易依存度高的国家，进口商品价格上扬，会直接冲击消费品价格，或通过中间投入影响生产成本。
5. 通货膨胀预期心理：当社会大众普遍存有通货膨胀预期心理时，会出现惜售、囤积及抢购等投机现象，而使价格上涨剧烈。
6. 结构性通货膨胀：经济学家认为产业发展不平衡、基础设施不足等会引起通货膨胀。

7-3　通货膨胀的解决

1976年诺贝尔经济学奖得主弗里德曼在其关键性的著作《选择的自由》一书中明确指出通货膨胀的害处。他说："通货膨胀是一种病，一种危险，有时会致命的病。这种病如果不及时治疗，将摧毁一个社会。"

一、通货膨胀的负面影响

1. 降低消费水平：发生通货膨胀时，日常必需品的价格普遍上涨，常使消费者降低消费水平。

2. 打击依赖固定收入者：在通货膨胀中，依赖固定收入而生活的人的实质收入相对减少，不但影响其生活，也会导致社会不安定。

3. 资源分配的扭曲：人们不再储蓄，转而争相囤积货品，或者是将钱投入房地产、黄金及外币等投机性或不具生产性的用途。

4. 造成有资产的富者愈富，无资产的贫者愈贫。

5. 带来经济及社会的不稳定：经济增长须建立在稳定的环境基础上，通货膨胀将破坏稳定的根基，不仅导致经济衰退，更使社会面临严重的动荡与不安。

6. 政治、社会的不安。

7. 影响国际收支：对进口有利，出口不利，易造成贸易逆差。

二、解决通货膨胀的策略

1. 渐进策略：循序渐进地实行抑制总合需求持续扩张的政策，使货币增长率、通货膨胀率逐步下降。

2. "冷火鸡"策略：使货币增长率、通货膨胀率，迅速且大幅度减少，使总合需求急速冷却。

3. 切断预期心理：切断一般大众的通货膨胀预期心理，以恢复市场机能。

4. 管制：直接管制工资与物价，或者提供诱因去限制工资与物价的上涨。

5. 提高利率：央行提高利率，把市场过多的资金集中至银行(银行利率高，民众愿意把钱存银行)，对企业来说，能够减少不必要的投资(银行利率高，企业的借贷成本提高，可减少不必要的投资)。

6. 提高税率。

7. 减少政府开支。

8. 卖出公债：央行进行市场资金调节，卖出公债，把市场过多的资金收回到国库，使过热的经济降温。

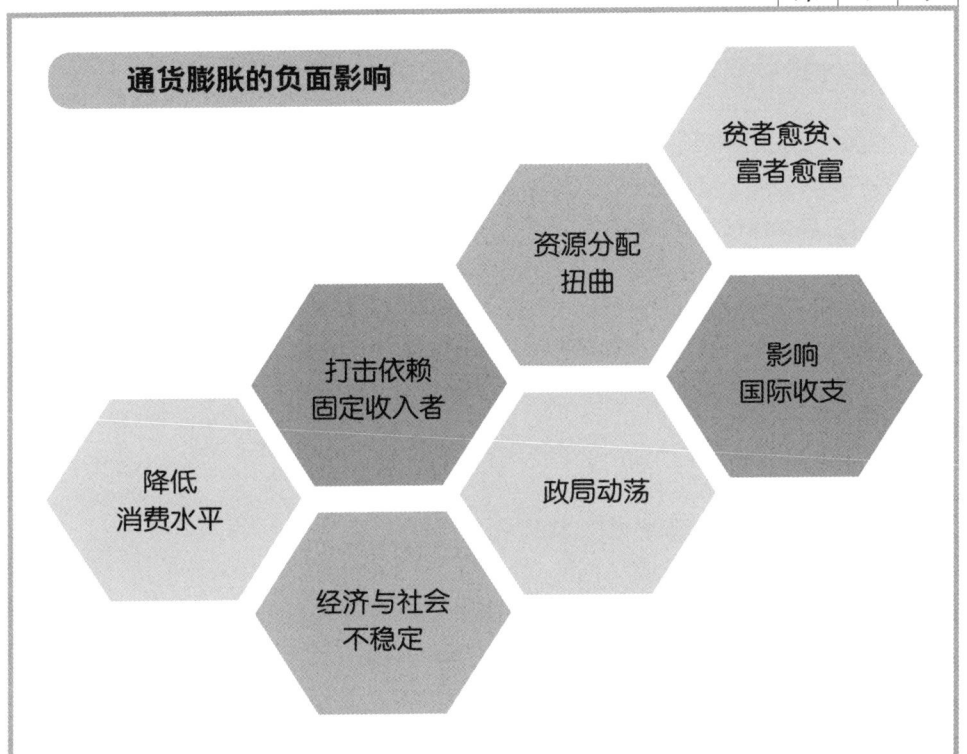

通货膨胀的负面影响

- 贫者愈贫、富者愈富
- 资源分配扭曲
- 影响国际收支
- 打击依赖固定收入者
- 降低消费水平
- 政局动荡
- 经济与社会不稳定

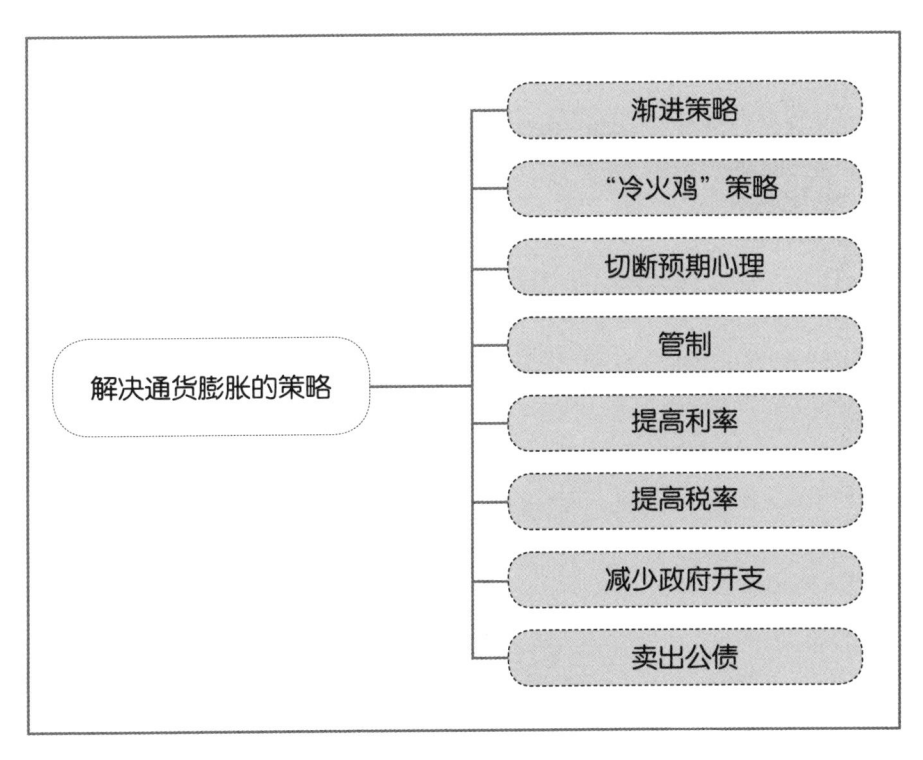

解决通货膨胀的策略

- 渐进策略
- "冷火鸡"策略
- 切断预期心理
- 管制
- 提高利率
- 提高税率
- 减少政府开支
- 卖出公债

7-4 停滞性通货膨胀

停滞性通货膨胀比一般通货膨胀更可怕,而且也更难处理。因为既要处理"停滞",又要处理"通货膨胀",是两面作战。

一、什么是停滞性通货膨胀

是指收入增长停滞,而物价却持续上涨的经济现象。

二、停滞性通货膨胀产生的原因

1. 预期心理因素:

政府为抑制通货膨胀而采取紧缩货币政策,但社会大众已事先预期通货膨胀会持续下去,因此将通货膨胀因素反映在未来成本上,而造成物价上扬。

2. 供给面引发的问题:

比如石油危机造成石油价格上涨,厂商无法立即反映其成本,在高成本的压力下难以生存,失业率因此而提高。

三、解决停滞性通货膨胀的策略

1. 战略方向,先抑制通货膨胀:

停滞性通货膨胀使决策面临两难,到底是先降息以支撑经济,还是升息以抑制通货膨胀。因为通货膨胀会造成相当大的社会成本和负面效应,所以政府在处理时,应先处理通货膨胀。

2. 增加总供给:

美国经济学家拉弗提出"供给面经济学",建议从增加总供给着手,使用一切可能的政经手段增加总供给,这样在既定的需求下,则物价会下降,产出却会增加,经济也不会停滞。

3. 紧缩货币政策:

政府采取大幅紧缩货币政策,以改变社会大众对通货膨胀的预期,进而使物价和工资快速调整向下,让恶性的通货膨胀不要发生。

4. 鼓励出口:

对外出口增加时,可以增加国民收入,并解决生产停滞的问题。

5. 货币升值:

本国货币的升值,可以适度降低国外进口的物价成本,对通货膨胀有相当的抑制效果。

6. 增强技职教育:

增强技职教育,可以增加生产力的提升与技术进步,使社会总供给增加。

第 7 章

停滞性通货膨胀难处理的原因 → 停滞 / 通货膨胀

停滞性通货膨胀产生的原因 → 预期心理 / 供给面的问题

解决策略：
- 先处理通货膨胀
- 增加总供给
- 紧缩货币政策
- 鼓励出口
- 货币升值
- 增强技职教育

7-5 通货紧缩

一、通货紧缩的特点
通货紧缩就是物价全面、长期持续下降。根据过去国际货币基金组织的定义，连续两年消费者物价下跌，即可视为通货紧缩。美国诺贝尔经济学奖得主萨缪尔森则认为，消费者物价连续下跌两季以上，就形成通货紧缩。

二、通货紧缩的原因
导致通货紧缩的症结，一定是经济结构上有某些部分无法调整。通货紧缩只是经济问题的现象、症状，而非病因，病因可能是生产过剩、需求不足，表现为商品价格下跌、原材料价格下跌、利率下跌，实质工资增长减少或甚至为负。

1. 需求不足型通货紧缩：是指由于总需求不足使正常的供给显得相对过剩而出现的通货紧缩。

2. 供给过剩型通货紧缩：由于技术进步和生产效率的提高在一定时期商品数量的绝对过剩而引起的通货紧缩。

3. 紧缩性货币政策：会促使物价下跌，长期则造成生产萎缩。

三、通货紧缩的负面影响
通货紧缩会使大家对物价有愈来愈便宜的预期，因此会递延消费，厂商也不愿急着买新机器进行投资或雇用新员工，这就会造成许多人失业而严重影响经济、社会。

1. 降低企业利润：若消费者形成通货紧缩预期，则可能出现延迟消费支出，这将加深商品需求不振的问题，同时造成市场杀价竞争，加速企业淘汰。

2. 加重债务负担：通货紧缩增加企业债务人实质的利息负担。

3. 家庭收入减少：企业被淘汰时，失业使家庭收入减少，亦缩减消费支出。

4. 失业与物价下跌恶性循环。

四、解决通货紧缩的策略

1. 采取恢复信心的措施：解决通货紧缩的第一步，就是"恢复信心"。当人民相信未来是有希望的，再配合适当的政策，消费者就会愿意消费，企业也会投资。如果人民对未来不抱希望，消费者就会努力储蓄，以应付未来可能的危机。

2. 调降利率：央行采取调降利率以刺激经济，鼓励消费，并使企业的借贷成本下降，以增加企业的投资意愿。

3. 降低税率。

4. 货币贬值：采用贬值策略，以使出口品的国际价格下跌，而刺激出口竞争力，创造国外的需求，以弥补内需不振。

5. 政府改善投资环境。

6. 持续扩大公共建设，增加购买支出。

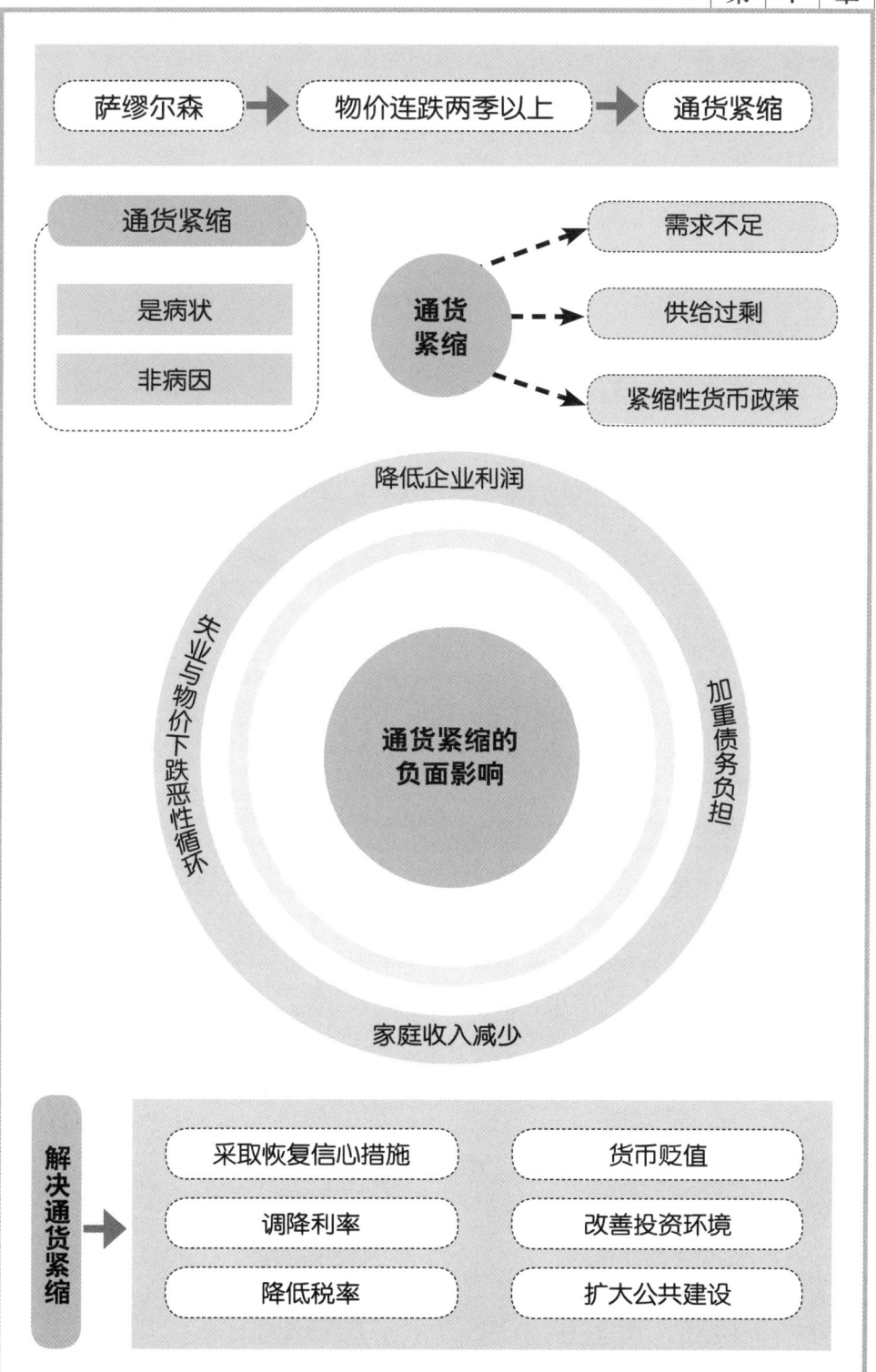

第 7 章

萨缪尔森 → 物价连跌两季以上 → 通货紧缩

通货紧缩
- 是病状
- 非病因

通货紧缩 ⇢ 需求不足
通货紧缩 ⇢ 供给过剩
通货紧缩 ⇢ 紧缩性货币政策

通货紧缩的负面影响
- 降低企业利润
- 加重债务负担
- 家庭收入减少
- 失业与物价下跌恶性循环

解决通货紧缩
- 采取恢复信心措施
- 调降利率
- 降低税率
- 货币贬值
- 改善投资环境
- 扩大公共建设

125

7-6　失业

人力资源供给过剩就会产生失业问题或就业不足问题。失业不仅是个人问题，也是整个社会的问题。

一、什么是失业

失业者指某一个国家，在某一特定的期间内，在一定年龄范围内，有能力工作、有意愿工作，却没有工作且正在谋职的人。必须排除无法工作或无工作意愿的人口、服役中的军人、在监狱服刑的人以及在学的学生。劳动人口中，也包含了自愿性失业的人。

二、失业率

衡量经济中失业的情况，最基本指标是失业率。

$$失业率 = \frac{失业人口}{劳动人口} \times 100\%$$

三、失业的种类

凯恩斯对失业的分类。

1. 自愿性失业：如某人觉得目前的工资太低，暂时在家等经济好转。

2. 非自愿性失业：指在现行工资水平下，有工作能力且有工作意愿，但找不到工作造成的失业。

四、失业的原因

(一)摩擦性失业：劳动力离开上一个工作，因为某些原因还没有开始下一个工作中间过度的状态。

(二)结构性失业：指产业结构改变，使劳动力依原有技能无法找到工作。更严重者，因产业结构改变而失业的劳动力一旦失去工作可能就是永久性失业。

(三)循环性失业：因为经济景气变动所造成的失业。当经济处于衰退和萧条的阶段，因供过于求，所以厂商减少产出，减少对生产要素的需求；当经济恢复时，又会雇用原先的生产要素。

(四)季节性失业：因生产有淡季及旺季之分而造成的失业现象。

(五)隐藏性失业：高阶低用的现象，隐含的是生产力无法完全发挥，以致产值降低。隐藏性失业常见于农业与服务业，其特征是：工作时间不足；工作时间足而效率不足；时间与效率俱足，但给付偏低。

(六)技术性失业：因产业技术的改良与生产设备的更新导致的失业。

失业 → 个人 / 社会 → 问题

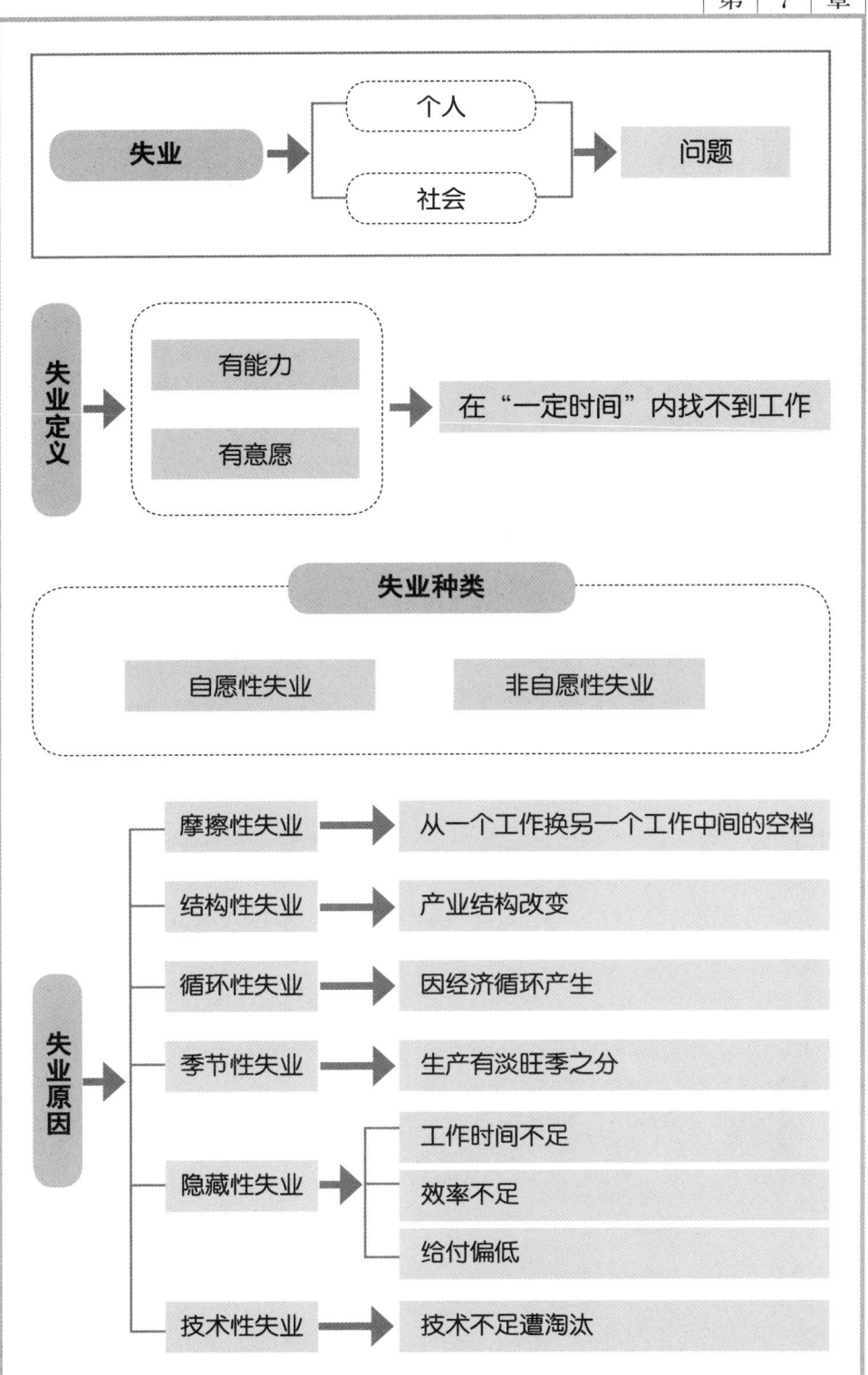

失业定义 → 有能力 / 有意愿 → 在"一定时间"内找不到工作

失业种类

自愿性失业　　　非自愿性失业

失业原因：
- 摩擦性失业 → 从一个工作换另一个工作中间的空档
- 结构性失业 → 产业结构改变
- 循环性失业 → 因经济循环产生
- 季节性失业 → 生产有淡旺季之分
- 隐藏性失业 → 工作时间不足 / 效率不足 / 给付偏低
- 技术性失业 → 技术不足遭淘汰

第 8 章

经济波动与政府功能

8-1 经济周期的意义与原因

一、经济周期的意义
经济周期又称经济循环，是指长期经济发展过程中，经济活络时期与低迷时期所呈现的扩张或紧缩现象。

二、"一"个"经济周期"的意义
从经济谷底(或高峰)到下一个谷底(或高峰)，称为一个经济周期。

三、经济周期的阶段
(一)两阶段论：**1.** 扩张期；**2.** 收缩期。
(二)四阶段论(主流看法)：**1.** 复苏期；**2.** 繁荣期；**3.** 衰退期；**4.** 萧条期。
(二)六阶段论：**1.** 谷底期；**2.** 复苏期；**3.** 增长期；**4.** 高原期；**5.** 衰退期；**6.** 萧条期。

四、经济周期的阶段特征
1. 复苏期：乐观气氛逐渐产生；企业家的利润增加；投资活动增加，利率水准回升；失业率下跌；物价上升。

2. 繁荣期：投资活动盛行；资金需求殷切；利率上升；总需求提升、物价上升；产出与就业水平提升。

3. 衰退期：投资减缓；生产萎缩；金融体系活力减缓，甚至出现金融风暴；企业家利润降低；物价不再上涨；资本需求减少。

4. 萧条期：充斥极端悲观的信息与气氛；大量失业；物价水平偏低；投资生产活动几乎停止；闲置资金、设备增加；利率下跌。

五、经济周期产生的原因
(一)外在原因
外来的干扰影响到经济体系。

(二)内在原因
来自经济体系内的干扰，包括：**1.** 消费不足；**2.** 投资过度；**3.** 政府政策；**4.** 乘数原理。

(三)熊彼特的创新理论
创新→模仿→投资→社会繁荣。创新停顿即造成萧条。

(四)凯恩斯的理论
1. 乘数理论：投资的增加会引起收入倍数增长。
2. 加速原理：收入增加会使投资增加而引起经济波动。

六、反经济周期的财政政策
政府通过收入与支出的调整来影响有效总和需求，以维持物价稳定或充分就业，即被称为反经济周期政策。

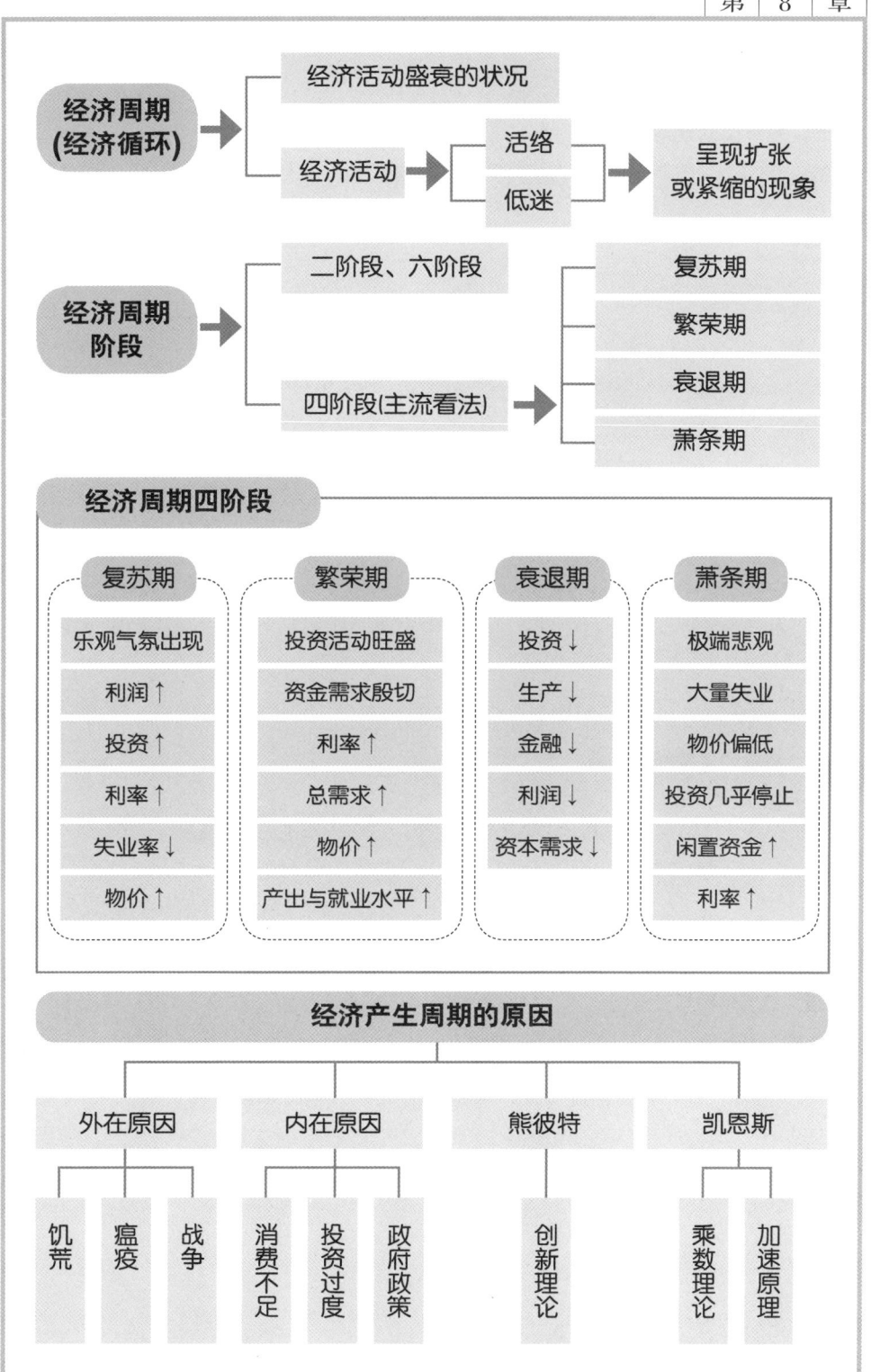

第 8 章

- 经济周期(经济循环)
  - 经济活动盛衰的状况
  - 经济活动 → 活络 / 低迷 → 呈现扩张或紧缩的现象

- 经济周期阶段
  - 二阶段、六阶段 → 复苏期 / 繁荣期 / 衰退期 / 萧条期
  - 四阶段(主流看法)

经济周期四阶段

复苏期	繁荣期	衰退期	萧条期
乐观气氛出现	投资活动旺盛	投资↓	极端悲观
利润↑	资金需求殷切	生产↓	大量失业
投资↑	利率↑	金融↓	物价偏低
利率↑	总需求↑	利润↓	投资几乎停止
失业率↓	物价↑	资本需求↓	闲置资金↑
物价↑	产出与就业水平↑		利率↑

经济产生周期的原因

- 外在原因：饥荒、瘟疫、战争
- 内在原因：消费不足、投资过度、政府政策
- 熊彼特：创新理论
- 凯恩斯：乘数理论、加速原理

8-2　经济周期分类

一、经济周期分类表

按发现人分	按期间分	按观察对象分	循环周期	影响因素
基钦循环	短期波动	存货循环	3~4 年	生产、销售、库存调整
朱格拉循环	中期波动	设备投资循环	10 年	设备投资、技术革新、生产力变动等
库兹涅茨循环	中长期波动	建筑循环	17~18 年	房屋使用年限、住宅需求、都市化等
康德拉季耶夫循环	长期波动	技术创新循环	50~60 年	人口增长、新资源开发、资本累积、战争等

二、经济周期的分类

1. 古典循环：

指总体经济活动水平值的上升或下降，如：GDP连续两季度下降，即是经济衰退。

2. 增长循环：

指总体经济活动去除长期趋势后的增长快慢。

三、衡量经济周期的指标

(一)单一经济指标

经济合作与发展组织以GDP或工业生产指数作为基准循环的指标。

(二)多种经济指标

可以包括：1.实质GDP(季)；2.工业生产指数；3.出口量指数；4.进口量指数；5.实质制造业销售值；6.实质票据交换金额；7.非农业部门就业人数；8.失业率。

四、经济周期与投资

经济周期阶段	复苏期	繁荣期	衰退期	萧条期
股票市场	加码	持有或减码	减码或卖出	逢低买进
公债	减码	逢低买进	加码	逢高卖出
高收益债券	加码	持有或减码	减码或卖出	逢低买进

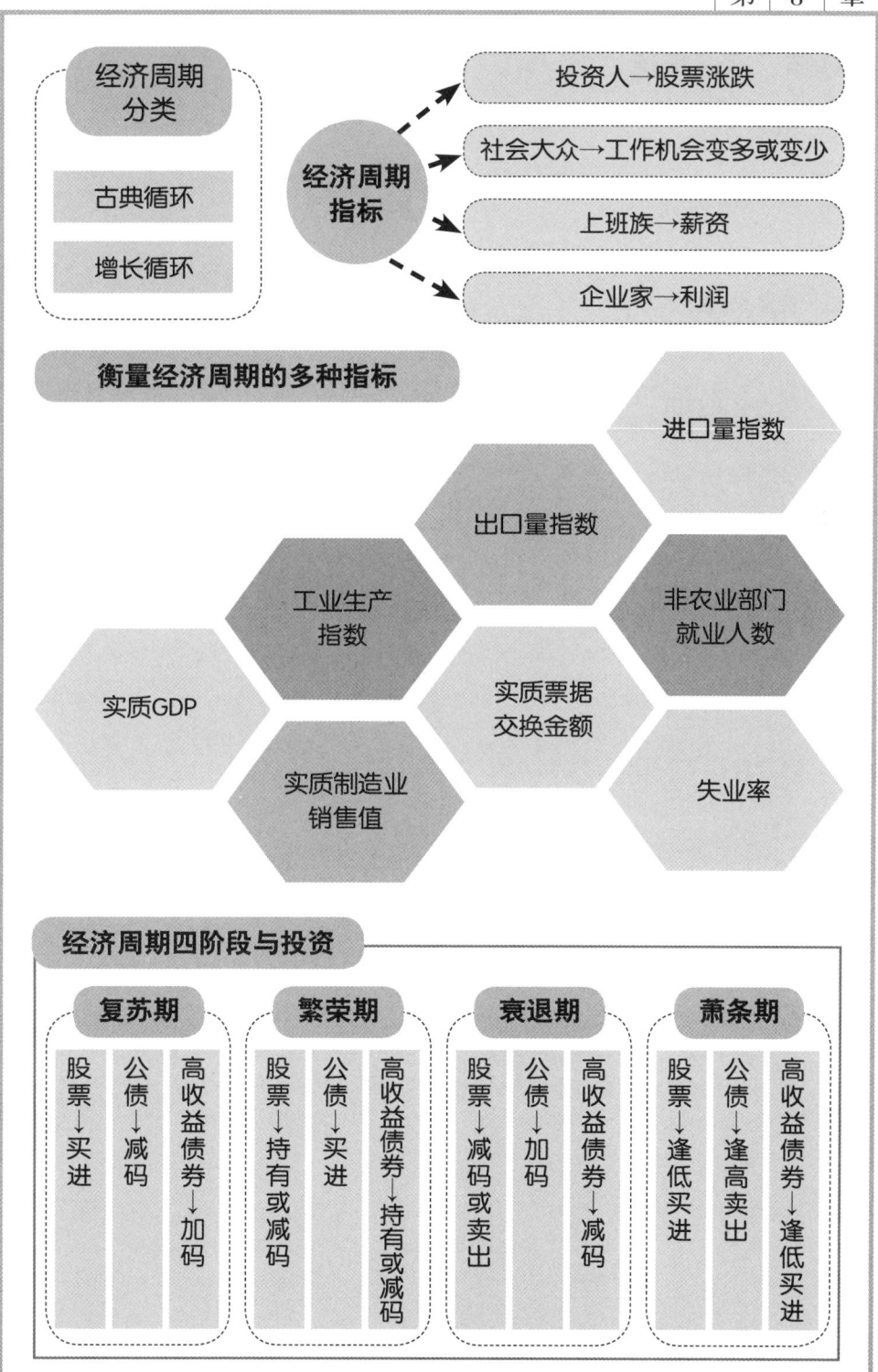

第 8 章

经济周期分类
- 古典循环
- 增长循环

经济周期指标
- 投资人→股票涨跌
- 社会大众→工作机会变多或变少
- 上班族→薪资
- 企业家→利润

衡量经济周期的多种指标

- 进口量指数
- 出口量指数
- 工业生产指数
- 非农业部门就业人数
- 实质GDP
- 实质票据交换金额
- 实质制造业销售值
- 失业率

经济周期四阶段与投资

复苏期
- 股票→买进
- 公债→减码
- 高收益债券→加码

繁荣期
- 股票→持有或减码
- 公债→买进
- 高收益债券→持有或减码

衰退期
- 股票→减码或卖出
- 公债→加码
- 高收益债券→减码

萧条期
- 股票→逢低买进
- 公债→逢高卖出
- 高收益债券→逢低买进

8-3　经济衰退

一、3D分析法
经济衰退可从三个角度分析，即：**1.** 衰退深度；**2.** 持续期间；**3.** 扩散程度。

二、经济衰退的原因
1. 全球化连动影响；**2.** 进出口大幅萎缩；**3.** 民间投资低迷；**4.** 产业竞争力不足；**5.** 政府经济政策失当。

三、经济衰退的分类
1. 经济体系内因素，如投资、库存、人口变动等；**2.** 经济体系外因素，或称为非经济因素，如气候、战争、政治等。

四、改变经济衰退
(一)经济自动调整

(二)财政政策

经济低迷的时候，政府可采取扩张性的财政政策。

1. 增加政府支出→直接使总需求增加。

2. 减税→民众税后收入增加，会增加消费的意愿，企业也有较多的税后盈余可投资。

但是财政政策的效果，一般相对较慢，原因在于：**1.** 认知落后；**2.** 决策落后；**3.** 执行落后。

(三)货币政策

增加货币供给，使利率下降，以刺激投资和消费。

五、对抗经济衰退
(一)政府

1. 改善投资环境；**2.** 促进民间投资；**3.** 宽松货币政策；**4.** 创造就业机会方案；**5.** 促进观光旅游产业发展；**6.** 减税；**7.** 举债扩大公共支出。

除上述的七项方案外，政府还可通过财政拨款兴修水利、进行基础设施等工程、项目的投资，从而创造大量的就业机会，缓解失业压力。

(二)企业

1. 加强研发、提升产业竞争力；**2.** 创新；**3.** 开发新市场、新客户；**4.** 全球出口拓销。

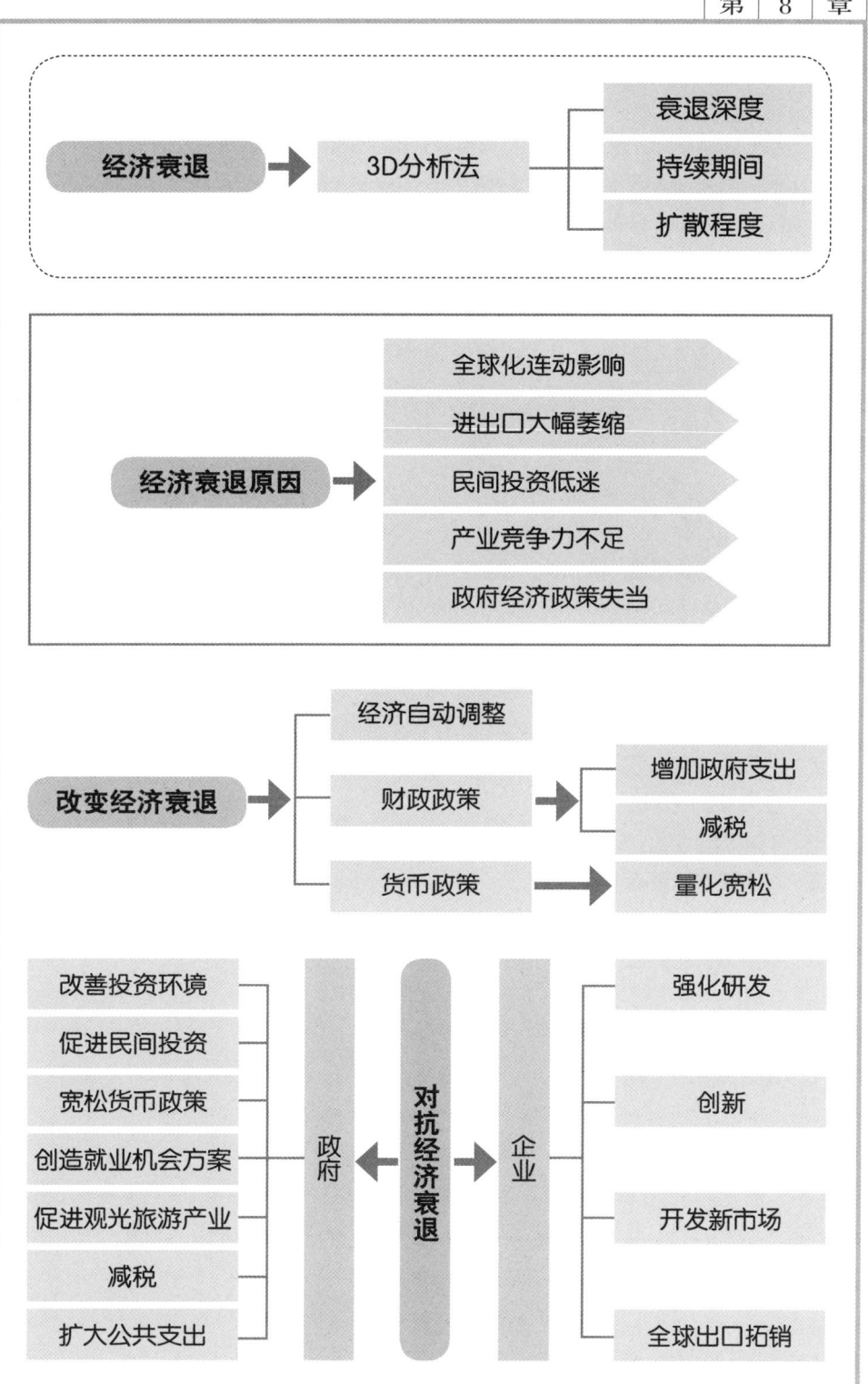

第 8 章

经济衰退 → **3D分析法**
- 衰退深度
- 持续期间
- 扩散程度

经济衰退原因 →
- 全球化连动影响
- 进出口大幅萎缩
- 民间投资低迷
- 产业竞争力不足
- 政府经济政策失当

改变经济衰退 →
- 经济自动调整
- 财政政策 →
  - 增加政府支出
  - 减税
- 货币政策 → 量化宽松

对抗经济衰退

政府：
- 改善投资环境
- 促进民间投资
- 宽松货币政策
- 创造就业机会方案
- 促进观光旅游产业
- 减税
- 扩大公共支出

企业：
- 强化研发
- 创新
- 开发新市场
- 全球出口拓销

8-4　经济预测

2008年诺贝尔经济学奖得主克鲁格曼指出"虽然有极少数的经济学者看出当前经济危机的来临，但大多数的预测均告失败；更重要的是，经济学者对市场经济可能发生灾难性的崩溃，一无所知"。

一、经济预测的意义

经济预测是指利用有关的信息，包括质的情报与量的数据就未来的经济现象所做的一种逻辑性分析。

二、经济预测的功能

经济预测发挥三项重要的功能。

1. 提供政府拟定经济政策的参考。

2. 作为政府年度预算的依据。

3. 提供民间企业投资的参考。

三、经济预测的周期

2013年诺贝尔经济学奖颁布时的新闻稿，特别指出"人们无法预测未来数天，或数周的股票和债券价格，但很可能可以预测较长时期、例如未来三到五年的价格走势"。所以越短的周期，预测困难度越高。

目前经济预测的周期类型，包括：**1.** 日或周的预测；**2.** 月或季的预测；**3.** 年或年度的预测；**4.** 两年以上中长期预测。

四、经济预测的方法

1. 指标预测法；**2.** 计量模型预测法。

五、经济预测的重心

1. 抓住经济走向；**2.** 计量。

六、经济预测的要素

合理的经济预测，必须有五个要素：**1.** 假设条件；**2.** 数据源；**3.** 预测工具或方法；**4.** 预测分析；**5.** 预测判断。

七、经济预测的工具

影响总体经济的变量非常多，因此经济预测不能依据单一的经济理论来进行，而要融合各派学说，将所有可能影响的因素都考虑进来。

一般较常使用的经济预测，基本工具与方法有八种：**1.** 简单平均法；**2.** 统计推估；**3.** 回归分析；**4.** 产业关联分析；**5.** 计量经济模型；**6.** 时间数列分析；**7.** 指标预测法；**8.** 实地调查法。

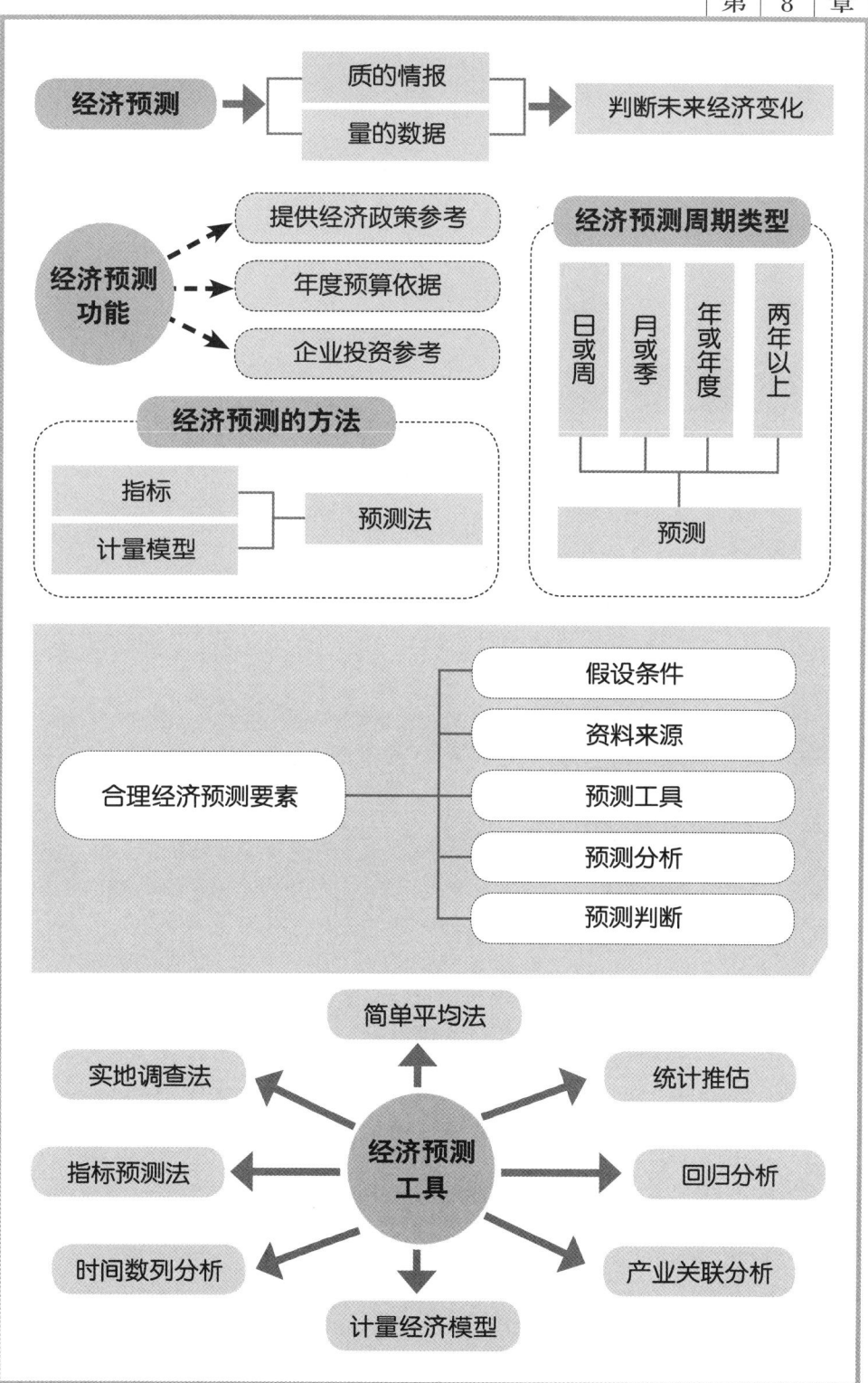

第 8 章

经济预测
- 质的情报
- 量的数据
→ 判断未来经济变化

经济预测功能
- 提供经济政策参考
- 年度预算依据
- 企业投资参考

经济预测周期类型
- 日或周
- 月或季
- 年或年度
- 两年以上
→ 预测

经济预测的方法
- 指标
- 计量模型
→ 预测法

合理经济预测要素
- 假设条件
- 资料来源
- 预测工具
- 预测分析
- 预测判断

经济预测工具
- 简单平均法
- 实地调查法
- 统计推估
- 指标预测法
- 回归分析
- 时间数列分析
- 产业关联分析
- 计量经济模型

8-5 政府支出

一、什么是政府支出

各级政府支出由两部分组成，一部分是政府购买，另一部分是转移性支出。

1. 政府购买性支出：是指政府以购买者的身份在市场上采购所需的商品和劳务用于满足社会公共需要，比如政府斥资修建道路、开办学校等。对市场而言，政府购买性支出对消费和生产有直接影响，可广泛用于调节各项经济活动，而且此部分纳入国内生产总值(GDP)。

2. 转移性支出：预算资金单方面无偿转移支出，如财政补贴、公债利息等。转移性支出的重点在于体现社会公平对市场经济运行的影响是间接的，这一部分不计入GDP。

二、政府支出的种类

1. 消费性支出(例如公务员薪资)；**2.** 投资性支出(如建造公路)；**3.** 转移性支出(如贫户救济)；**4.** 债务利息。

三、政府支出的作用

在经济发展的初始阶段，政府公共投资确实可能促成快速的经济增长。但是接近经济增长的"稳定状态"时，同样的政府公共投资，却可能只产生有限或相对较低的经济效果。

四、乘数效应

凯恩斯学派的总体理论强调政府支出会有5倍的乘数效果。其建构的基础必须是全部的消费对象都是国内，如果购买的物品很多都是进口货，效应会流到国外去。

五、挤出效应

挤出效应指一个相对平衡的市场上，由于供应、需求有新的增加，导致部分资金从原来的预支中挤出，而流入到新的商品中。挤出效应指政府支出增加所引起的私人消费或投资降低的效应。依照挤出程度的大小，有以下几种情况。

1. 完全无挤出效应：政府增加支出时利率水平维持不变，民间消费与投资都不会减少。

2. 完全挤出效应：政府支出增加，引起利率上升完全挤出等额的民间支出，最后收入水平不变。

3. 部分挤出效应：政府支出增加引起利率上升，挤出部分民间支出，最后收入水平仍会增加。

六、政府负债不宜过重

不应长期依赖政府财政赤字政策，因为当政府负债余额增高，甚至陷入以债养债时，将造成贬值、通货膨胀。

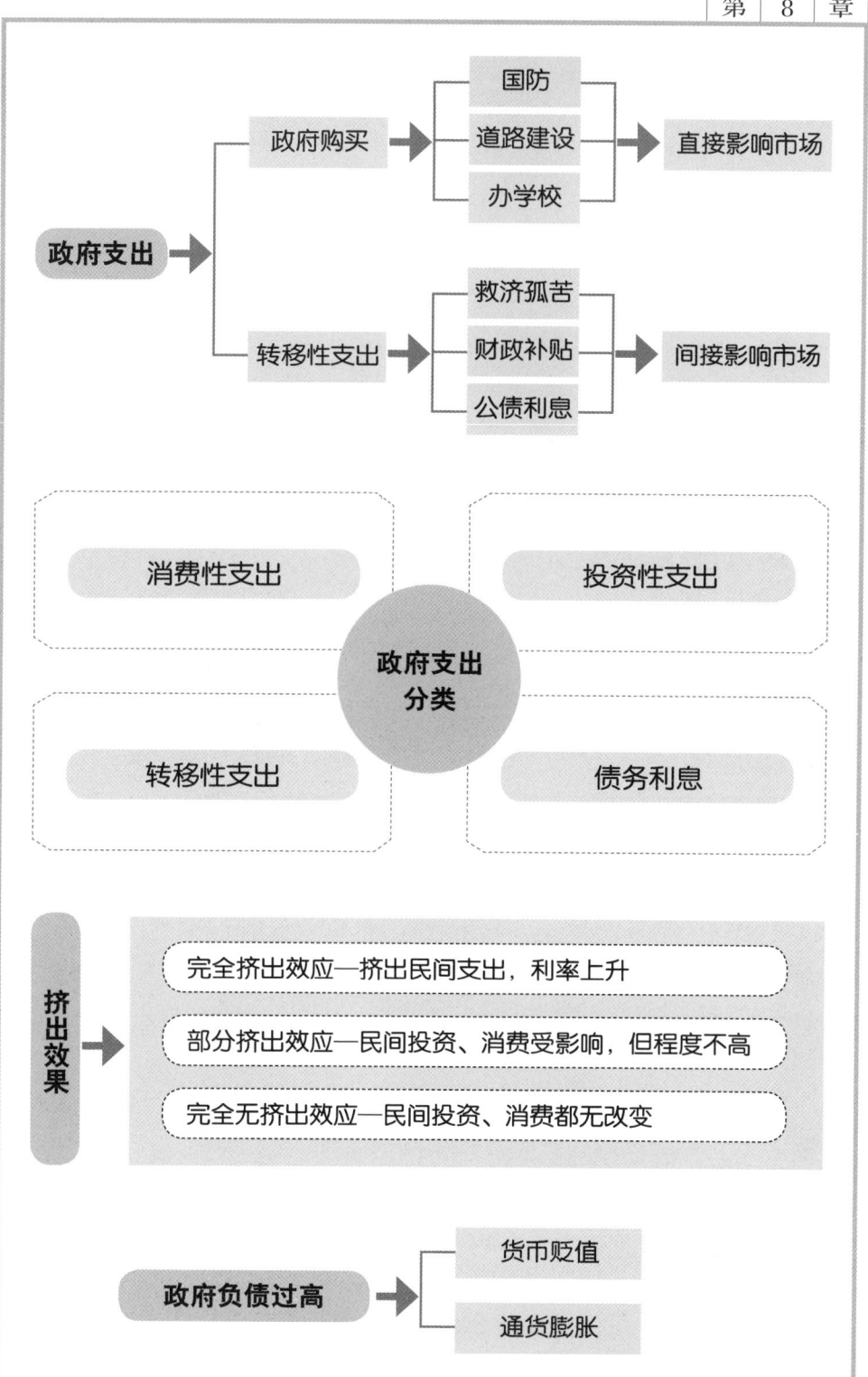

第 8 章

```
政府支出 ─┬─ 政府购买 ──┬─ 国防
         │            ├─ 道路建设  ──→ 直接影响市场
         │            └─ 办学校
         │
         └─ 转移性支出 ┬─ 救济孤苦
                      ├─ 财政补贴  ──→ 间接影响市场
                      └─ 公债利息
```

政府支出分类
- 消费性支出
- 投资性支出
- 转移性支出
- 债务利息

挤出效果
- 完全挤出效应——挤出民间支出，利率上升
- 部分挤出效应——民间投资、消费受影响，但程度不高
- 完全无挤出效应——民间投资、消费都无改变

政府负债过高 ──→ 货币贬值 / 通货膨胀

8-6　政府财政政策

财政在总体经济中是一项反经济周期的政策工具，主要在于降低经济周期波动所带来的不稳定伤害。

一、财政政策工具

财政政策是政府利用税收、支出来调控国家经济的手段。

二、财政政策

1. 权衡性财政政策：包括政府支出或租税的变动。

2. 自发性财政政策：经济情势引发的财政政策。

三、乘数效应

1. 政府支出乘数：是指政府购买支出变动，对总合需求产生的倍数效应。

2. 课税乘数：是指课税变动，对总合需求产生的倍数效应。课税乘数的效果，小于政府支出乘数的效果。

3. 平衡预算乘数：指政府支出与课税同时变动，但是维持预算不变，对总合需求产生的倍数效果。

四、扩张性财政政策

1. 增加政府开支：如推动各项公共建设，从而带动民间参与投资。

2. 减税：以刺激总体需求，增加产出。减税伴随较多储蓄，所带来乘数效果通常小于政府支出。

扩张性财政政策就会使利率与收入上升，同时也会增加政府负债。

五、紧缩性财政政策

紧缩性财政政策是通过减少政府支出、增税，以缓和总体需求，避免经济过热。

紧缩性的财政政策会使利率与收入下降。

六、财政政策失灵的原因

政府依据经济情势的变化所提出来的财政政策常会因政策时间落后，导致政策失效。政策时间老是落后，最主要的原因在于以下几点。

1. 认知落后。

2. 执行落后。

3. 政策效验滞后。

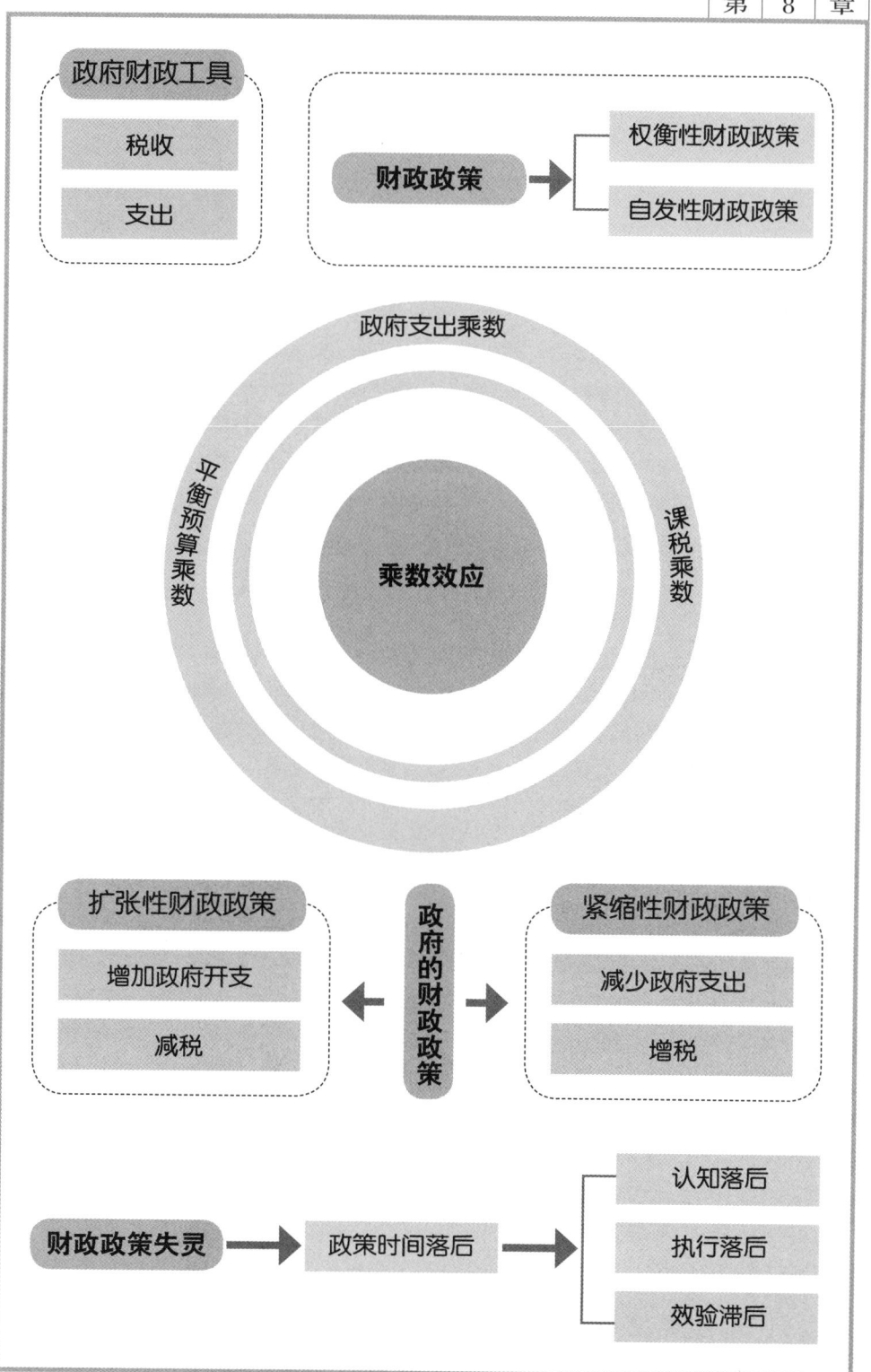

第 8 章

政府财政工具
- 税收
- 支出

财政政策
- 权衡性财政政策
- 自发性财政政策

乘数效应
- 政府支出乘数
- 课税乘数
- 平衡预算乘数

政府的财政政策

扩张性财政政策
- 增加政府开支
- 减税

紧缩性财政政策
- 减少政府支出
- 增税

财政政策失灵 → 政策时间落后 →
- 认知落后
- 执行落后
- 效验滞后

8-7 政府财政收入

一、政府收入来源

> 政府的收入 = 课税收入 + 营业盈余及事业收入 + 规费及罚款收入 + 财产收入 + 其他收入

二、租税目的

政府为了维持国家财政的稳健，需先确保收入来源，因此采取强制征收方式取得的租税收入成为政府的主要财政收入来源。

三、消费税与所得税

1. 消费税：

可以鼓励储蓄，不会在投资市场产生干扰作用，使一个国家的投资和储蓄能够达到最适当的水平。缺点是会使产品价格上升，并转嫁给消费者。

2. 所得税：

所得税涵盖综合所得税、营利事业所得税、土地增值税。部分税负将会通过价格的上涨转嫁成为消费者负担。

四、政府收支

> 预算余额 = 政府收入 − 政府消费支出

1. 税收 = 支出，国家预算是平衡的。
2. 税收 > 支出，预算有结余。
3. 支出 > 税收，出现赤字。

五、政府如何解决财政赤字问题

1. 征税：包括增加税源或是提高税率，称为赋税融通。
2. 发行公债：政府可以向民间或国外借款，最常见的方式就是发行公债。
3. 发行货币：由中央银行发行钞票以支付政府的支出，但货币过多而商品数量过少时，可能导致物价上涨。
4. 向公营金融机构赊借(地方政府)。

六、李嘉图等价定理

借债或课税两者的政策效果(对市场需求、投资、消费、产出等全局变量的影响)并无不同。

政府收入

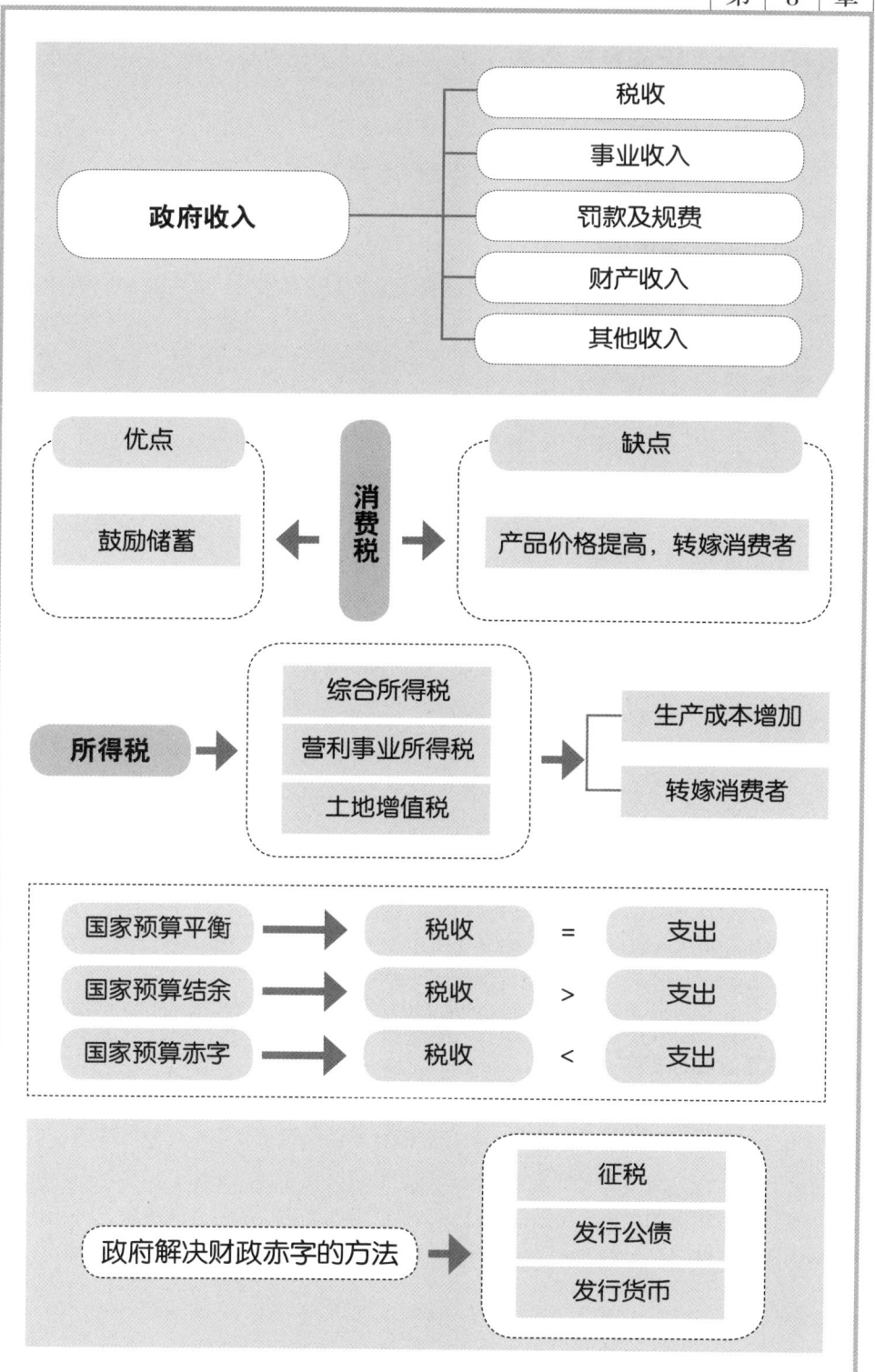

- 税收
- 事业收入
- 罚款及规费
- 财产收入
- 其他收入

消费税

优点：鼓励储蓄

缺点：产品价格提高，转嫁消费者

所得税

- 综合所得税
- 营利事业所得税
- 土地增值税

→ 生产成本增加 / 转嫁消费者

- 国家预算平衡 → 税收 = 支出
- 国家预算结余 → 税收 > 支出
- 国家预算赤字 → 税收 < 支出

政府解决财政赤字的方法

- 征税
- 发行公债
- 发行货币

8-8 中央银行货币政策

一、中央银行的功能
1. 制定及执行货币政策；2. 政府的银行；3. 管理外汇、调节国际收支；4. 监督金融机构。

二、中央银行的措施
1. 调整中央银行的利率：这就是"重贴现率"，也是银行向中央银行借钱时所应付给中央银行的利率。这个利率的高低会影响银行的资金成本，进一步会影响在银行存钱和向银行借钱的利率，自然连带会影响每个家庭的购买、储蓄或投资理财等行为，以及工商企业的投资计划等经济活动。一般来说，在经济情况不太好的时候，中央银行会降低这个重贴现率，银行也会跟着降低存放款利率。

2. 货币政策：货币政策是指中央银行通过调控货币总计数或利率水平等，以达成金融稳定与物价稳定，并促进经济长远发展的经济目标。

三、货币政策的最终目标
1. 经济增长；2. 物价稳定；3. 金融稳定；4. 汇率稳定。

四、货币政策工具
1. 存款准备率：央行通过存款准备率的调整，改变银行信用放款能力，进而控制货币数量或其他重要金融变量。

2. 贴现窗口：央行在金融机构出现资金短缺时，可通过贴现窗口给予资金融通。融通利率(即重贴现率)由中央银行订定。在经济过热时，中央银行可调高重贴现利率；在经济不振时，则可调降重贴现利率。

3. 公开市场操作：公开市场操作是中央银行在金融市场以买卖票债券的方式，以增减银行体系的准备金，达到调控准备货币数量与拆款市场利率的操作机制。此项操作为央行运用最为频繁的政策工具。

4. 金融机构转存款：中央银行可视经济金融情势的需要，接受金融机构所吸收存款的转存以稳定金融。此一转存包含邮政储金、农业金库及银行转存款。

五、货币政策的限制
当民间支出太多，造成经济过热，则央行可采取紧缩措施，抑制通货膨胀，但不会影响正常经济活动。但是如果国际原材料、能源价格上涨等使经济增长下降、物价上升，央行若采取紧缩措施，则固然可以控制通货膨胀，但会付出经济增长进一步下降的昂贵代价。对于这一类供给面的冲击，央行在实施政策时，就会面临政策目标取舍的问题，这也构成货币政策的限制。

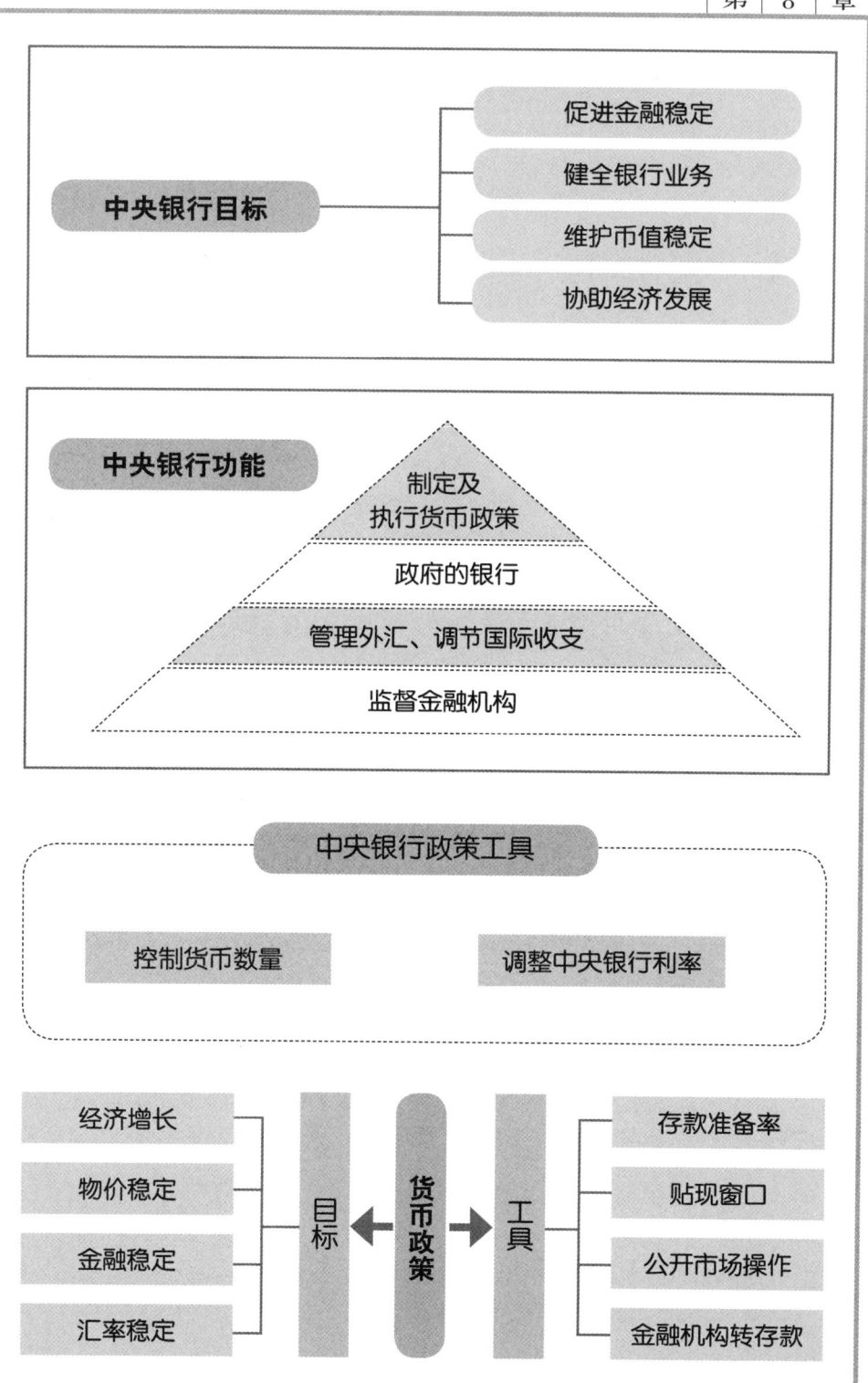

第 8 章

中央银行目标
- 促进金融稳定
- 健全银行业务
- 维护币值稳定
- 协助经济发展

中央银行功能
- 制定及执行货币政策
- 政府的银行
- 管理外汇、调节国际收支
- 监督金融机构

中央银行政策工具
- 控制货币数量
- 调整中央银行利率

货币政策

目标
- 经济增长
- 物价稳定
- 金融稳定
- 汇率稳定

工具
- 存款准备率
- 贴现窗口
- 公开市场操作
- 金融机构转存款

8-9 货币

货币是一个经济社会大众所共同接受的支付工具。适量的货币，可以促进经济活动顺利，提高经济活动效率，促进生产及提高就业，稳定物价，加速经济增长。反之，不适量的货币则将妨碍经济活动的运行，导致就业、生产及物价的严重波动，并减缓经济的增长。

一、货币有狭义、广义之分

1. 狭义的货币：有时被称为M1。通常是指所有的流通货币、支票及支票账户的钱。M1A及M1B，都属狭义的货币。

$$M1A = 通货净额 + 支票存款 + 活期存款$$

$$M1B = M1A + 活期储蓄存款$$

2. 广义的货币：有时被称为M2。通常是指M1加上少于10万元的定期存款和货币基金等。

$$M2 = M1B + 邮局储金 + 定期存款 + 定期储蓄存款 + 外汇存款$$

二、货币的功能

1. 交换媒介。

2. 计价单位：衡量商品与服务价值的共同单位。

3. 价值储存：资产的购买力能够从一段期间转移到将来的另一段期间。

4. 延期支付。

三、货币的分类

1. 商品货币：商品不但是货币，本身也具有真实价值。

2. 强制货币：政府法律规定的货币，又称法定货币。

3. 电子货币：是指持有者向电子货币发行组织支付传统货币，发行者将等值现金转为数字信号储存在虚拟货币上。

四、货币需求动机

凯恩斯提出货币需求的三大动机。

1. 交易性动机：交易性货币需求与收入成正向关系。

2. 预防性动机：凯恩斯假定影响预防性货币需求的因素为偶发支出的需要，由于意外支出的大小与收入水平高低有关，所以，预防性货币需求也与收入成正向关系。

3. 投机性动机：当利率较高时，货币的需求比较低；当利率较低时，货币的需求比较高。

五、货币乘数

一单位准备金所产生的货币量。

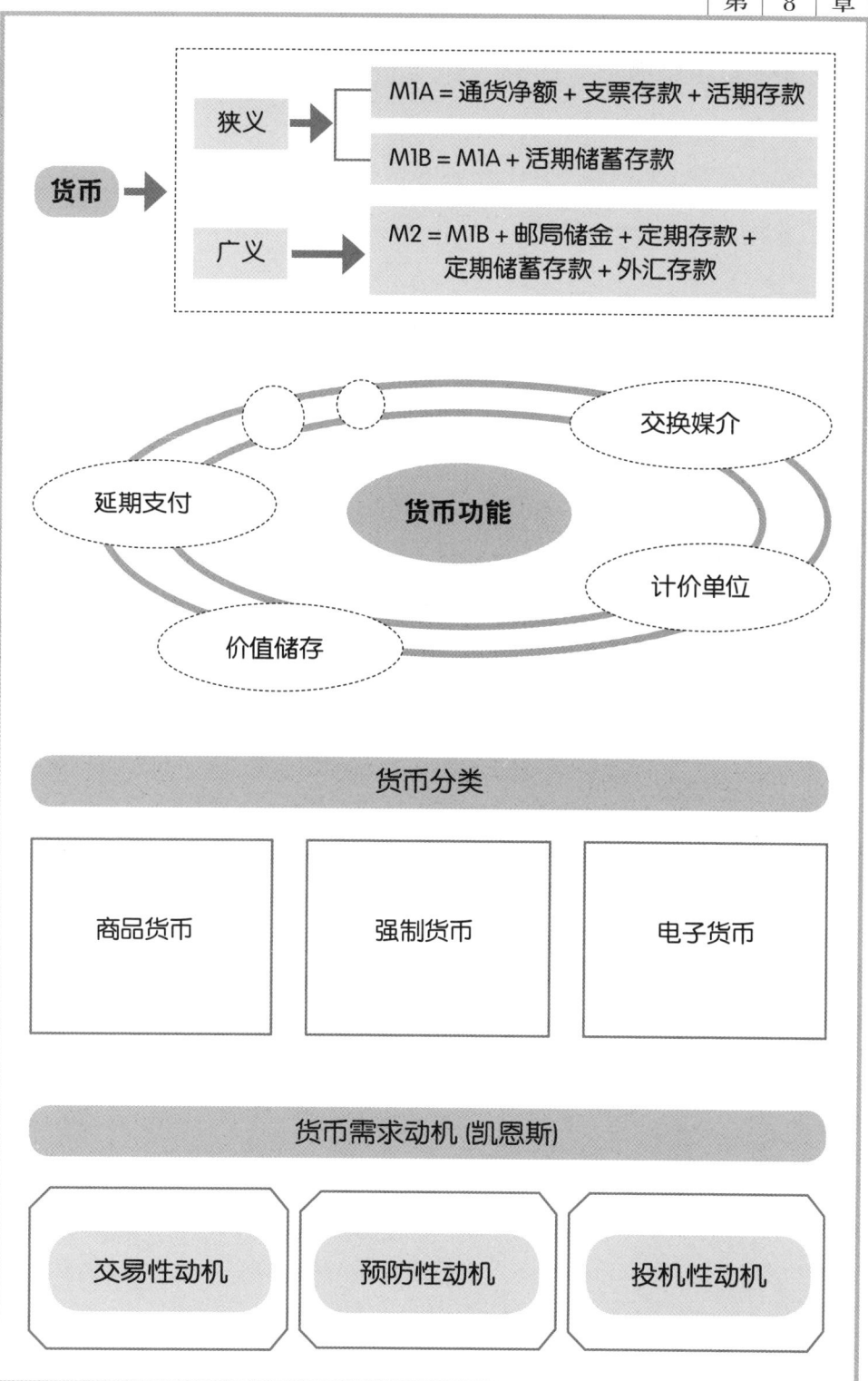

第 8 章

货币
- 狭义
  - M1A = 通货净额 + 支票存款 + 活期存款
  - M1B = M1A + 活期储蓄存款
- 广义
  - M2 = M1B + 邮局储金 + 定期存款 + 定期储蓄存款 + 外汇存款

货币功能

- 交换媒介
- 计价单位
- 价值储存
- 延期支付

货币分类

| 商品货币 | 强制货币 | 电子货币 |

货币需求动机（凯恩斯）

- 交易性动机
- 预防性动机
- 投机性动机

8-10 货币供需

货币需求是商业经济的范畴，发端于商品交换，随商品经济及信用化的发展而发展。个人对货币的需求必然受其经济活动影响，经济活动愈频繁，货币需求愈大。对货币需求行为的了解，能掌握货币如何影响经济体系以及货币政策的拟定。

一、影响货币供给的因素
1. 存款准备率。
2. 重贴现率。
3. 公开市场操作。

二、货币需求的意义
货币需求是指人所希望持有的货币数量，包括对通货、支票存款及活期存款的需求。

三、货币需求的分类
1. 以货币为计算单位的货币需求，称为"名义货币需求"。
2. 以商品为计算单位的货币需求，称为"实质货币需求"。

四、影响名义货币需求的因素
1. 实质收入。
2. 物价水平。
3. 名义利率。
4. 预期通货膨胀率。
5. 换取货币的交易成本。

五、货币需求的理论

(一)古典的货币数量学说

人持有货币是为了方便进行交易，因为货币具有交易媒介的功能。
该学说强调：**1.** 收入对货币需求有影响；**2.** 排除短期内利率对货币需求的影响。

(二)剑桥学派的货币需求理论

剑桥学派经济学家马歇尔与庇古，主张货币有交易与价值储存的功能。
货币需求是由三个因素决定的：**1.** 预算限制；**2.** 货币效用；**3.** 持有货币的机会成本。

(三)凯恩斯的流动性偏好说

凯恩斯认为持有货币的三大动机：**1.** 交易动机；**2.** 预防动机；**3.** 投机动机。
而且货币数量会影响利率，会影响人们的资产选择，进而影响货币的流动速度。

(四)弗里德曼现代货币需求理论

弗里德曼认为利率对货币需求的影响并非十分重要，个人的财富愈高，对货币的需求愈高；若其他资产相对于货币的预期报酬率愈高，个人对货币的需求愈低。

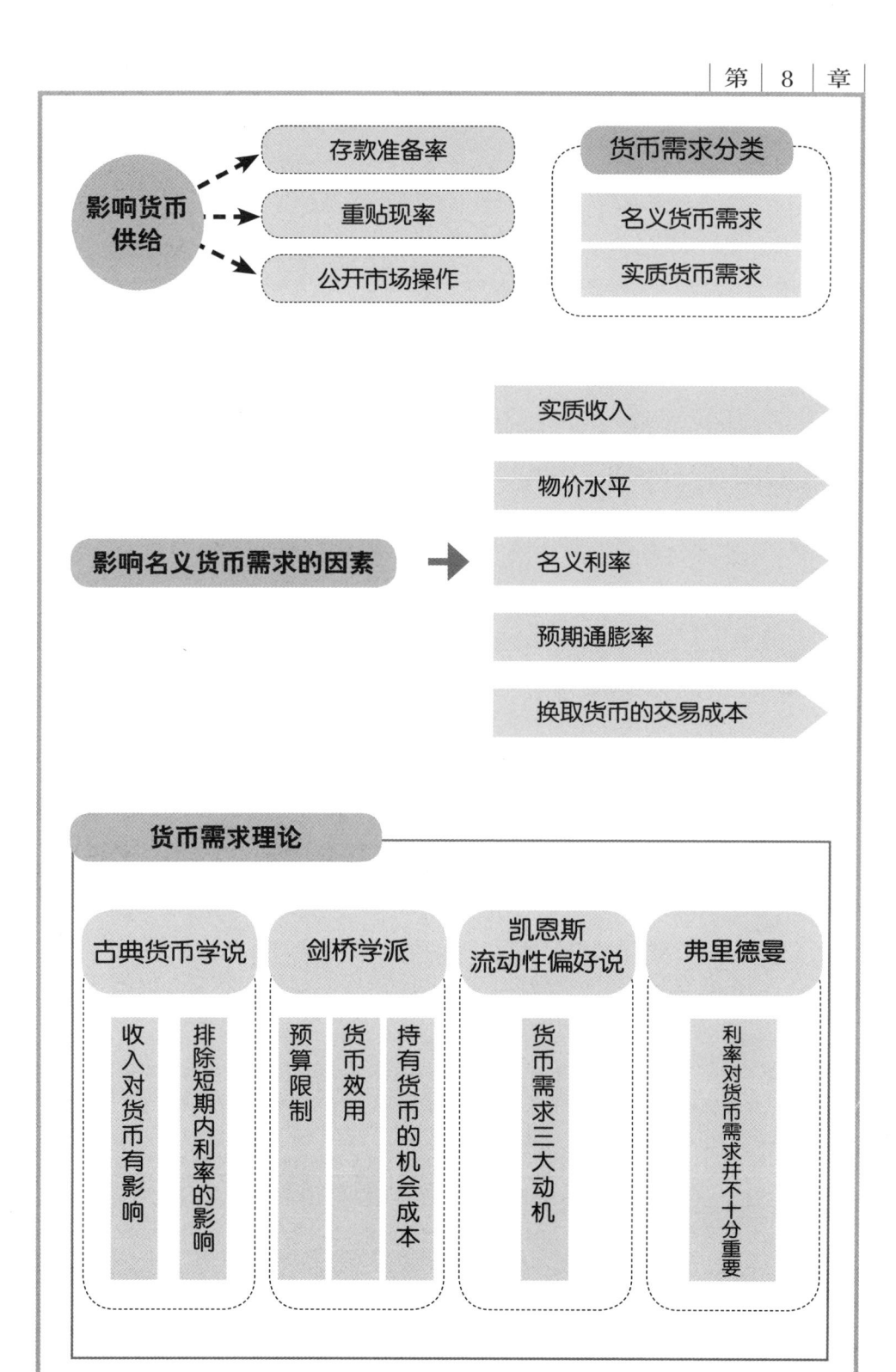

影响货币供给

- 存款准备率
- 重贴现率
- 公开市场操作

货币需求分类

- 名义货币需求
- 实质货币需求

影响名义货币需求的因素

→ 实质收入

→ 物价水平

→ 名义利率

→ 预期通膨率

→ 换取货币的交易成本

货币需求理论

古典货币学说
- 收入对货币有影响
- 排除短期内利率的影响

剑桥学派
- 预算限制
- 货币效用
- 持有货币的机会成本

凯恩斯流动性偏好说
- 货币需求三大动机

弗里德曼
- 利率对货币需求并不十分重要

第 9 章

总体消费

9-1 总体消费理论

消费函数相当复杂，受流动性资产、人口、前期消费支出、利率、财富等因素影响。

一、消费分类

1. 自发性的消费；**2.** 诱发性的消费。

前者是由可支配收入以外的因素决定的；后者则是由可支配收入诱发出来的消费。

二、消费函数理论发展

1. 凯恩斯：确定消费与收入的关系（绝对收入假说）。

2. 库兹涅茨：对长期消费统计资料研究，长期消费倾向稳定。

3. 莫迪利安尼：生命周期假说。

4. 弗里德曼：永久收入假说。

5. 杜森贝里：相对收入假说。

三、凯恩斯消费函数

1. 无论消费者个人或社会全体，一般认为消费支出是收入稳定且递增的函数。

2. 收入水平增加时，一般的消费支出亦增加，而消费支出增加的数量，往往小于收入增加的数量。

3. 收入水平愈高，消费支出愈大；相对地，消费支出占收入水平的比例，却愈来愈小。

4. 平均消费倾向，大于边际消费倾向。

凯恩斯所提出的消费函数，未必能符合目前的消费行为。举例来说，刚出社会的上班族很容易就把当月的收入花光，若有信用卡，其当期的消费甚至可能会超过当期的可支配收入。

四、弗里德曼的消费函数

弗里德曼强调，消费者是根据永久收入而非当期收入来决定消费的，且消费和永久收入之间有固定比例的关系。

永久性消费指的是，消费者会根据永久收入来建立平滑消费，也就是说，永久性消费只受永久收入支配，不因当期临时收入的变动而增减。永久性消费包含当期非耐久商品的购买支出，以及所购买的耐久商品在当期对民众所做的服务，因此，这里的消费指的是能够使当时效用增加的消费支出，有别于一般定义的消费。

五、库兹涅茨反论

在长期消费函数中，消费为收入的一个固定比率，平均消费倾向并不是呈递减的趋势，而是相当稳定。

消费函数理论

- 消费与收入有关（凯恩斯）
- 长期消费倾向稳定（库兹涅茨）
- 生命周期（莫迪利安尼）
- 永久收入论（弗里德曼）
- 相对收入（杜森贝里）

凯恩斯消费函数

- 消费支出随收入递增而增加
- 收入增加使消费增加
- 平均消费倾向 > 边际消费倾向

消费

自发性的消费 + 诱发性的消费 → 消费

库兹涅茨 → 长期消费函数中 → 消费为收入的一个固定比率

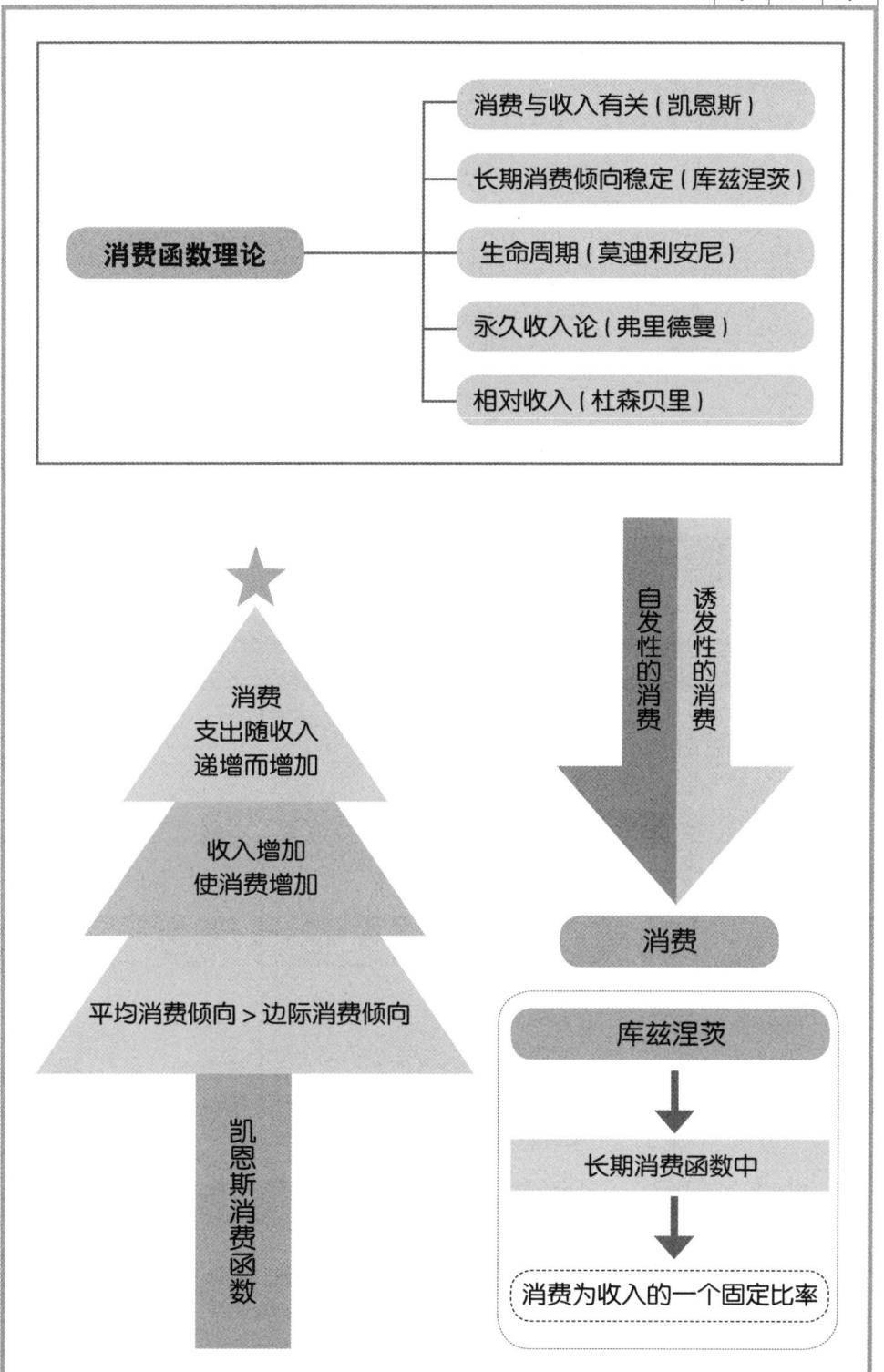

9-2　简单凯恩斯模型

一、什么是简单凯恩斯模型
又称"收入—支出模型",以商品市场作为分析的对象,其主要目的是解释一个封闭经济体系实质消费量与实质可支配收入彼此之间的关系。

二、消费影响力大
在简单凯恩斯模型中,总支出的主角是消费,市场参与者购买最终商品与服务支出的多寡,对整体经济实质产出水平具有决定性的影响。在简单凯恩斯模型中,均衡收入决定于"总支出＝总收入"。

三、消费单位
简单凯恩斯学派的经济学家,将封闭经济的市场参与者,归纳为三大类型:**1.** 家庭单位的购买称为消费,以 C 表示;**2.** 厂商的购买则称为投资,以 I 表示;**3.** 政府的购买称为政府购买,以 G 表示。

四、消费与收入的关系
在封闭的经济体系内,最终使用者购买商品与服务的支出会等于实质产出,且购买的花费最后一定会成为参与生产者的收入。

五、简单凯恩斯模型四项基本假设
简单凯恩斯模型假定,其他影响当期消费支出的因素不变,这些不变的因素包括:**1.** 物价水平固定不变;**2.** 不考虑政府部门和国外部门;**3.** 民间消费受可支配收入的影响;**4.** 计划性投资暂时视为固定不变。

六、影响消费支出的因素
在总体经济学理论中,以下前三个因素增加时,都会增加消费。实质利率下跌,消费支出也会增加。这些决定消费支出的因素,包括:**1.** 可支配收入;**2.** 财富水平;**3.** 预期未来的可支配收入;**4.** 实质利率;**5.** 预期通货膨胀。

七、边际消费倾向
消费是随收入增加而相应增加的,但消费增加的幅度低于收入增加的幅度,即边际消费倾向是随收入的增加而递减的。

八、投资分类
简单凯恩斯模型中,将投资分为两种。

1. 自发性投资:假设厂商的实质投资量维持在固定的水平不受收入多寡的影响。

2. 预拟投资(或意愿的投资):新厂房设备购买量以及最适库存变动量两者的和,就是厂商的预拟投资。

第 9 章

```
简单凯恩斯模型 → 解释封闭体系 → 消费／可支配收入 → 关系
(收入—支出模型)
```

消费单位

- 家庭单位
- 厂商
- 政府

简单凯因斯模型的假设

- 物价固定不变
- 不考虑政府和国外部门
- 民间消费受可支配收入影响
- 计划性投资固定不变

投资

- 自发性投资
- 预拟投资

影响消费支出的因素

- 可支配收入
- 财富水平
- 预期未来可支配收入
- 实质利率
- 预期通货膨胀

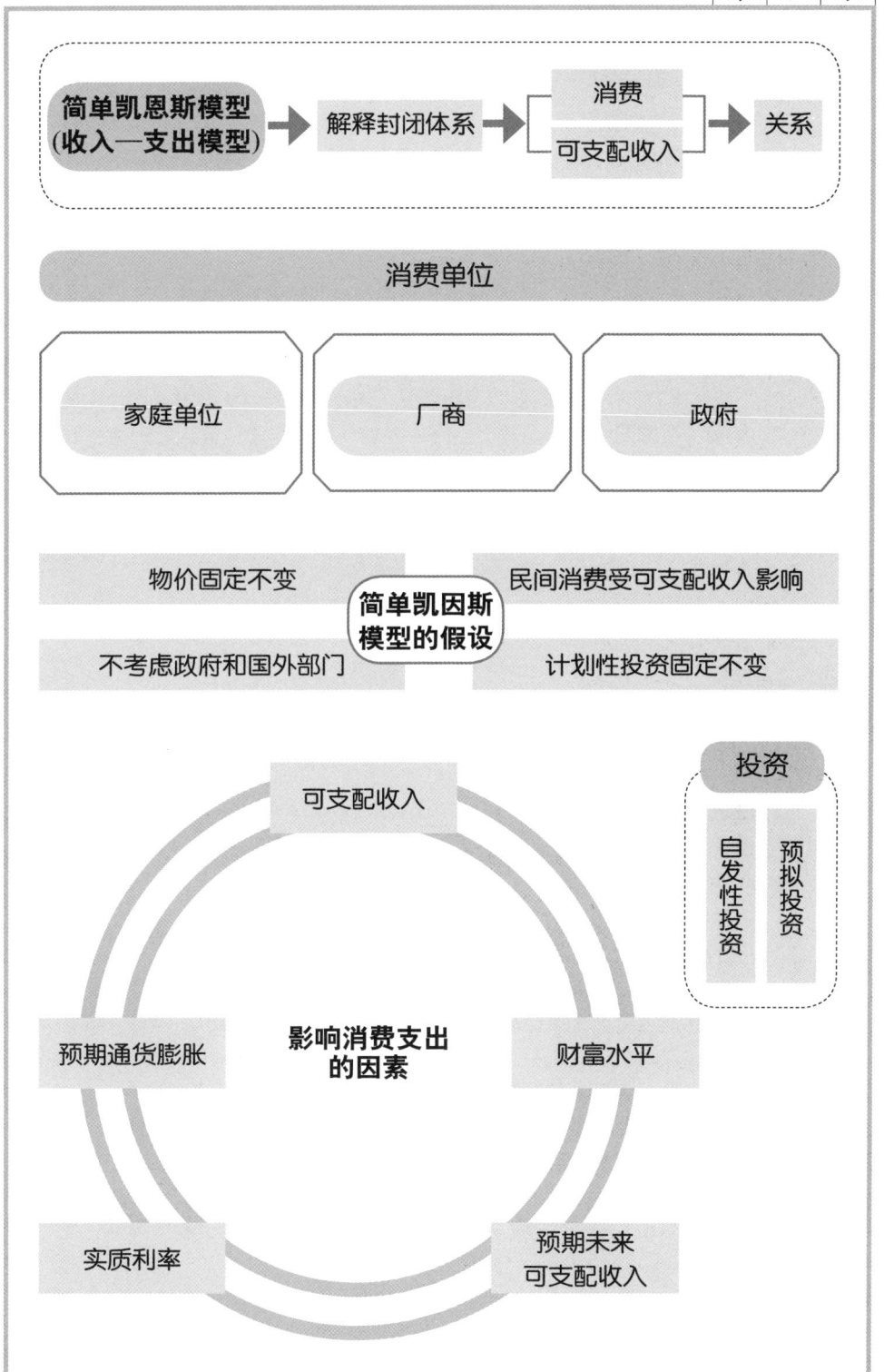

9-3　储蓄

储蓄可以转换为投资，购买仪器设备和厂房、雇用工人、生产生活所需的产品，进而促进经济增长。所以储蓄与投资和经济增长都具有密切的联动性。

一、什么是储蓄
可支配收入与消费支出间的差称为储蓄，储蓄是消费的反面。

二、可支配收入
家庭来自薪资、利息、租金、利润等各方面扣除其在同期内的净税赋支出，称为可支配收入。

三、影响储蓄的因素
家庭一般会因衣食住行育乐各方面的需要，先将部分的可支配收入作为满足基本需求的消费。可支配收入与消费支出间的差额，则可作为储蓄。影响储蓄的因素包括以下几个部分。

1. 可支配收入：可支配收入增加，储蓄会增加。

2. 预期通货膨胀。

3. 实质利率。

4. 预期未来的可支配收入。

5. 财富水平。

四、心理法则
凯恩斯根据基本的心理法则，认为一个人的实质可支配收入增加时，其实质消费量会跟着增加，但是消费量增加的比例，会低于可支配收入增加的比例。换言之，消费者会将部分可支配收入储蓄起来。

五、储蓄函数
描绘储蓄与可支配收入彼此的函数关系。

六、储蓄的方法
1. 存进银行；**2.** 借给政府；**3.** 借给厂商。

七、"节俭的矛盾"
从经济整体收入的角度来看，家庭储蓄率高未必一定是好事。所谓"节俭的矛盾"，指凯恩斯理论下整体社会想(预拟)储蓄愈多，所做到(实现)的是"储蓄减少，收入亦减少"，也就是说，增加储蓄的意愿会导致收入与储蓄都会减少。此外，超额储蓄也表示存在过多闲置的资金，并不利于未来总体经济发展。

八、消费量与储蓄量增加的幅度，决定于个人边际消费倾向和边际储蓄倾向
1. 边际消费倾向：当可支配收入改变时，实质消费量的变动占实质可支配收入变动的比率。

2. 边际储蓄倾向：当可支配收入改变时，实质储蓄量的变动占实质可支配收入变动的比率。

储蓄	=	可支配收入	−	消费支出
可支配收入	=	收入	−	税

影响储蓄因素
- 可支配收入
- 财富水平
- 实质利率
- 预期未来可支配收入
- 预期通货膨胀

可支配收入↑
↓
消费↓(消费增幅<收入增幅)

储蓄的方法
- 将钱存进银行
- 借钱给厂商
- 借钱给政府

消费量增加幅度	→	取决于边际消费倾向
储蓄量增加幅度	→	取决于边际储蓄倾向

9-4 投资

储蓄与投资,是共同决定经济增长的重要因素,也是总体经济学重要的理论基础。

一、投资的定义

在总体经济学中,投资泛指厂商在商品市场中购买或处分生产设备等资本(实体资本)的行为。因此,个人从事金融性交易理财或储蓄等行为,都不包括在内。投资定义的核心主要有两点。

1. 投入资金购买设备以扩充生产规模,比如,扩建厂房、增购机器设备。

2. 增加市场竞争力,比如从事新产品、新技术的研发。

二、投资的优点

1. 降低生产成本,促进产业升级,包括培育专业人才、提升技术、研发新产品、提高利润。

2. 带动经济增长与发展,提供就业机会,增进生活福祉。

3. 让消费者有更好的选择,让未来生活更美好。

三、投资部门

1. 民间投资; **2.** 公共部门投资支出。

四、投资项目依属性分类

1. 固定投资:是投资支出的大宗,主要是指固定资本的购置成本。

2. 住宅投资:住宅投资属于家庭单位的投资行为,除了房屋及住宅等,一般均将本期中有关住宅的营建与修缮费用列于投资项下。

3. 存量变动:存量变动代表本期最终商品的增减。存量的变动主要来自总投资与使用期间发生的折旧,两者的差额称为净投资。国民生产总值中的投资支出,指的是总投资而非净投资。

$$净投资 = 总投资 - 折旧$$

五、投资意愿

(一)影响投资的因素有三个: **1.** 市场利率; **2.** 企业预期; **3.** 收入。

(二)凯恩斯学派认为,造成投资意愿低落的原因有四点: **1.** 国际经济环境欠佳; **2.** 国内经济泡沫破灭; **3.** 内销市场不振; **4.** 非经济因素。

六、对外投资的作用

1. 失业率与产业空洞化:国外投资替代了国内投资,国内生产相应降低,发生失业。

2. 带动出口:对外投资带动出口,特别是产业内贸易。

3. 技术升级效果:厂商因对外投资,吸取当地国精英与技术而使企业竞争力提升。

4. 产业结构调整效果:内部不具竞争力的产业将被淘汰,旧的产业消失,新的产业兴起。

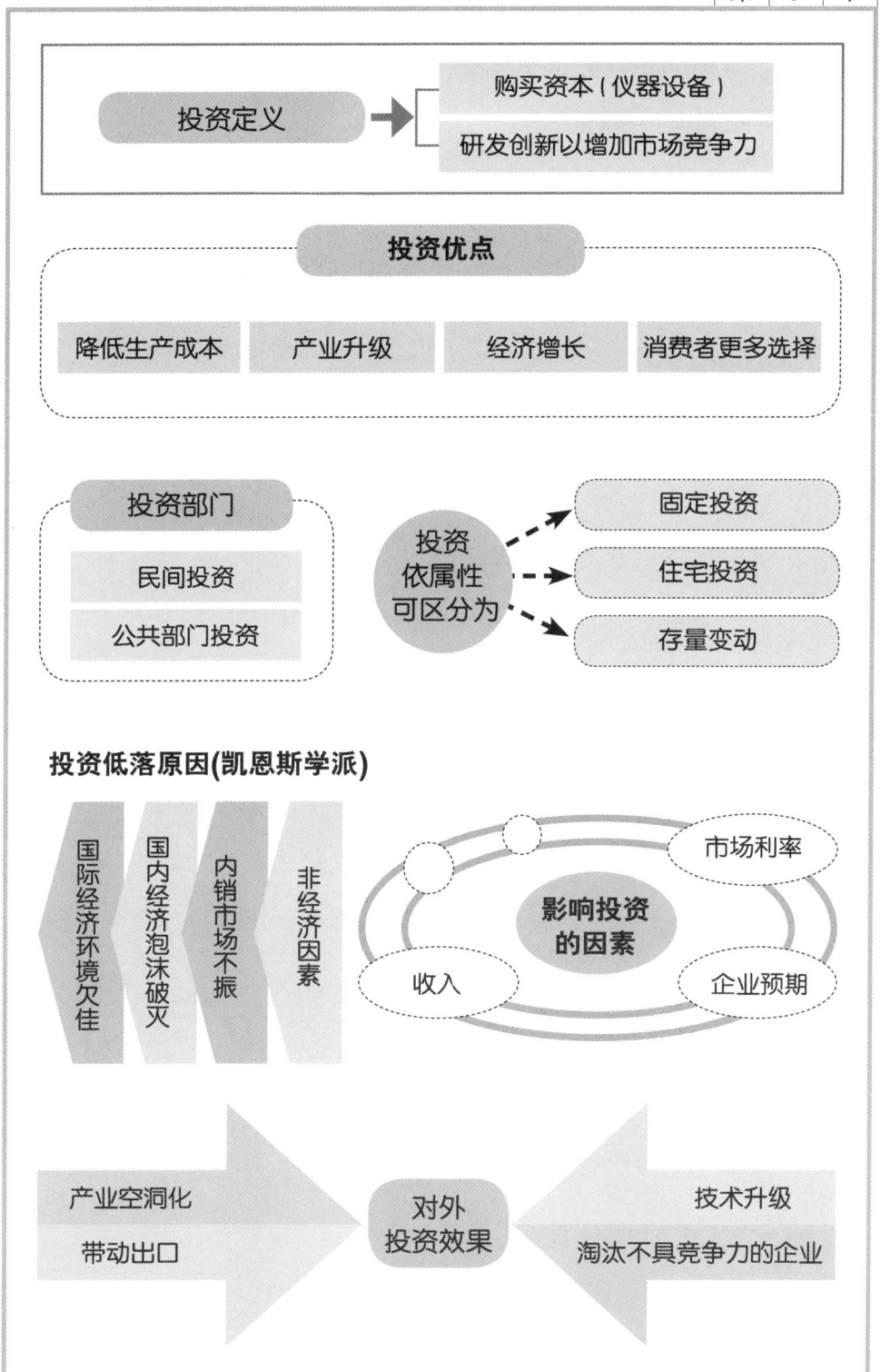

投资定义
- 购买资本（仪器设备）
- 研发创新以增加市场竞争力

投资优点
降低生产成本　产业升级　经济增长　消费者更多选择

投资部门
- 民间投资
- 公共部门投资

投资依属性可区分为
- 固定投资
- 住宅投资
- 存量变动

投资低落原因（凯恩斯学派）
- 国际经济环境欠佳
- 国内经济泡沫破灭
- 内销市场不振
- 非经济因素

影响投资的因素
- 市场利率
- 企业预期
- 收入

对外投资效果
- 产业空洞化
- 带动出口
- 技术升级
- 淘汰不具竞争力的企业

9-5 凯恩斯学派的危机处理

一、古典经济学理论的缺憾

20世纪30年代的经济大萧条以前，整个西方的经济学界几乎都信奉亚当·斯密所提出的那只"看不见的手"，即市场竞争本身能自动调节供需均衡，并由此界定国家职能，只是"守夜人"的角色。

但是20世纪30年代遭遇的经济危机，出现庞大失业潮；大量银行倒闭；出口和国内消费骤降。对此，主流的古典经济学理论未能切中时弊，更提不出有效的解决方案。

二、凯恩斯学派主张

凯恩斯学派强调，有效需求不足是引起经济大危机的关键。凯恩斯处理危机的重点包括以下几个方面。

1. 以解决失业问题为核心。

2. 否定了古典经济学派充分就业的说法。

3. 扩大政府经济角色，要有"权衡性"的政策。在经济繁荣时，应减少政府支出、货币供给；在经济萧条时，须提高政府支出，扩大公共投资，增加货币供给，提高市场总需求，刺激厂商雇用劳动力的意愿。

三、凯恩斯学派危机处理的药方

1. 财政政策：以增加政府支出来增加有效需求。

2. 货币政策：增加货币供给、降低利率来提升投资意愿。

3. 外汇政策：以贬值刺激出口来增加社会的有效需求。

四、危机处理药方的效力

在凯恩斯的经济理论主导下，政府参加经济活动，主要偏重公共工程的建设，并以此减少失业与增加私人收入。

五、凯恩斯学派的不足

20世纪70年代末，资本主义世界发生一场严重而奇怪的经济危机，不但失业率高，通货膨胀率也高，因此形成了经济迟滞，却又出现通货膨胀的新经济危机。这样的危机，迥异于20世纪30年代的经济大萧条。

根据正统凯恩斯经济学"菲利浦曲线"，失业率与通货膨胀之间存在此消彼长的抵换关系，一旦要降低失业率，就要付出通货膨胀的代价；要降低通货膨胀，就会引发高失业率，但20世纪70年代发生的却是失业与通货膨胀同时存在。

凯恩斯的理论因未能解释停滞性通货膨胀的现象，受到以弗里德曼为代表的重货币学派及理性预期学派的挑战。

第 9 章

20世纪30年代经济大危机

- 庞大失业潮
- 多家银行倒闭
- 出口及消费皆降

凯恩斯学派主张

- 以解决失业为核心
- 否定市场充分就业的假设
- 扩大政府角色 → "权衡性"政策
  - 经济繁荣 → 减少政府开支
  - 经济萧条 → 扩大公共投资

凯恩斯学派危机处理药方

财政政策 → 货币政策 → 外汇政策

凯恩斯学派不足处

→ 无法解释20世纪70年代的停滞性通货膨胀

9-6　货币学派的危机处理

货币学派是 20 世纪 50~60 年代，在美国出现的一个经济学流派，亦称货币主义，其创始人为美国芝加哥大学教授弗里德曼。

一、危机根源

货币学派认为经济大萧条的主因是错误的货币政策。特别是美国做出紧缩货币供给的错误决定，在1930—1931年爆发银行挤兑时，美联储又无所作为，英国1931年退出金本位制度时，美联储却提高利率。所有的这些举动，都导致货币供给量的下降，从而导致消费的减少，最终引发经济大萧条。

二、货币学派的主张

弗里德曼认为通货膨胀与失业并存，要靠限制货币数量的增长率而达到。其重要主张还有以下几点。

1. 尊重市场机能：相信市场有恢复平衡的功能。

2. 反对政府干预经济：政府要支出多少，必须要有相对的收入，而最大的财政收入就是税收，但增加税收又会紧缩民间消费，所以反对政府干预经济。

3. 货币是关键：货币数量的变动是影响物价和经济循环的主要原因，货币供给的不稳定才是造成通货膨胀的主因。

4. 政策工具：把货币发行量作为唯一的政策工具，故建议政府公开长期固定的货币增长率。同时认为财政政策对于恢复经济没有帮助，因为财政政策制定旷日费时，待政策制定通过，也许经济局势早已变化。

5. 没有"流动性陷阱"：货币学派认为没有"流动性陷阱"，而凯恩斯学派认为有。流动性陷阱就是增加货币供给，降低利率，却仍无法刺激经济增长。

6. 减税。

7. 收入与消费的关系：人们当期的消费多寡，是由当期及未来相当长的一段时间内预期的总收入来决定的。也就是说，当人们预期未来的收入会降低，那么虽然当前收入没有下降，人们也会缩衣节食，以便为未来的"苦日子"做好准备。相反，如果预期到自己未来的收入会上升，那么，即使当前收入没有上升，也会增加支出，提前消费。

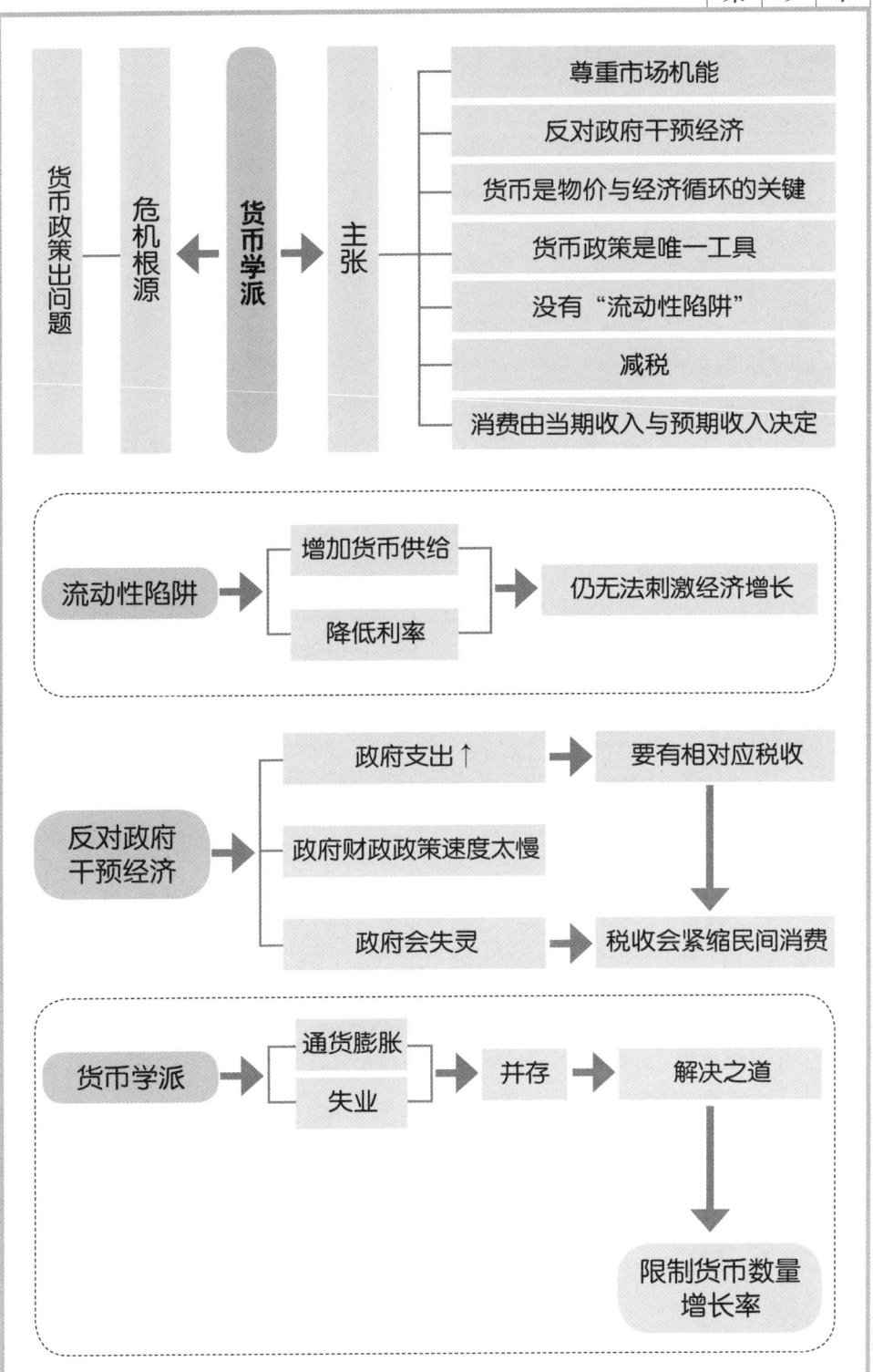

第 9 章

```
货币学派 → 危机根源 → 货币政策出问题
         → 主张:
            ├─ 尊重市场机能
            ├─ 反对政府干预经济
            ├─ 货币是物价与经济循环的关键
            ├─ 货币政策是唯一工具
            ├─ 没有"流动性陷阱"
            ├─ 减税
            └─ 消费由当期收入与预期收入决定
```

流动性陷阱 → { 增加货币供给 / 降低利率 } → 仍无法刺激经济增长

反对政府干预经济 →
- 政府支出↑ → 要有相对应税收 ↓
- 政府财政政策速度太慢
- 政府会失灵 → 税收会紧缩民间消费

货币学派 → { 通货膨胀 / 失业 } → 并存 → 解决之道 → 限制货币数量增长率

163

9-7 其他重要经济学派

一、供给学派经济学

供给学派是 20 世纪 70 年代在美国兴起的一个经济学流派。

(一)危机根源：供给学派认为1929—1933年的世界经济危机，并不是由于有效需求不足，而是供给不足，供给不足的原因是储蓄不足。

(二)大幅减税：该学派反对高税率，因为这会使储蓄减少，利率上升。大幅度减税可增加个人收入和企业利润，促进储蓄和投资，从而增加为市场生产的商品量。

(三)反对高利率：高利率必然使投资萎缩，导致生产增长缓慢，削弱商品在国际市场上的竞争力，造成国际收支赤字扩大，加剧通货膨胀。

(四)稳定货币价值：供给学派不同于货币学派，供给学派认为控制货币数量增长的目的不应只是与经济增长相适应，而是为了稳定货币价值。货币价值保持稳定，通货膨胀心理才会消失。

(五)政府政策：**1.** 促进投资；**2.** 增加劳动供给使产出增加；**3.** 鼓励生产。

二、新兴凯恩斯学派

让凯恩斯学派又以崭新的风貌出现，这个学派称为第二代新兴凯恩斯学派。

(一)将理性预期的理念加入凯恩斯学派的理论中以弥补凯恩斯学派缺乏个体经济基础的不足。

(二)市场存在"市场失灵"因子，使物价与工资的调整存在僵固性。价格僵固的原因为：**1.** 社会习俗的关系；**2.** 比较的心理；**3.** 调降价格的成本。

(三)市场价格机能虽有调节机制，但不是无法使经济向均衡收敛，就是收敛的速度太慢。

(四)政府应扮演主动积极的角色，利用权衡政策工具来达到稳定经济的目的。

三、理性预期理论

理性预期对于政策的看法与古典学派相同，故被称作新兴古典学派。理性预期学派强调，社会大众预期以外的政策对处理经济危机才会生效，被预期到的政策，不会有效果。该学派也反对政府过多干预经济，偏向自由经济。

该学派也有缺失：**1.** 市场有效率并不必然意味市场合于理性；**2.** 个别理性并不保证集体理性；**3.** 个别行为并非完全符合理性；**4.** 资源分配效率的利益有其极限；**5.** 大规模的从众效应与市场过度反应。

四、经济理论省思

无论是哪一种经济理论，都未能预测与解释金融危机的严重性。2008年全球金融危机与2009年欧债危机，追根究底就是高度经济自由化与区域整合的扩增。此经济危机处理，各国常见的措施主要是降低存款准备率及降低官方利率。

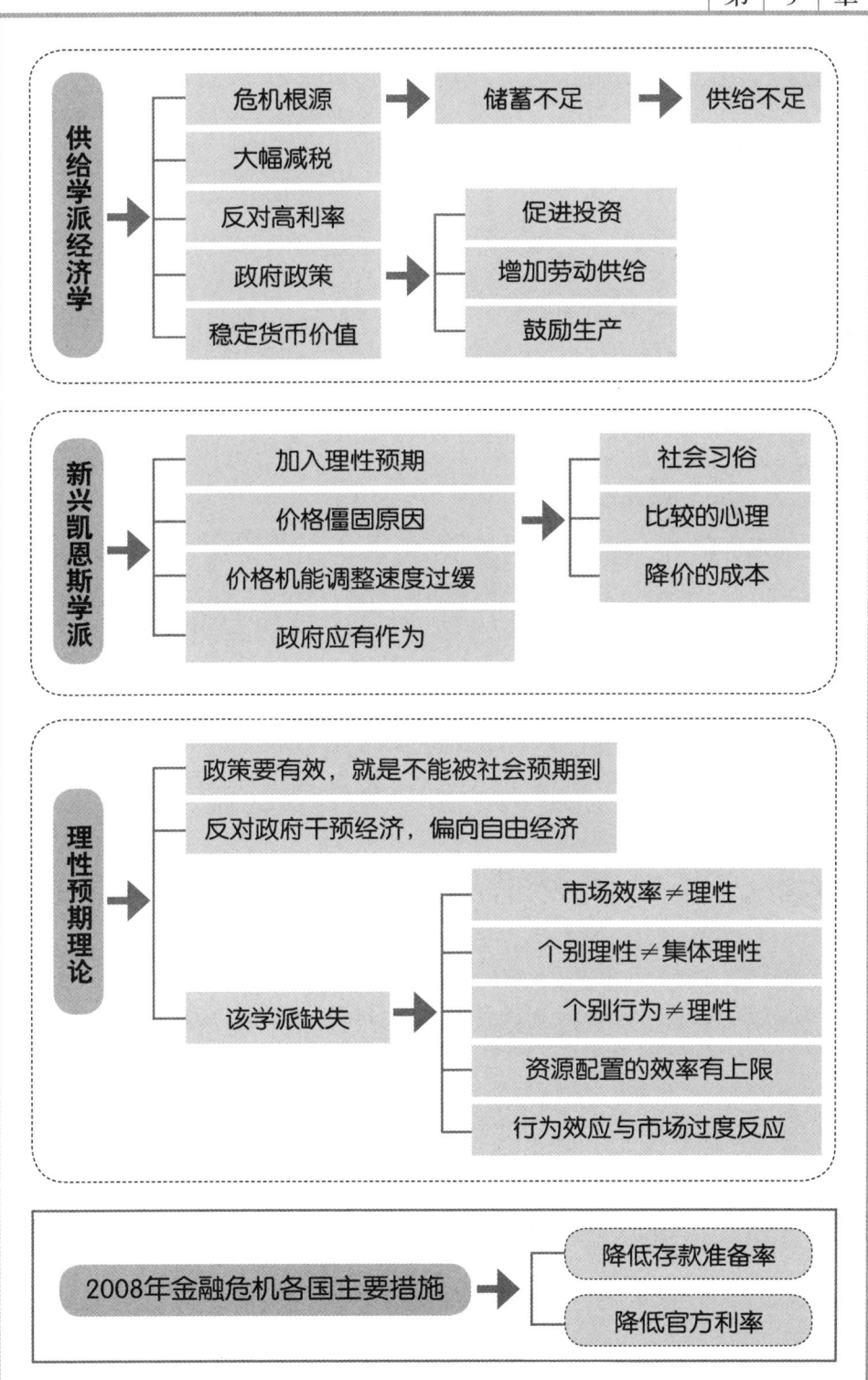

第 9 章

供给学派经济学
- 危机根源 → 储蓄不足 → 供给不足
- 大幅减税
- 反对高利率
- 政府政策 → 促进投资 / 增加劳动供给 / 鼓励生产
- 稳定货币价值

新兴凯恩斯学派
- 加入理性预期
- 价格僵固原因 → 社会习俗 / 比较的心理 / 降价的成本
- 价格机能调整速度过缓
- 政府应有作为

理性预期理论
- 政策要有效,就是不能被社会预期到
- 反对政府干预经济,偏向自由经济
- 该学派缺失 →
  - 市场效率 ≠ 理性
  - 个别理性 ≠ 集体理性
  - 个别行为 ≠ 理性
  - 资源配置的效率有上限
  - 行为效应与市场过度反应

2008年金融危机各国主要措施 → 降低存款准备率 / 降低官方利率

第 10 章

国际收支与外汇

10-1 国际收支表

一、国际收支表的意义

一个国家或经济社会以货币形式记录一段期间内，本国居民和其他国家间的经济交易活动。国际收支表的定义，还应注意下列四点。

(一)特定期间

所记录的项目都是就某一特定年份(或时期)而言，因此，它们表示的是金融资产的流量(或变化)，而且通常以一年为单位。

(二)居民

指长久居住在该国的自然人与法人，且被视为居民，只有发生在本国居民和外国居民之间的交易，才记入账内。

(三)经济性交易

1. 商业交易活动：国际间商品、劳务、货币与金融资产进行双向有偿的交易。

2. 非商业交易活动：片面无偿的移转给付。

(四)平衡

任何一种交易都有两个方面，也就是一方作为贷方，另一方作为借方，所以，国际收支表总是平衡的。

二、国际收支表的功能

1. 由总体经济观点：

国际收支表可以使一个国家了解该国对外经济活动的绩效，以利政府制定财政、货币、外汇、贸易等政策，是经济金融政策的重要参考资料。

2. 由个体经济观点：

国际收支表可作为本国人民或外国人对一国进行实际投资，或金融投资决策的重要参考。通过国际收支表，可以了解该国的经济结构及未来汇率变化的趋势。

三、国际收支表的内容

1. 经常账：经常账是国际收支表的主干，内分记录商品进出口、劳务收支、收入支出与经常移转等交易项目。

2. 资本账：记录资本移转与获得或处分非生产性、非金融性资产交易、无形专利、租约、可移转性契约与商誉等。

3. 金融账：包括直接投资、证券投资、其他投资与准备资产四项。

4. 误差与遗漏。

5. 准备与相关项目：准备资产、基金信用的使用、特殊融资。

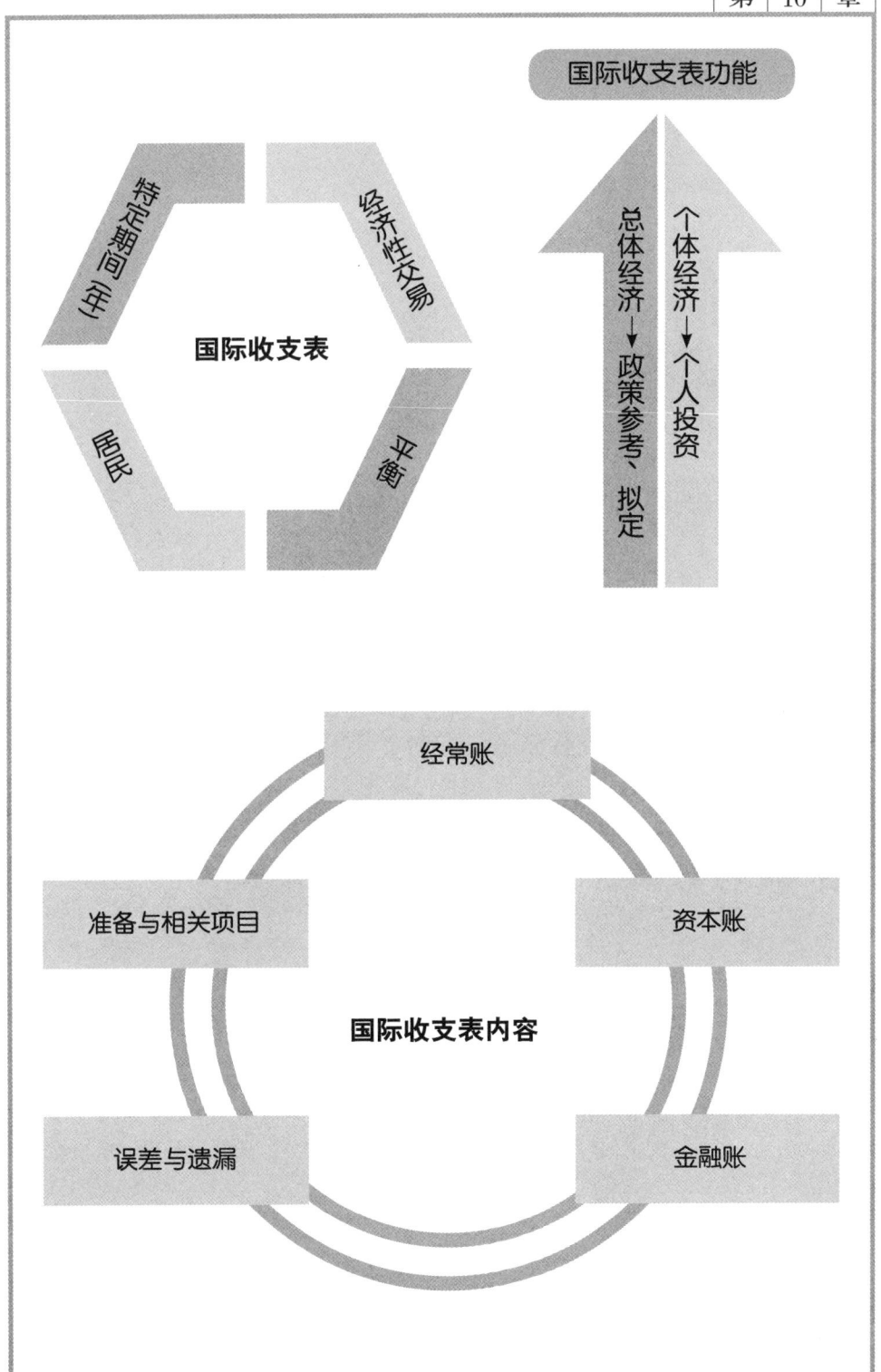

国际收支表

- 特定期间(一年)
- 经济性交易
- 平衡
- 居民

国际收支表功能

- 总体经济 → 政策参考、拟定
- 个体经济 → 个人投资

国际收支表内容

- 经常账
- 资本账
- 金融账
- 误差与遗漏
- 准备与相关项目

10-2 国际收支平衡

国际收支平衡是由商品与劳务的交易及国际间的资本移动来决定的。

一、会计的国际收支平衡

由会计观点，指国际收支的借、贷双方达到平衡的状态，并不需要考虑与国际收支有关经济变量的情况。国际收支以复式簿记为记录基础，任何一笔借方数额，都必有一笔或几笔在总数上与借方相等的贷方数额。

所以，复式簿记在原则上确保借方总额必定等于贷方总额，收支余额必是零。最后一定是借贷平衡，属于一种"事后"平衡的观念。因此，国际收支实际上可能不平衡，但从会计的观点一定平衡。

> 经常账余额 + 资本账余额 + 官方准备账余额 = 国际收支表余额 = 0

二、国际收支顺差/逆差

收入总额大于支出总额，称为国际收支顺差，或称国际收支盈余；支出总额大于收入总额称为国际收支逆差，或称国际收支赤字。逆差表示对外负债，一般要用外汇或黄金偿付。

三、经济的国际收支平衡

针对经济变量是否会进一步变动来分析，是一种"事前"或"计划"的平衡观念。

四、国际收支平衡的类别

（一）市场的国际收支平衡

指在一定的市场期间内，如果没有短期资本、黄金及其他国际准备的净移动发生，不需要进行任何调节性交易。在自由外汇市场下，当购买者对外汇的有效需求大于有效供给时，该国的国际收支将会发生逆差。

（二）计划的国际收支平衡

指达到政府预期经济目标的国际收支平衡。

（三）真实的国际收支平衡

1. 没有物价膨胀的充分就业。

2. 以过去某时点为基准，政府没有采取额外的贸易或金融管制措施以达到国际收支平衡，又称为充分就业平衡。

决定国际收支两大因素

- 商品与劳务的交易
- 国际间的资本移动

国际收支顺差 = 收入 > 支出
国际收支逆差 = 收入 < 支出

实际的国际收支不一定平衡

会计的国际收支一定平衡 —— 是"事后"的平衡概念

处理国际收支逆差

- 外汇
- 黄金支付
- 他国或国际机构的援助

国际收支平衡类别

- 市场的国际收支平衡
- 计划的国际收支平衡
- 真实的国际收支平衡

10-3 国际收支失衡

一、产生国际收支失衡的主要原因

1. 结构性失衡：一国因国内生产结构与相应要素配置未能及时调整，比如自然灾害、战争等影响经济活动，而引起国际收支失衡。

2. 周期性失衡：因经济发展的变化，而使一国的总需求、进出口贸易和收入受到影响，而引发的国际收支失衡。

3. 收入性失衡：一国国民收入发生变化而引起的国际收支不平衡。一定时期，一国国民收入多意味着进口消费或其他方面的国际支付会增加，国际收支可能会出现逆差。

4. 币值性失衡：因一国币值发生变动而引发的国际收支不平衡。一国物价普遍上升或通货膨胀严重时，产品出口成本提高，国际竞争力下降，在其他条件不变的情形下，出口必然减少。出口减少的同时，进口成本降低，进口增加，国际收支发生逆差。反之，就会出现顺差。

5. 政策性失衡：一国推出重要的经济政策，对国际经济活动干扰所引发的国际收支不平衡。

二、现代政府的国际收支调整政策

国际收支失衡有许多不利影响，各国政府都把维持国际收支平衡作为总体经济政策的主要目标。

1. 货币贬值：J 曲线理论。就长期而言，货币贬值的确可改善贸易逆差。但是短期内，贸易量并不会因本国货币贬值而立刻有所变动，同时，短期内贸易逆差会先恶化，因为短期内"价格效果"(进口成本增加)将强于进口的"数量效果"(进口数量减少)。货币贬值经过一段时间以后(落后效果)，国际收支会获得改善。因此，货币贬值对贸易余额或贸易收支的影响，呈现"J"字形变化。

2. 保护主义：可能造成对手国报复，比如高关税、配额、选择性贸易限制。

3. 直接管制：逆差失衡的国家，采取直接管制的手段以促使国际收支平衡。直接管制的方法，包括量的限制(限额或配额)、进口的特种关税，以及外汇管制(包括复式汇率制度)等。

4. 弹性调整法：通过商品进出口弹性调整。

5. 收入吸纳法：通过改变本国收入水平达到调整国际收支的目的。其逻辑是：本国收入减少→对外国产品需求减少→进口金额减少→经常账余额改善。

6. 货币调整法：这种方法认为国际收支失衡是因为货币供需失衡，所以强调以改变货币供需关系来调整国际收支。如果对货币的需求，超过中央银行所供给的货币数量，超额的货币需求，将由国外流入的货币来满足，本国将有国际收支顺差。

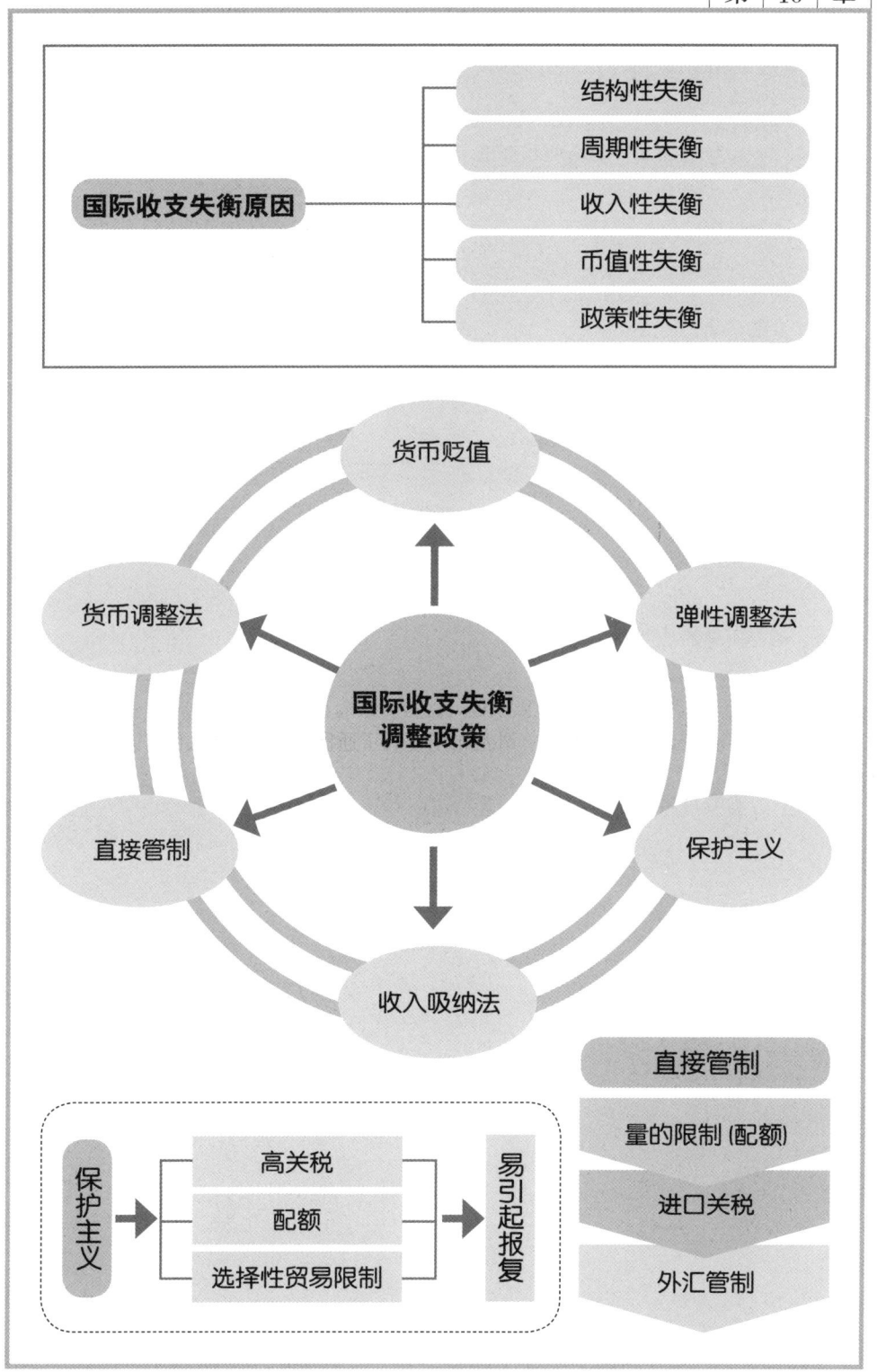

第 10 章

国际收支失衡原因
- 结构性失衡
- 周期性失衡
- 收入性失衡
- 币值性失衡
- 政策性失衡

国际收支失衡调整政策
- 货币贬值
- 弹性调整法
- 保护主义
- 收入吸纳法
- 直接管制
- 货币调整法

保护主义 → 高关税、配额、选择性贸易限制 → 易引起报复

直接管制
- 量的限制（配额）
- 进口关税
- 外汇管制

10-4 国际汇兑

两国的经贸关系，不论是进出口所需的押汇、外汇金额的融通与调整，以及与国际贸易相关的业务，都需要金融业的支持与协助。因此，金融业的发展，对国际事务的推动扮演十分重要的角色。

一、金融机构
从事资金融通，或资金融通相关的活动。基本上可分为三大类：**1.** 存款机构；**2.** 非银行的金融单位；**3.** 未纳入管理的租赁公司或分期付款的公司。

二、金融市场
提供各种资金交易，充当资金供需桥梁的市场。基本上可分为四类：**1.** 货币市场；**2.** 资本市场；**3.** 外汇市场；**4.** 未纳入管理的借贷市场。

三、金融体系
泛指金融中介、金融市场、金融工具及指导金融资金活动的管理范围。

四、什么是汇兑
指交易双方，如债权人与债务人、资金需求者与资金供给者之间委托金融机构凭汇票、电报或信函等工具进行收付、转让、清算或借贷，而非直接转送现金的方式。

五、国际汇兑的功能
1. 规避运送现金的风险与不便：国际贸易造成了换算风险、交易风险，以及运营风险，而外汇市场的存在提供了各式避险的渠道。

2. 便利国际间购买力移转：外汇市场便利了通货的转换，使人们可以将其购买力由本国延伸至别国。

3. 促进国际贸易发展：拓展信用的功能，国际贸易牵涉到时间的落差，外汇市场可以提供避险的渠道，使从事国际贸易者愿意从事跨国界的赊销或赊购，将信用交易拓展至以外币计价的商业活动当中。

4. 活络国际资金。

六、国际汇兑的范围
1. 汇款；**2.** 外币现钞结汇；**3.** 外币旅行支票结汇；**4.** 外汇存款存取；**5.** 光票托收及买入光票。

七、常见的流程
1. 由买方发动，以电汇、信汇或票汇付款的顺汇流程。

2. 由卖方发动，以信用状托收款的逆汇流程。

金融机构

- 存款机构
- 分期付款的公司
- 非银行的金融单位
- 未纳入管理的租赁公司

金融市场

- 货币市场
- 资本市场
- 外汇市场
- 未纳入管理的借贷市场

国际汇兑功能

- 活络国际资金
- 促进国际贸易发展
- 国际间购买力移转
- 规避运送现金的风险与不便

国际汇兑范围

- 汇款
- 外币现钞结汇
- 旅行支票结汇
- 外汇存款存取
- 光票托收及买入光票

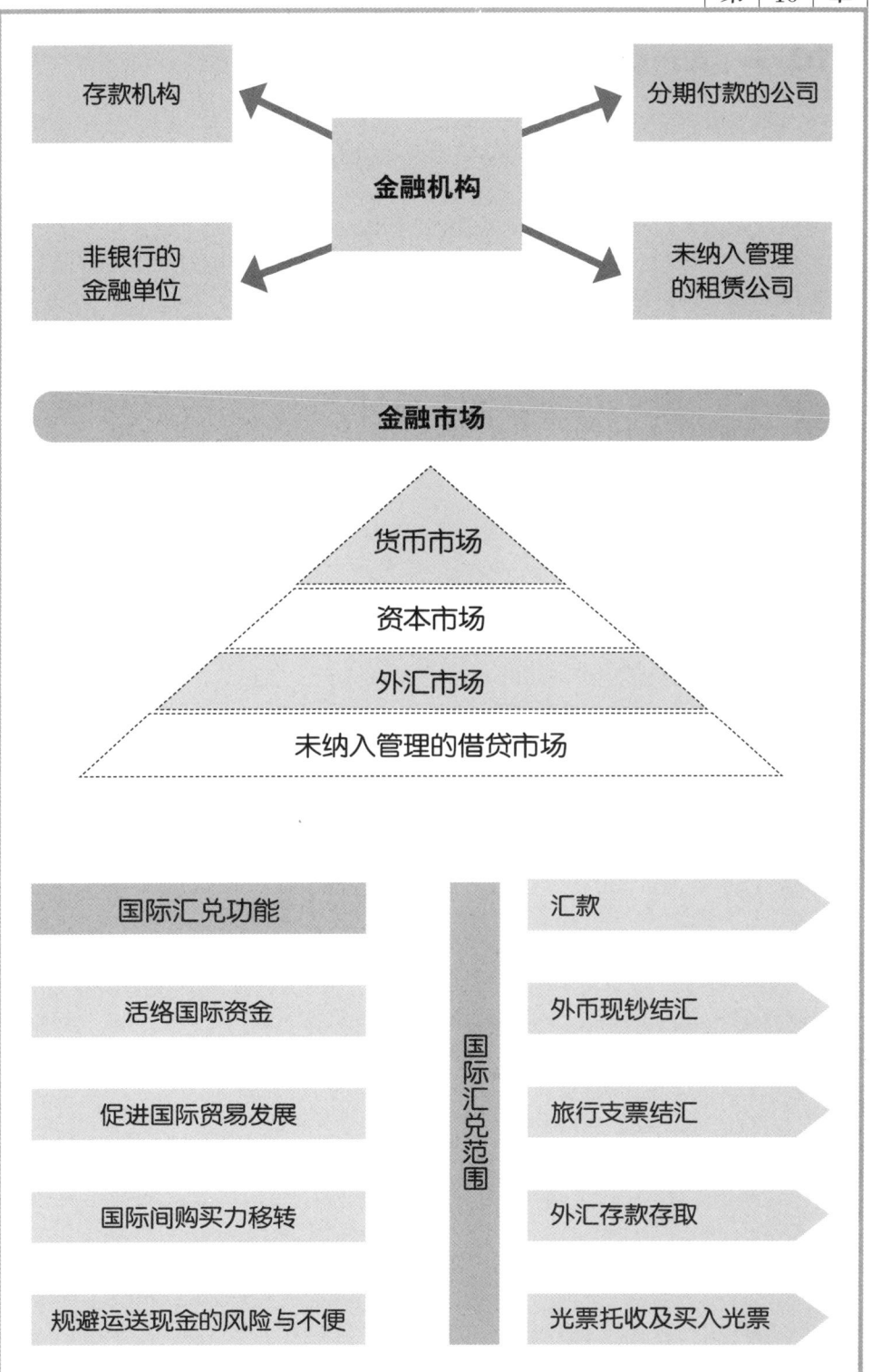

10-5 汇率制度

世界各国都有其自己的货币，要购买他国商品或劳务，必须先兑换成他国货币才能进行交易，这种货币兑换的制度就是汇率制度。

一、外汇和汇率
1. 国家为了国际支付而持有其他国家的货币或其他支付工具。
2. 是一种货币兑换另一种货币的比率，是以一种货币表示另一种货币的价格。

二、汇率变化的主要原因
一国国际收支状况会引起的外汇供需变化，这是影响汇率变化的主要因素。
1. 国际收支顺差的国家：外汇供给增加，外国货币价格下跌，本国货币升值。
2. 国际收支逆差的国家：对外汇的需求增加，外国货币价格上涨，本国货币贬值。

三、汇率制度类型
(一)固定汇率制度
指本国货币与其他所有国家的货币间汇率都是固定的，这是人为因素所决定的汇率制度，汇率一旦决定就不轻易更动。

(二)浮动汇率制度
汇率完全由外汇的供需来决定，政府不做任何干预或限制的汇率制度。

(三)管理浮动汇率制度
1. 政府原则上让外汇市场自由运作，但会视情况而进场买卖。所以管理浮动汇率制度是介于固定汇率制度与浮动汇率制度的中间而偏向浮动一端的制度，目前绝大多数国家皆采用此制度。
2. 政府买汇愈多，本国货币贬值愈多；反之，政府卖汇愈多，本国货币升值愈多。

(四)钉住汇率制度
本国货币与某一国货币的比率固定在某一个价位，与固定汇率制度不同之处在于，固定汇率制度是本国货币与其他所有国家的货币间之汇率都是固定的，而钉住汇率制度是本国货币只与被钉住国家的货币维持固定汇率，故又称联系汇率制度。

四、金融史上的汇率制度
在国际金融史上，一共出现了三种汇率制度，即金本位体系下的固定汇率制、布雷顿森林体系下的固定汇率制和浮动汇率制。

1. 金本位体制下的固定汇率制：1880—1914年的34年间主要西方国家通行金本位制，即各国在流通中使用具有一定成色和重量的金币作为货币。在金本位体系下，两国之间货币的汇率由它们各自的含金量之比——金平价来决定。1914年第一次世界大战爆发，各国停止黄金输出入，金本位体系即告解体。

2. 布雷顿森林体系下的固定汇率制：1944年7月，建立了"布雷顿森林体系"下的固定汇率制，并确定了以美元为中心的国际货币体系。

3. 浮动汇率制度：自1973年3月以后，以美元为中心的固定汇率制度就不复存在，而被浮动汇率制度代替。"完全自由"的浮动汇率制度几乎不存在，只是各国的管理或干预程度不同而已。

汇率变化的主要原因

- 顺差 → 升值
- 逆差 → 贬值

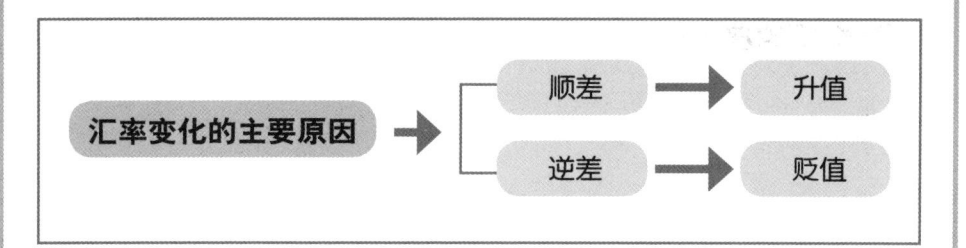

汇率制度的类型

- 固定汇率制度
- 管理浮动汇率制度
- 浮动汇率制度
- 钉住汇率制度

金融史上出现的汇率制度

- 金本位的固定汇率
- 布雷顿森林体系固定汇率
- 浮动汇率制度

汇率 → 兑换（一单位）外国货币，所须支付的本国货币。

10-6 汇率决定的理论

汇率是货币交换的价格，就像其他价格一样，是由外汇市场供需决定的。

一、外汇的供给

（一）经常账收入

1. 外国居民支付出口商品的价款；**2.** 外国居民支付本国居民在外国资产的利息；**3.** 外国居民支付出口服务或来本国观光的价款；**4.** 外国居民对本国的移转支付。

（二）金融账收入

1. 短期资本流入；**2.** 长期资本流入或外国居民对本国投资；**3.** 中央银行抛售外汇(卖汇)。

二、外汇的需求

（一）经常账支出

1. 本国居民支付进口商品价款；**2.** 本国居民支付国外贷款的利息；**3.** 本国居民支付进口服务或出国观光的价款；**4.** 本国居民对外国的移转支付。

（二）金融账支出

1. 短期资本流出；**2.** 长期资本流出或本国居民对外国投资；**3.** 中央银行收购外汇(买汇)。

三、影响汇率变动的因素

（一）货币购买力

两国平衡汇率的决定取决这两国货币购买力的比较。

1. 绝对购买力平价：两国平衡汇率是由这两国同类商品所编组而成的物价水平相对的比率所决定。物价水平较高(低)的国家，其汇价应该贬(升)值。

2. 相对购买力平价：两国平衡汇率是由这两国物价水平变动率所决定的。物价变动率较高(低)的国家，其汇价应该贬(升)值。

(二)国际收支：在外汇市场上，国际收支若为顺差，那么外汇的供给将大于外汇的需求，此时本国货币升值，外国货币贬值；国际收支若为逆差，外汇的供给小于外汇需求，那么外币将升值，本国货币将贬值。

(三)资本流动：短期大量且进出频繁的资金已成为决定汇率的主要因素。

(四)经济增长：如果一国为高经济增长率，则该国货币汇率高。

(五)利率水平：短期套利的资金受利率影响较大，所以利率常被视为决定汇率的主要短期因素。各国央行中，常以利率政策来引导汇率。

(六)政府政策：各国政府对外汇市场的干预。

(七)市场预期：汇兑心理学认为，外汇汇率是外汇供需双方对货币主观心理评估的集中体现，评估高，信心强，则货币升值。这一理论对短线，或极短线的汇率波动具有相当的解释力。

(八)国际借贷：外汇汇率是由外汇的供给与需求决定的，对外汇产生需求是因为国际借贷。

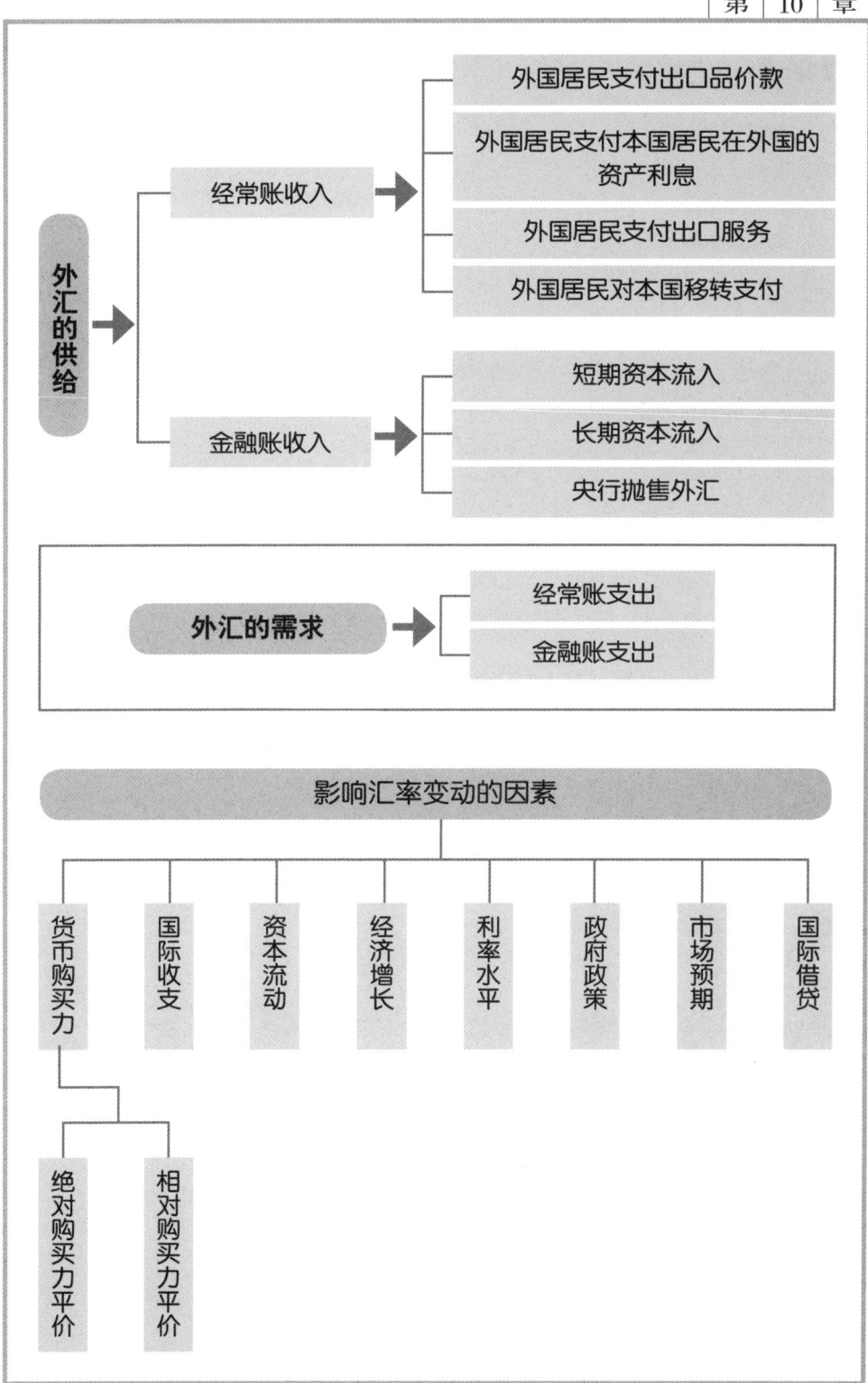

```
外汇的供给
├─ 经常账收入
│   ├─ 外国居民支付出口品价款
│   ├─ 外国居民支付本国居民在外国的资产利息
│   ├─ 外国居民支付出口服务
│   └─ 外国居民对本国移转支付
└─ 金融账收入
    ├─ 短期资本流入
    ├─ 长期资本流入
    └─ 央行抛售外汇

外汇的需求
├─ 经常账支出
└─ 金融账支出

影响汇率变动的因素
├─ 货币购买力
│   ├─ 绝对购买力平价
│   └─ 相对购买力平价
├─ 国际收支
├─ 资本流动
├─ 经济增长
├─ 利率水平
├─ 政府政策
├─ 市场预期
└─ 国际借贷
```

10-7 外汇市场

国际间的交易必然会牵涉到汇率的问题，汇率的波动，通过各种渠道必然会影响国内经济。当前全球正形成一个规模空前的金融资本市场，因此货币流通的速度超过历史上任何时期，若汇率问题处理不当，影响极大。

一、金融市场的类别

1. 货币市场：短期资金供需交易，如国库券、商业本票、银行承兑汇票、可转让定期存单。

2. 资本市场：长期资金供需交易的市场。

3. 外汇市场：如即期外汇、远期外汇。

二、外汇市场的功能

1. 国际兑换与清算：国际间商品与劳务交易以及资本交易的进行必须将一种货币兑换为另一种货币。

2. 融通国际交易：外汇市场对国际间商品与金融交易提供各种外汇资金融通。

3. 提高国际资金运用效率：外汇市场是一种近似完全竞争的市场，资金的运用效率较高。

4. 稳定国际金融：通过套汇、外汇干预，以及外汇经纪商分散交易等手段，有助于稳定国际金融。

三、外汇市场的参与者

1. 自营商。

2. 经纪商。

3. 各国银行(含中央银行)。

4. 一般企业、跨国企业与个人。

5. 投机者(外汇炒家)。

6. 套利者。

四、外汇市场的主要特性

1. 敏感且快速反应：一旦各地汇率出现差距，外汇将在外汇市场间快速移动，汇率立即迅速反应。

2. 时差：各个外汇市场的交易时间可能不一致，时差好像把类似的外汇市场分割开了，其实不然，因为后开市的会参考前面市场的汇率行情。

3. 价格联动：外汇市场有多种货币，这些货币间交互形成各种不同的汇率，且关联性、互动程度很高。

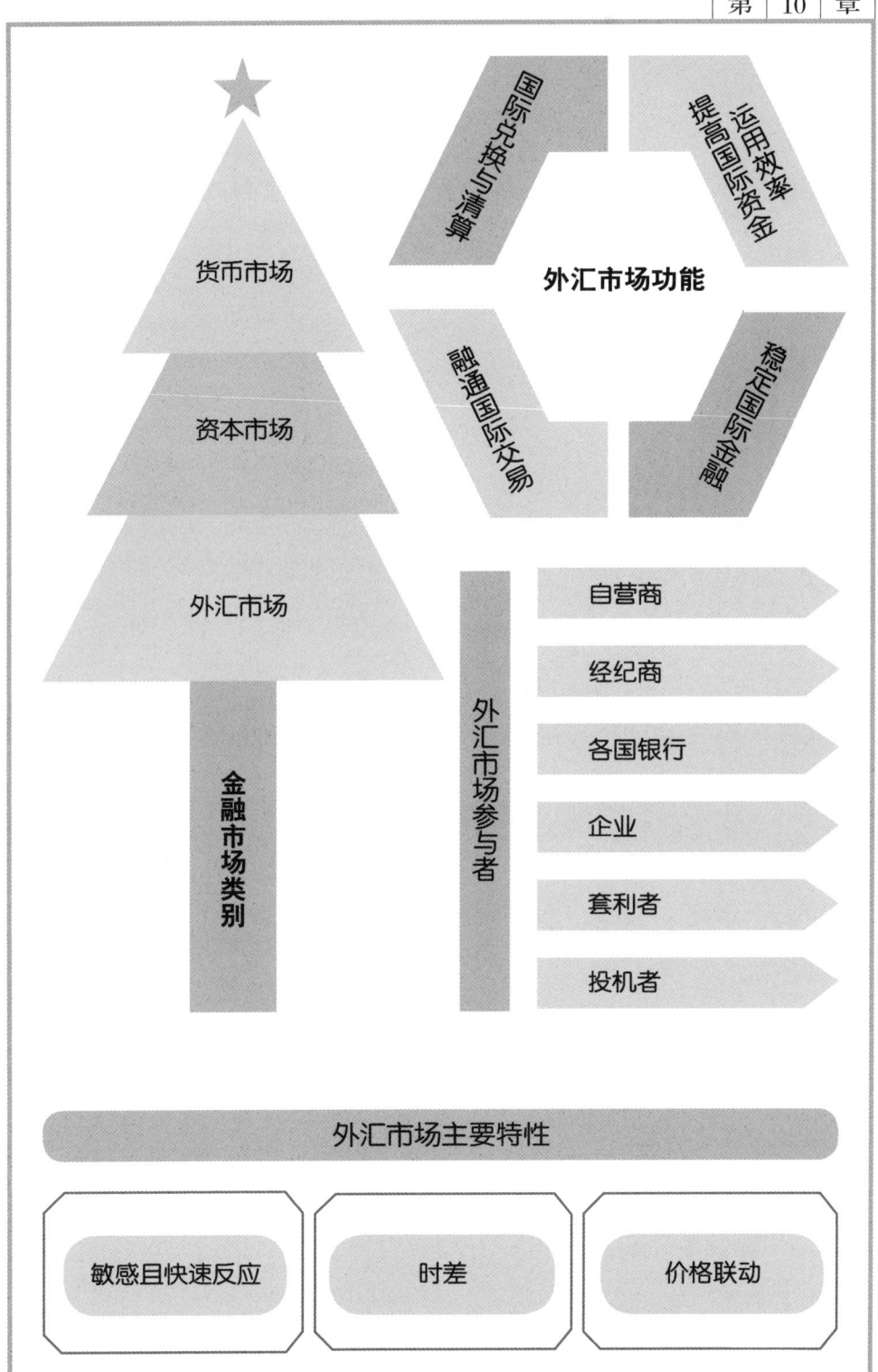

第 10 章

金融市场类别
- 货币市场
- 资本市场
- 外汇市场

外汇市场功能
- 国际兑换与清算
- 运用效率提高国际资金
- 融通国际交易
- 稳定国际金融

外汇市场参与者
- 自营商
- 经纪商
- 各国银行
- 企业
- 套利者
- 投机者

外汇市场主要特性
- 敏感且快速反应
- 时差
- 价格联动

第 11 章

国际贸易

11-1 贸易理论与收益

一、什么是贸易
贸易是以其商品或服务相互交易使商品或服务的所有权产生根本的转换，国际贸易则是指跨越国境的商品和服务交易。

二、国际贸易的收益
1. 交换收益。
2. 专业化收益。

三、国际贸易的功能
1. 提升总体需求的满足度。
2. 促进经济增长。
3. 降低失业率。
4. 扩大国家生存空间。

四、全球化的力量
美国经济学家托马斯·弗里德曼相信全球化已无法阻挡，挡了也不会有好处。在他所撰写的畅销书《地球是平的》中强调推动全球化的主要力量是计算机窗口、网络、工作流软件、开放资源码、外包、岸外生产、供应链、内包管理等。

五、全球化时代国际贸易的特征
1. 提高分工利益。
2. 产品生命周期缩短。
3. 产业分工明确。
4. 要素价格均等化及收入分配恶化。
5. 经济依赖度提高。
6. 交易效率提高。
7. 商业价值观与贸易信念渐趋一致。
8. 利益重分配，加入贸易者得利，故步自封的产业获利缩减。

六、国际贸易与国内贸易的差异
1. 不同货币。
2. 不同法律。
3. 不同语言文化。
4. 不同营销渠道。
5. 不同贸易风险。

第 11 章

```
贸易 ─┬─ 字义  → 交换           ┬─ 国内贸易
     ├─ 辞海  → 相互交易        └─ 国际贸易
     └─ 法律  → 货品输出入行为
```

```
国际贸易收益 ─┬─ 交换收益
            └─ 专业化收益
```

国际贸易功能：
- 提升总体需求满足度
- 促进经济增长
- 降低失业率
- 扩大国家升存空间

国内贸易与国际贸易差异：
- 货币不同
- 法律不同
- 语言不同
- 营销渠道不同
- 承受风险不同

全球化时代贸易特征：
- 产业分工明确
- 产品生命周期缩短
- 提高分工利益
- 要素价格均等化及收入分配恶化
- 经济依赖度提高
- 交易效率提高
- 商业价值观与贸易信念趋于一致
- 利益重分配

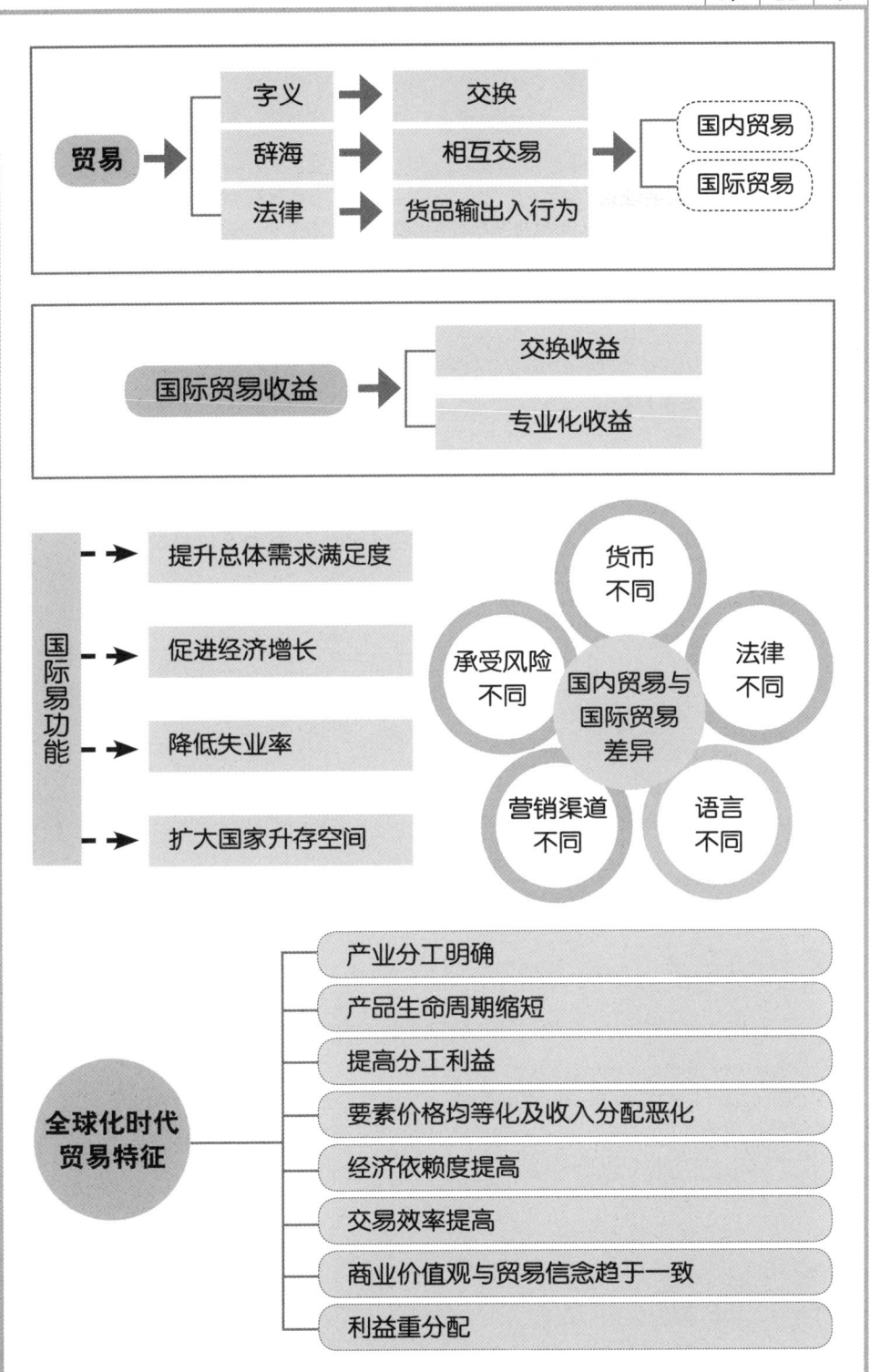

11-2 古典贸易理论

古典贸易理论的成形有其当时的背景，但环境变迁之后，这些主流的经贸理论也会调整。

一、认识国际贸易理论

1. 古典贸易理论：建立在劳动价值的基础上。
2. 生产要素禀赋理论：以物产各异其地的根本差异作为贸易发生的主因。
3. 新古典贸易理论：在机会成本的基础上解释贸易。
4. 产业间贸易理论：同业的贸易。
5. 产业内贸易理论：不同产业的贸易。

二、认识古典贸易理论

(一)重商理论

重商主义是国际贸易理论史上最早的保护贸易理论学说，它发端于14世纪的英国，16世纪到17世纪是全盛时期。

1. 强调贸易要顺差；**2.** 贵金属是国家富强的象征，限制金银输出；**3.** 鼓励出口，阻遏进口；**4.** 输出减税；**5.** 贸易独占。

(二)重农学派

重农学派起源于法国。从17世纪中叶开始，法国在重商主义政策之下，粮食不能出口，甚至在国内各省间的盈亏调剂都有严格的限制，因而粮价持续偏低，制造业产品，因保护而价格偏高，遂使农民陷入困顿之中。重农学派强调政府不要干涉，应该让经济市场自由放任，贸易应该全面自由开放，反对贸易绝对顺差，同时不应忽略农民利益。

(三)绝对利益理论

每个国家都输出绝对利益的产品，如此各国都受益。

该理论的基础是：**1.** 两国不同的劳动生产力造成成本的差异；**2.** 国家应专业生产自己有利的产品，自己不利的产品则通过贸易方式处理；**3.** 全球总产量可增加，消费利益可扩大。

(四)比较利益理论

专业生产具有比较利益的商品，并输出此种产品以交换本身比较不利商品的输入。

1. 就进口国而言能获得的贸易利益，大致包括：(1)国内的消费者可以消费更多的商品数量，以达到更高的消费水平；(2)消费品的种类增多可满足消费者各种不同的需求；(3)进口品价格低廉，可刺激国内生产者学习以改良进步。

2. 就出口国而言：(1)增加生产因素的就业机会，使闲散的资源得以充分利用，因而提高国民收入水平；(2)产品推广到国际市场，产量提高，可达规模经济；(3)专业化生产具有比较利益的产品，减少生产比较不利的产品，可使国际资源的分配更为合理。

第 11 章

国际贸易理论

- 产业内贸易理论
- 产业间贸易理论
- 新古典贸易理论
- 要素禀赋理论
- 古典贸易理论

古典贸易理论

- 重商理论
- 重农学派
- 绝对利益理论
- 比较利益理论
- 保护贸易理论
- 相互需求理论

绝对利益理论

- 生产力造成成本差异
- 各国专业分工
- 全球总产量↑（消费提高）

重商理论

- 贸易顺差
- 限制金银输出
- 鼓励出口、阻止进口
- 输出减税
- 贸易独占

比较利益理论

进口国
- 消费量↑
- 消费种类↑
- 刺激国内研发、创新

出口国
- 增加就业机会
- 规模经济
- 资源更有利分配

11-3 生产要素禀赋理论

一、生产要素禀赋理论

生产要素禀赋理论由两位瑞典经济学家Eli Heckscher与Berti Ohlin发扬光大，简称"H-O理论"。

生产要素禀赋理论是指国际间各国资源禀赋不同，在这样的情况下，一个国家要出口相对丰富要素的产品，进口其相对贫乏要素的产品。

二、生产要素禀赋理论基本概念

两个基本的概念即要素禀赋和要素密集。

1. 要素禀赋指这个国家目前所能供应生产要素(劳动力、土地、资本)的多寡。

2. 要素密集指在商品内使用某种生产要素的含量，比如，某些商品在劳动力丰富的国家所投入的劳动力含量极高，则称为劳动密集型，某些商品在资本丰富的国家，则表现为资本密集型。

三、生产要素禀赋理论核心内容

为更有效地利用各种生产要素，实现合理的国际分工，各国应该多生产并出口本国丰富生产要素的商品，进口本国贫乏生产要素的商品。

在两国技术相等的前提下，产生比较成本的差异有两个主要原因。

1. 两国间的要素充裕度不同。

2. 商品生产的要素密集度不同。

四、生产要素禀赋理论三个定理

1. 要素价格均等化定理：

自由贸易不仅使商品价格均等化，而且使要素价格趋于均等化。

2. 斯托尔珀—萨缪尔森定理：

此定理又称为收入分配定理。出口产品生产密集使用丰富的要素，这些要素的拥有者报酬会提高；从国外进口本国稀缺要素的商品，会使国内拥有这些稀缺要素的人报酬降低。

3. 罗伯津斯基定理：

在一个只有两种商品的世界中，两种商品的价格都不变(即两种商品的贸易条件不变)，一种生产要素使用增长，将会削减另一种商品的产出。

要素禀赋理论基本概念

- 要素禀赋（劳动力、土地、资本）
- 要素密集（商品内主要生产要素的含量）

要素禀赋理论内容

→ 两国要素充裕度不同

→ 商品的生产要素密集度不同

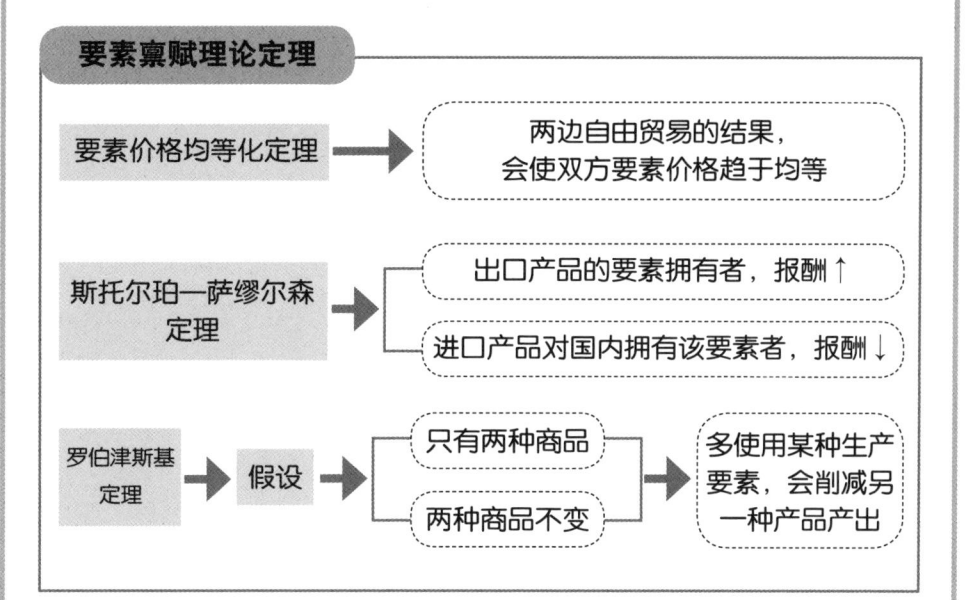

要素禀赋理论定理

要素价格均等化定理 → 两边自由贸易的结果，会使双方要素价格趋于均等

斯托尔珀—萨缪尔森定理 →
- 出口产品的要素拥有者，报酬↑
- 进口产品对国内拥有该要素者，报酬↓

罗伯津斯基定理 → 假设 →
- 只有两种商品
- 两种商品不变

→ 多使用某种生产要素，会削减另一种产品产出

TIPS

贫困化增长是指一国出口部门的快速增长导致该国出口商品的国际市场价格大幅度下降，贸易条件恶化，国民福利下降，超过从增加出口供给中所获得的收益。

11-4 里昂惕夫反论

一、了解里昂惕夫反论

20世纪50年代初，美籍苏联经济学家里昂惕夫，根据生产要素禀赋理论用美国1947年两百个行业的统计数据对其进出口贸易结构进行验证。依H-O理论推断，美国为资本相对丰富的国家，所以应出口资本密集型商品，进口劳动密集型商品，可是实证研究却发现，出口的却是劳力密集型商品，这项研究被称为里昂惕夫反论。

里昂惕夫反论虽没有形成有关国际贸易理论的系统性观点，但它对原有国际分工和贸易理论提出了严峻的挑战，引发了对国际贸易主流思想的反思，也因此推动了第二次世界大战后新的国际贸易理论诞生。

二、里昂惕夫反论发生原因

1. 美国劳动生产力较他国为高。

2. 进口品的资本劳动比，不一定等于出口品的资本劳动比。

3. 国与国生产函数不同。

4. 生产要素不只两种。

5. 要素密集度逆转，在甲国是劳力密集型商品，到了乙国却变成资本密集型商品。

6. 国家需求形态不同。

7. 存在进口贸易障碍与运输成本。

三、里昂惕夫反论的思考

1. 生产要素禀赋丰富的资本贡献不是最大的，出口贡献最大的反而是要素较少的劳动力。

2. 国家发展策略可以改变国家命运，商品生产要素不具优势的，可以通过其他方法弥补。比如，芬兰是木材极为丰富的国家，按H-O的理论，本该输出木材，但却能发展出电信产业，也能培养出诺基亚公司。

3. 鼓励生产要素禀赋缺乏的国家，不要受制于要素的不足，一切都是可以改变的。

4. 规模可以产生优势。当产业规模发展到更大、更具效率时，厂商成本会减少，此时就会产生优势。

5. 教育可以产生优势。当人力资源水平高于其他国家时，就会形成比较优势。

里昂惕夫反论

- 里昂惕夫反论
  - → 要素密集度逆转
  - → 找到要素禀赋理论的反面证据

里昂惕夫反论发生的原因

- 美国劳动力比它国高
- 进口品的资本与劳动比 ≠ 出口品的资本与劳动比
- 各国生产函数不同
- 生产要素不只两种
- 要素密集度逆转
- 存在进口贸易障碍与运输成本
- 国家需求形态不同

里昂惕夫反论的思考

- 要素最丰富，贡献却不是最大
- 国家发展策略可以改变国家命运
- 不要受制于要素不足
- 规模可以产生优势
- 教育可以产生优势

里昂惕夫反论

- → 挑战既有国际分工与贸易理论
- → 提出国际贸易理论新思考

内涵 → 美国是资本密集国家，却出口劳力密集产品

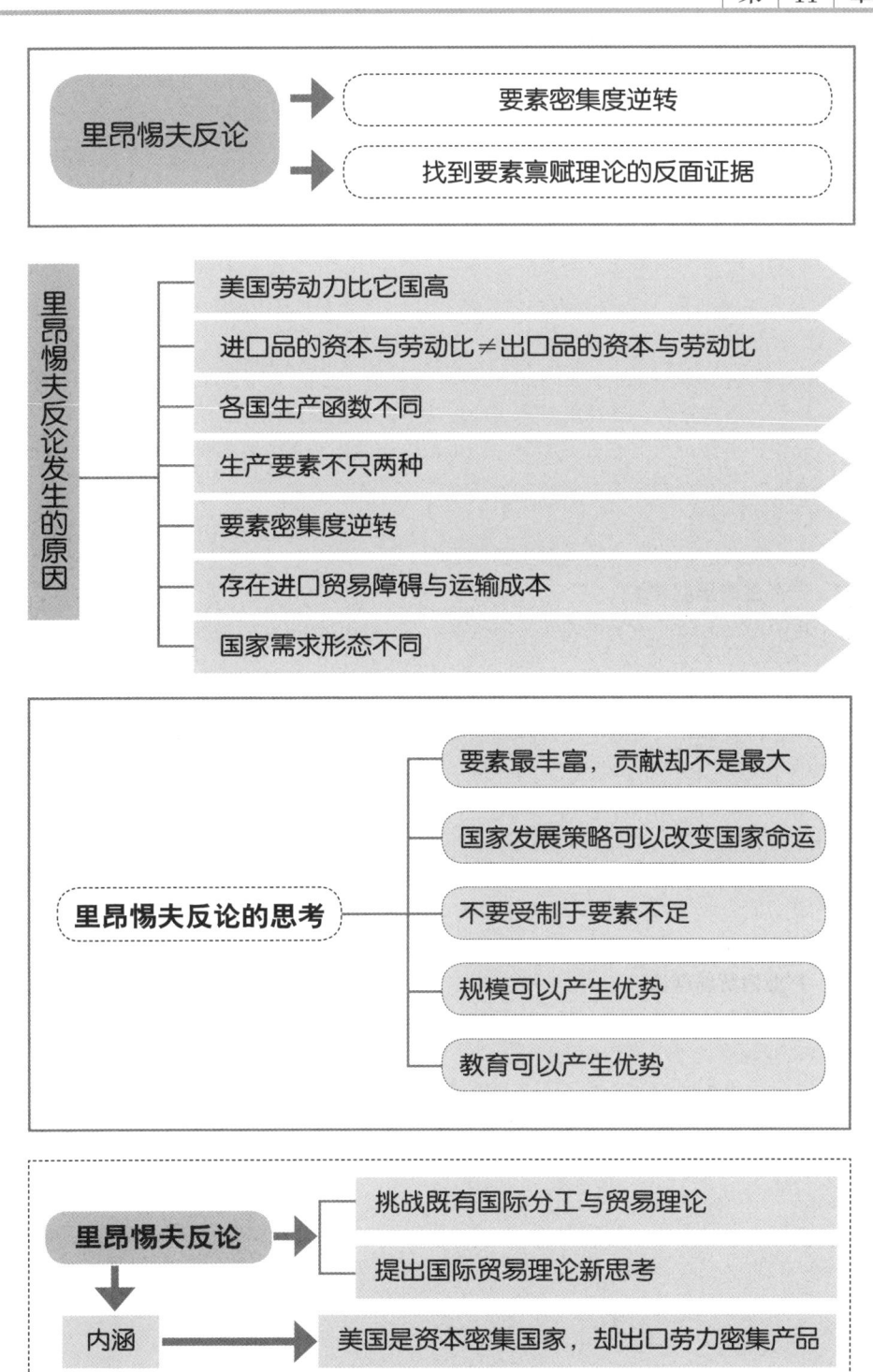

11-5　重叠需求理论

一、重叠需求理论起源

重叠需求理论又称为偏好相似理论，这是瑞典经济学家林德在1961年《论贸易和转变》一书中提出的。

(一)解释贸易的原因

林德从需求方面来探索贸易的原因，根据他的研究，要素禀赋理论只适用于初级产品的贸易，而工业产品双向贸易的发生是因为两国的偏好与需求相似。换句话说，两国有贸易是由重叠需求所决定的。

(二)理论的基本核心

1. 产品需求重叠，产品出口的可能性决定于与他国国内需求的相似度。

2. 偏好重叠，两国的贸易流向、流量取决于两国需求偏好相似的程度，需求结构愈相似，则贸易量愈大。

(三)收入重叠

平均收入是影响需求结构最主要的因素。

二、产品生命周期理论

1966年，美国经济学家弗农在《产品周期中的国际投资与国际贸易》一文中指出，美国企业对外直接投资与产品生命周期有密切关系，清楚地解释了第二次世界大战后一些国家从某些产品的出口国变为进口国的现象。

弗农将营销学的产品生命周期理论与技术进步结合起来，阐述国际贸易的形成和发展。这个周期在不同的技术水平的国家里发生的时间和过程是不一样的，期间存在较大的差距和时差。正是这一时差，表现为不同国家在技术上的差距，从而决定了国际贸易和国际投资的变化。

第一阶段在国内市场销售；第二阶段在国内市场渐趋成熟；第三阶段是进军国际市场，此时为外销出口；第四阶段国内生产者失去竞争优势，因此厂商到海外投资设厂；第五阶段产品创新国变成产品进口国。

三、产业内贸易理论

贸易国家间在同一产业内，彼此同时进、出口本质相同或相似但略有差异化的商品，这就形成了所谓产业内贸易。

这种现象在理论上反映了贸易双方的产业分工特质。因为贸易的进行是基于比较利益的原则，但因资源禀赋与技术发展条件的限制，各国通常无法同时在有效率的情况下生产所有中间制品和零配件，因此部分必须依赖进口，而又出口本国具有生产优势的产品。

产业内贸易原因：**1.** 海外投资；**2.** 消费者偏好；**3.** 经济规模；**4.** 贸易障碍；**5.** 国与国收入分配不同；**6.** 国与国生产要素禀赋差异大；**7.** 国与国技术差异大。

重叠需求理论解释贸易发生原因

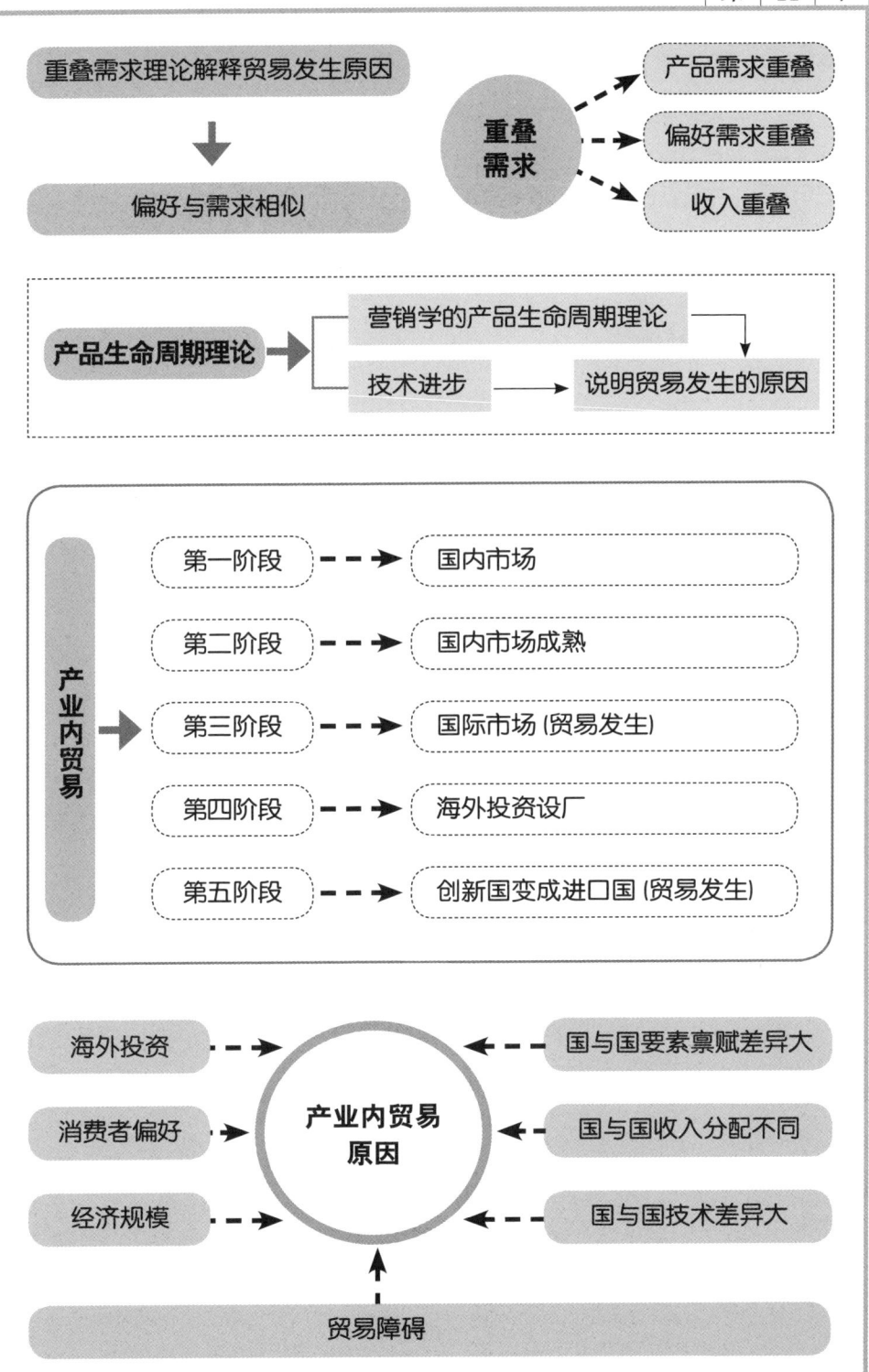

重叠需求 → 偏好与需求相似

重叠需求:
- 产品需求重叠
- 偏好需求重叠
- 收入重叠

产品生命周期理论

- 营销学的产品生命周期理论
- 技术进步 → 说明贸易发生的原因

产业内贸易

- 第一阶段 --→ 国内市场
- 第二阶段 --→ 国内市场成熟
- 第三阶段 --→ 国际市场（贸易发生）
- 第四阶段 --→ 海外投资设厂
- 第五阶段 --→ 创新国变成进口国（贸易发生）

产业内贸易原因

- 海外投资
- 消费者偏好
- 经济规模
- 国与国要素禀赋差异大
- 国与国收入分配不同
- 国与国技术差异大
- 贸易障碍

11-6 对外贸易依存度和贸易政策

贸易在各国经济发展中愈来愈重要，原因是世界贸易依存度长期持续上升。

一、什么是贸易依存度

贸易依存度也称外贸依存率或外贸系数，它表示国家对外贸易对其经济的重要程度。贸易依存度愈高，表示贸易对该国重要程度愈高。

一般用对外贸易额进出口总值在国民生产总值或国内生产总值中的比重来表示贸易依存度。比重的变化，意味着对外贸易在国民经济中所处地位的变化。

二、什么是贸易依赖度

贸易依赖度指一国对某国贸易的依赖程度。出口依赖度的值愈高，代表对该国出口依赖程度愈高；进口依赖度的值愈高，代表对该国进口依赖程度愈高。

1. 出口依赖度：该国对某国的出口总额，占该国出口总额的比例。

2. 进口依赖度：该国对某国的进口总额，占该国进口总额的比例。

三、贸易政策目标

1. 自给自足。

2. 经济福利。

3. 拓展海外市场。

4. 充分就业。

5. 国际收支平衡。

6. 经济增长。

四、贸易政策工具

1. 关税：国家对出入境的货物和物品征税。

2. 出口补贴：政府对本国每单位的出口品，补助一定程度的金额，补贴后生产者剩余增加，但消费者剩余减少，社会福利净减少，效率损失，贸易条件恶化。

3. 进口配额：直接限制进口的数量，将使进口国的福利大为减少。

4. 自愿出口设限：出口国自己限制出口量以避免本国产品竞争力过强，造成他国商品滞销而引起进口国政府的干涉，最典型例子是日本主动限制对美国出口汽车的数量。

5. 要求本地自制率：采购当地的原料或零配件数量必须达到一定比例才算是该国的产品。

6. 出口信用补贴：出口补贴借款利息，主要目的在于降低厂商成本，增强国际竞争力。

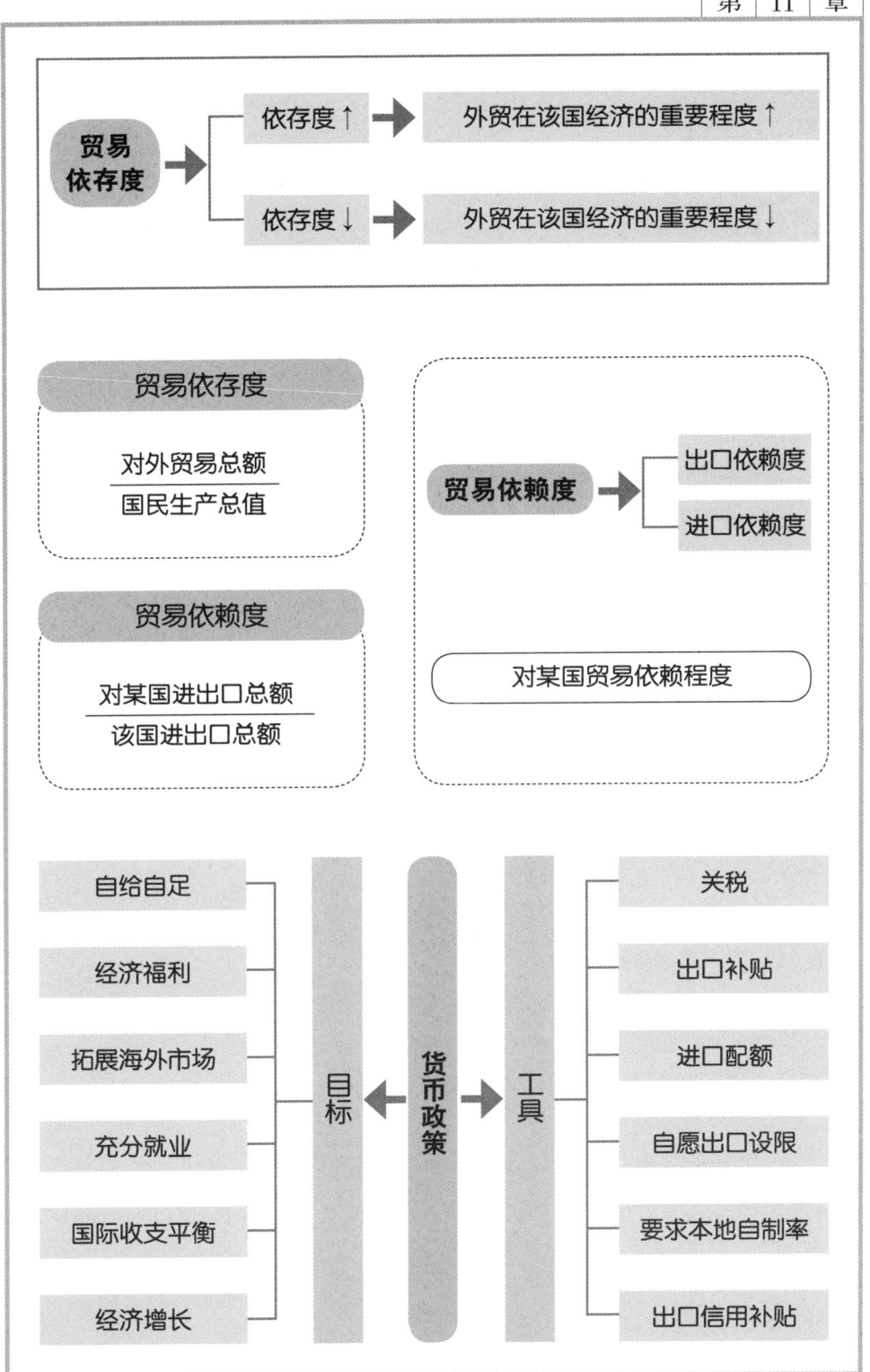

第 11 章

```
贸易依存度 ──┬── 依存度↑ → 外贸在该国经济的重要程度↑
            └── 依存度↓ → 外贸在该国经济的重要程度↓
```

贸易依存度

$$\frac{对外贸易总额}{国民生产总值}$$

贸易依赖度

$$\frac{对某国进出口总额}{该国进出口总额}$$

贸易依赖度 → 出口依赖度 / 进口依赖度

对某国贸易依赖程度

货币政策

目标：
- 自给自足
- 经济福利
- 拓展海外市场
- 充分就业
- 国际收支平衡
- 经济增长

工具：
- 关税
- 出口补贴
- 进口配额
- 自愿出口设限
- 要求本地自制率
- 出口信用补贴

11-7 贸易条件

一、什么是贸易条件
指一单位外国产品，可以换到本国产品的数量，也称贸易条件指数。

二、贸易条件指数计算

$$贸易条件指数 = \frac{出口价格指数}{进口价格指数} \times 100$$

三、贸易条件的改善与恶化
当一单位出口商品可换取的进口商品增加，代表贸易条件改善。反之，当一单位外国商品可以换到的本国商品数量增加，则代表本国贸易条件恶化。

比如，以上一年为基期，进出口商品价格指数均设定为100，若一年来进出口商品价格都提高了，但提高幅度不同，出口商品价格提高10%，进口商品价格提高5%，则贸易条件提高。换言之，每单位出口产品的利润率升高，即是贸易条件的改善。

四、贸易条件恶化的原因
1. 产业竞争力不如对手国。
2. 汇率变动。
3. 进口品价格提高，比如原油或国际原材料价格大幅上涨。
4. 全球化架构下，新兴国家提供大量廉价劳动力。

五、如何改善贸易条件
1. 产业结构升级。
2. 强化研发创新。
3. 发展新蓝海产业，以增加对本国产品需求。
4. 建立更多国际品牌，提升创新加值。
5. 调整汇率，通过汇率升降改变影响一国进出口的相对增减，以促使国际收支恢复平衡。

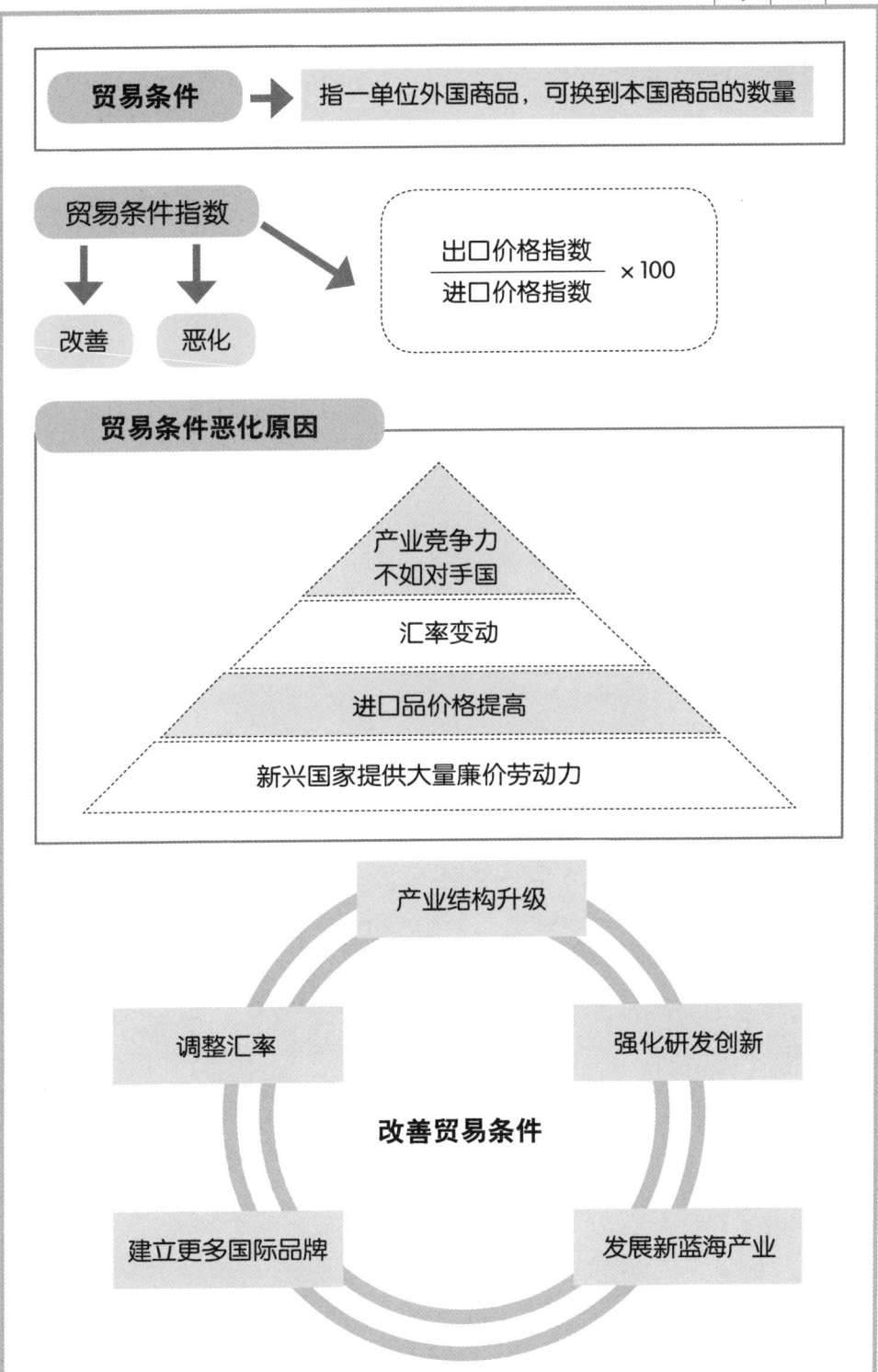

第 11 章

贸易条件 → 指一单位外国商品，可换到本国商品的数量

贸易条件指数
- 改善
- 恶化

$$\frac{出口价格指数}{进口价格指数} \times 100$$

贸易条件恶化原因

- 产业竞争力不如对手国
- 汇率变动
- 进口品价格提高
- 新兴国家提供大量廉价劳动力

改善贸易条件

- 产业结构升级
- 强化研发创新
- 发展新蓝海产业
- 建立更多国际品牌
- 调整汇率

11-8 关税

关税是贸易政策的重要工具，在贸易过程中，关税负担的高低是出口产品能否打入该国市场的关键。

一、贸易壁垒的种类

1. 关税壁垒。

2. 非关税贸易壁垒。

二、关税的目的

1. 保护本国产业。

2. 增加财政收入。

3. 当遭受不平等待遇时，作为报复工具。

4. 外国低价倾销的防卫工具。

5. 抵销对方政府对其产业、出口的补助造成不公平的竞争。

三、关税的类别

1. 出口关税。

2. 进口关税。

3. 转口关税。

四、关税课征的方式

1. 从量关税：根据进出口数量课税。

2. 从价关税：根据进出口的商品价格课税。

3. 混合关税：从量与从价共同使用的关税(混合关税＝从量关税＋从价关税)。

4. 关税配额：配额在某种程度内，使用较低的关税；当数量超过所定的标准时，改采用高关税。

五、关税课征的影响

1. 降低出口竞争力：出口产业所需要的关键性零配件是通过进口的方式取得，在经关税课征之后，出口时为反应成本，必然要提高价格，此时就会降低出口竞争力。

2. 进口价升高，物价上扬。

3. 他国的报复。

第 11 章

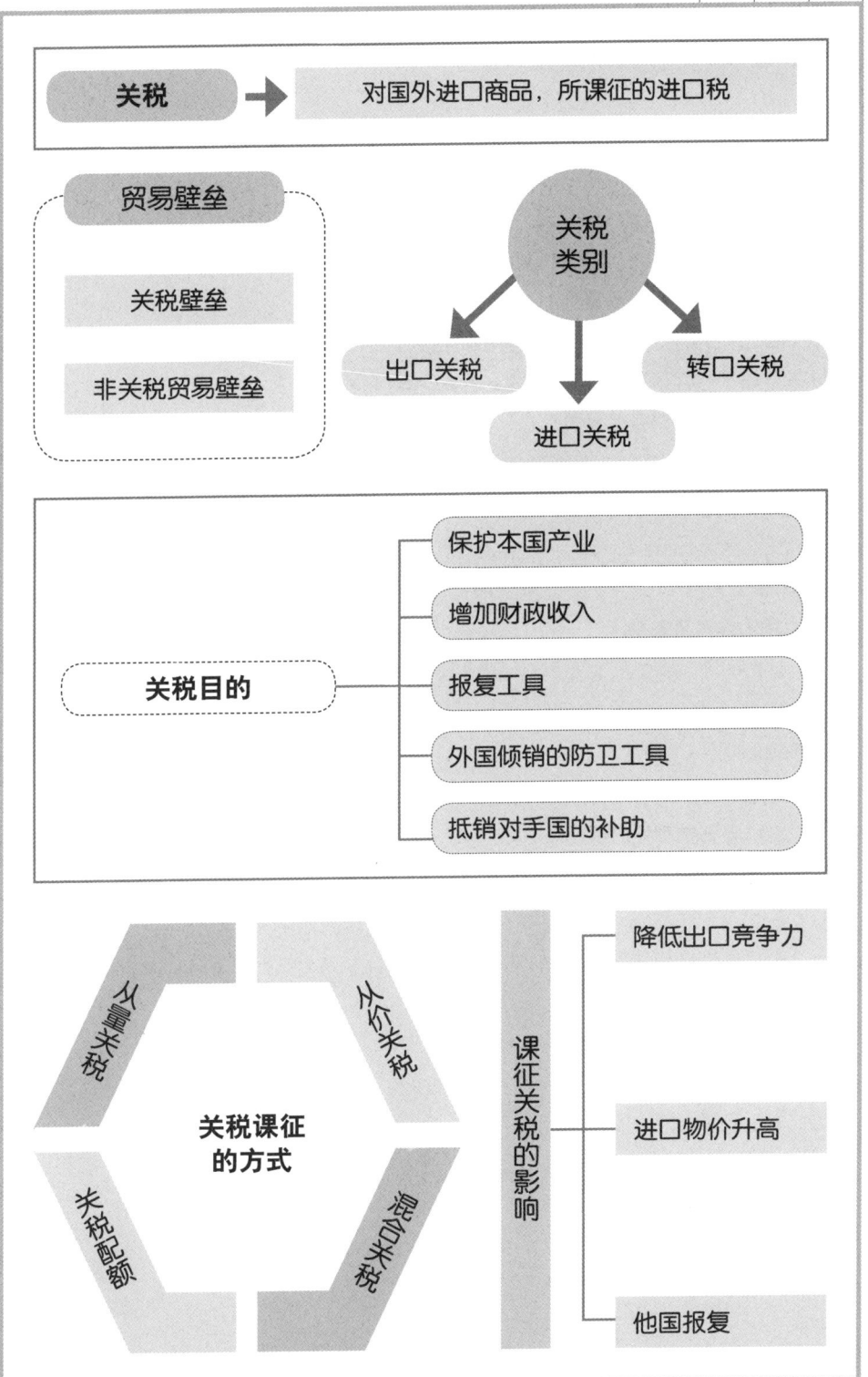

关税 → 对国外进口商品，所课征的进口税

贸易壁垒
- 关税壁垒
- 非关税贸易壁垒

关税类别
- 出口关税
- 进口关税
- 转口关税

关税目的
- 保护本国产业
- 增加财政收入
- 报复工具
- 外国倾销的防卫工具
- 抵销对手国的补助

关税课征的方式
- 从量关税
- 从价关税
- 混合关税
- 关税配额

课征关税的影响
- 降低出口竞争力
- 进口物价升高
- 他国报复

11-9 非关税贸易壁垒

近几年来，国际市场虽朝向自由化发展，关税也逐步调降，但非关税贸易壁垒却逐渐成为国际贸易发展主要的壁垒。其所产生的负面影响，有时更甚于关税壁垒。欧盟执委会2011年的报告指出，欧盟重要伙伴所采用的非关税贸易壁垒，对于欧盟出品产品造成了960~1 300亿欧元的负面冲击。

一、什么是非关税贸易壁垒

指一国除了关税以外所采取的任何有碍于自由贸易进行的行政措施。非关税贸易壁垒属于隐性限制进口的方法。

二、非关税贸易壁垒的种类

贸易壁垒主要有：**1.** 配额；**2.** 进口许可证；**3.** 行政指导；**4.** 外汇管制；**5.** 进口保证金；**6.** 国家标准；**7.** 技术性贸易壁垒；**8.** 通关壁垒；**9.** 贸易救济措施。

在世界贸易组织的规范下，非关税贸易壁垒的主流包括：**1.** 技术性贸易壁垒；**2.** 烦冗的检验；**3.** 通关壁垒；**4.** 滥用贸易救济措施。

三、技术性贸易壁垒

是指一国以维护国家安全、保障人类健康和安全、保护动植物健康和安全、保护环境等为由制定的一些强制性和非强制性的技术法规、标准，使进口产品的门槛变高。

四、检验壁垒

1. 检验程序和检验手续。

2. 品质认证。

3. 包装和标示。

4. 计量单位与条形码。

五、通关壁垒

1. 要求提供非常复杂却不必要的文件。

2. 通关程序耗时，使具季节性或时效性商品丧失贸易机会。

3. 加征不合理海关税费。

六、滥用贸易救济措施

1. 反倾销。

2. 反补贴。

3. 防卫等措施。

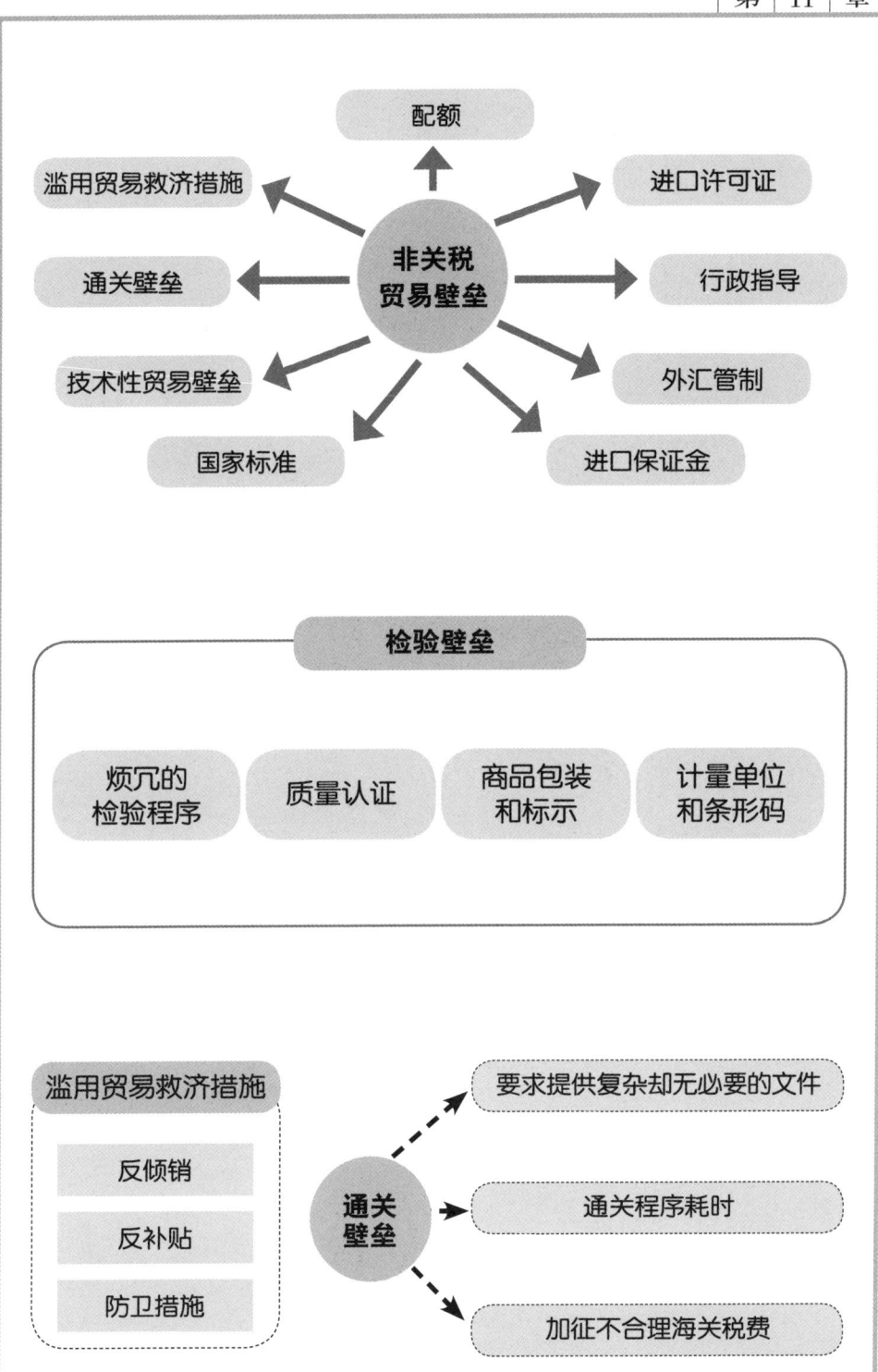

第 11 章

非关税贸易壁垒

- 配额
- 进口许可证
- 行政指导
- 外汇管制
- 进口保证金
- 国家标准
- 技术性贸易壁垒
- 通关壁垒
- 滥用贸易救济措施

检验壁垒

- 烦冗的检验程序
- 质量认证
- 商品包装和标示
- 计量单位和条形码

滥用贸易救济措施

- 反倾销
- 反补贴
- 防卫措施

通关壁垒

- 要求提供复杂却无必要的文件
- 通关程序耗时
- 加征不合理海关税费